미국을 알면

영주권, 시민권

이 보인다

미국을 알면 영주권, 시민권이 보인다

차종환 이정현 박상준 / 공저

동양서적

머리말

　미국으로 많은 사람들이 과거 350여 년 동안에 유럽의 여러 나라들에서, 그리고 동양에서는 일본을 비롯한 다양한 국가에서 이주해 갔다.

　한국 사람들도 약 반세기 전부터 많은 사람들이 자신과 후손의 번영을 위해 미국에 건너가 정착하기 시작했다.

　처음부터 이민 온 사람들이 있는가 하면, 자식들의 방문 초청으로 머물러 살고 있는 사람이 있다. 미국이 너무나 정신없이 바쁜 나라이어서 살기가 고달프고 사는 재미가 없으며, 정신적 고통이 너무 많아도 아이들 교육을 위해 정착한 사람, 자가용 - 수세식 화장실과 음식이 좋아서 머물게 됐다는 사람도 있다.

　또한 김포나 인천 공항을 떠날 때 가족 - 친지 - 친구들의 열렬한 환송과 성공하고 돌아오라는 격려의 말을 듣고 떠났던 바, 별달리 이룬 것도 없이 귀국할 수 없어 정착하기로 결정한 사람 등 여러 부류가 있다.

이와 같은 이유 이외에도 여러 가지 이유로 이곳에 살겠다고 결정한 사람들이 많이 있다.

따라서 기왕 미국에 정착하기로 결정한 마당에 이젠 미국을 좀 더 이해함으로써 영주권, 시민권을 발급받아 고국에 계신 부모 형제를 초청할 수 있는 기회를 마련해 보겠다든가, 특히 최근 미국의 반 이민 무드 조성으로 투표권을 얻어 시민 된 권리를 행사하겠다는 사람들이 날이 갈수록 늘어나고 있는 추세에 있다.

이 책은 그런 분들을 위해 시민권 시험 문제를 중심으로 미국에 대한 상식을 책에서 다루었으나, 원래 박식(薄識)한 자들의 엮음이기에 미비한 점이 많을 것으로 알지만 시간이 지남에 따라 보충되리라 믿고, 여러 독자분들의 많은 충고와 조언을 부탁드리는 바이다.

L.A.에서
차종환 이정현 박상준

차 례

머리말
제 1 장 미국이란 ── 15
      1. 국토와 인구 / 15
      2. 인종 분포 / 17
      3. 미국의 인종 정책 / 19
      4. 간추린 미국 역사 / 21
      5. 한미 관계 / 28

제 2 장 미국 이민 ── 31
      1. 이민이란? / 31
      2. 미국 이민의 역사와 현황 / 31
      3. 한국인의 미국 이민 역사 / 32
      4. 미 영주권 취득자 수 / 36
      5. 이민의 종류 / 38
      6. 비자의 종류 / 42
      7. 이민 신청 절차 / 44
      8. 비이민 비자의 변경 및 연장 / 48
      9. 영주권 소유자의 주의 사항 / 50

제 3 장 미국인의 일상 생활상 ── 53
      1. 레크리에이션 / 53
      2. 스포츠 / 53
          1) 야구

2) 미식축구
    3) 농구
  3. 매스커뮤니케이션 / 56
  4. 미국인의 정체성 / 58
  5. 다문화주의 / 59
  6. 미국인의 사는 모습 / 61
  7. 자선 기부금과 자원 봉사 / 62
  8. 미국의 세대들 / 62
  9. 여성의 활동 / 63
  10. 젊은이들의 활동을 위한 지원 / 65

제 4 장 미국의 교육기능 및 제도 ── 67
  1. 미국 교육의 기능 / 67
  2. 연방 교육의 기능 / 68
  3. 주 교육의 기능 / 70
  4. 지방교육구의 기능 / 70
  5. 다통로 속의 통일성 / 71
  6. 이중 언어 교육의 중요성 / 72

제 5 장 미국의 간단한 법률 상식 ── 74
  1. 민사 소송 / 74
  2. 형사 및 민사 사건의 차이 / 79
  3. 민사 소송을 당했을 때 / 81
  4. 파산법 / 83
  5. 형사 재판 절차 / 86

6. 배심원 재판 / 87
　　7. 묵비권(Miranda권리) 행사 / 89
　　8. 쌍방 합의 / 90
　　9. 소액 재판 / 92
　10. 선서 증언 / 93
　11. 한국과 미국의 성(性)문화 차이 / 95
　12. '있는 그대로의 상태'와 '알고 있는 중요사실' / 96
　13. 아동 학대의 법적 처리 / 98
　14. 종교의 자유와 언론의 자유 / 99

제 6 장 미국의 사회 보장 제도 ── 101

　1. 복지 제도 / 101
　　　1) 시회보장 수표
　　　2) 사회 보장 카드
　2. 사회 복지제도의 특성 / 103
　3. 사회 복지제도의 연방 및 주정부 사이 관계 / 107
　4. 사회복지 수혜자 / 108
　5. 사회복지 프로그램 이용 / 111
　6. 사회 보장 / 112
　7. 보건과 의료 / 117
　　　1) MediCare
　　　2) MediCal
　8. 실업 보험 / 126
　9. 근로자 산재보상 보험 / 123
　10. 주정부 장어 보험 / 127

11. 보조적 소득 보장 / 129
　　12. SSI 및 CAPI / 135
　　13. 부양 아동 가족 원조 / 137
　　14. 일반 구조 / 142
　　15. 식품권 / 144
　　16. 여성, 유아, 아동을 위한 프로그램 / 148
　　17. 만기 은퇴연령과 은퇴연금의 액수 / 150
　　18. 사회복지 연금 분담 / 151

제 7 장　경제와 산업 ─── 155
　　1. 경제 / 155
　　2. 농업 / 156
　　3. 어업과 수자물 / 157
　　4. 삼림자원 / 158
　　5. 광물자원 / 159
　　6. 전력 / 160
　　7. 제조업 / 161
　　8. 수송 / 162

제 8 장　관광, 문학, 예술, 종교 및 과학 ─── 164
　　1. 관광 / 164
　　　1) 관광요령
　　　2) 관광안내소
　　　3) 중요도시의 간단한 소개
　　2. 문학과 예술 / 171

1) 문학
     2) 예술
     3) 미술
     4) 연극
     5) 영화
     6) 무용
     7) 음악
        A. 오페라
        B. 뮤지칼
        C. 로큰롤
        D. 힙합
        E. 포크 및 컨트리 뮤직
        F. 재즈
  3. 종교 / 179
  4. 생활 양식 / 181
     1) 일반적인 생활
     2) 식생활과 주생활
  5. 과학과 기술 / 182
     1) 에너지
     2) 지구 과학
     3) 우주 과학
     4) 의학

제 9 장 미국의 헌법과 3권 분립제도 —— 187
  1. 합중국의 삼권분립 / 187

2. 헌법 / 188
　　　　1) 헌법의 본문
　　　　2) 수정 헌법
　　3. 정부 / 191
　　4. 입법부 / 192
　　5. 행정부 / 194
　　　　1) 대통령
　　　　2) 내각
　　6. 사법부 / 198
　　7. 주정부 / 199
　　　　1) 주입법부
　　　　2) 주행정주
　　　　3) 주사법부
　　8. 군과 시 정치 / 201
　　　　1) 군
　　　　2) 시정
　　9. 국적 취득 문제 / 204

제 10 장　보험 ─ 206
　　1. 자동차 보험 / 206
　　2. 생명 보험 / 214
　　3. 비즈니스 보험 / 215
　　4. 주택 보험 / 222
　　5. 본드(Bonds) / 228
　　6. 유언장과 트러스트 / 232

제 11 장 이민과 자녀교육 —— 239
　　1. 미국이민 / 239
　　　　1) 미국의 무비자 시대
　　　　2) 이민 비자와 비이민 비자
　　　　3) 무비자시대와 종교비자(R-1)
　　　　4) 취업 비자(E-1b)
　　　　5) 취업 이민
　　　　6) E 비자
　　2. 서류미비 신분자의 교육 / 244
　　　　1) 서류 미비신분과 자녀교육
　　　　2) 서류미비자 자녀의 대학 교육
　　　　3) Dream 법안

제 12 장 미국 시민권 취득 절차 —— 251
　　1. 시민권 취득 요건 / 251
　　2. 시민권 (귀화) 신청 / 254
　　3. 면접시험 / 255
　　4. 시민권의 잇점 / 256
　　5. 영주권자의 불리한 점 / 257
　　6. 귀화 법정 / 258

제 13 장 시민권 시험을 위한 문답 —— 260
　　1. 시민권 시험을 위한 기본 문제 / 260
　　2. 미국 역사와 정부에 관한 기본 문제 / 279
　　3. 읽기와 쓰기 시험 / 302

1) 읽기 시험 문제
   2) 쓰기 시험 문제

제 14 장   미국에 대한 주요 상식 ── 307
   1. 국가와 국기 / 307
   2. 각 주의 연방 가입 시기 / 308
   3. 미국의 명절 / 310
   4. 미국의 휴일 / 314
   5. 미국의 상징 '엉클 샘' / 321
   6. 미국의 주소 표시 / 323
   7. 팁과 매너 / 323
   8. 화장실 상식 / 325
   9. 지켜야 할 간단한 예의 / 326
   10. 크레딧 카드와 데빗 카드 / 328
   11. 경찰, 쉐리프, 마샬은 어떻게 다른가? / 331
   12. 자동차사고 발생시 작성할 중요 정보 / 335
   13. 미국의 지폐와 상징인물 / 336
   14. 생활의 지혜 / 337
   15. 민원 서비스 안내 / 341
   16. 도량형 환산표 / 344
   17. 미국의 역대 대통령 / 348
   18. 50개주 주도와 애칭 / 354

공저인 소개 ── 359

제 1 장 미국이란

1. 국토와 인구

미합중국(United States of America)의 국토는 삼림지대, 산지, 고원, 평야 등 다양한 지형으로 이뤄져 있다. 서쪽 태평양 연안에서 동쪽 대서양에 이르는 해안 거리가 약 5천1백80마일에 달하며 로스앤젤레스에서 뉴욕까지 프리웨이를 이용해 가려면 2천7백97마일로 약 53시간이 소요된다. 또한 시속 60마일의 속도로 달리는 대륙횡단 철도를 이용해도 45시간 이상 걸린다.

알래스카와 하와이를 합친 미국 전국토의 면적은 3백 53만 9천 3백 41평방마일, 한국의 약 41배에 달하는 엄청난 규모이다. 미국에서 가장 높은 지역은 알래스카에 있는 매킨리 산으로 해발 2만3백20피트이며 가장 낮은 지역은 네바다주의 데스밸리로 마이너스 2백 82피트이다.

미 전국 50개주는 다음 5개의 다른 시간대로 형성된다. 그 대륙에서는 시간대별로 1시간씩 차이가 나서 동부 시간대와 태평양 시간대 사이에는 3시간의 차이가 있다.

- 동부 시간대(Eastern Time Zone)
  워싱턴 DC, 뉴욕, 보스턴, 디트로이트, 아틀랜타, 마이애미 등.
- 중부 시간대 (Central Time Zone)
  시카고, 미니애폴리스, 캔자스시티, 뉴올리언스, 댈러스, 휴스턴 등.

- 산악시간대 (Mountain Time Zone)
  덴버, 피닉스, 솔트레이크 시티, 샤이언 등.
- 태평양 시간대 (Pacific Time Zone)
  샌프란시스코, 로스앤젤레스, 시애틀, 라스베가스, 포틀랜드 등.
- 알래스카 - 하와이 시간대 (Alaska - Hawaii Time Zone)
  앵커리지, 호놀룰루 등.

　각 시간대의 경계는 지리적, 지형적인 것이므로 지도상에는 각주의 경계와 별로 관계없이 남북으로 선이 그어져 있다. 그러나 같은 주내의 시간대가 두 개 있는 경우는 주 경계를 이용하여 시간을 바꾸고 있는 주가 많다.
　동부에서 서부까지는 제트기로도 5시간이 걸린다. 비행기가 대서양 연안의 공항을 이륙하면 곧 애팔래치아 산맥의 완만한 경사면 위로 날아오르고 수백 마일에 걸친 중서부 지방의 비옥한 곡창지대를 지나면서 날씨가 쾌청하면 미국과 캐나다 사이에 있는 5대호도 볼 수 있다.
　서부로 가는 동안에 광활한 대초원과 방목지대 위를 날게 되고 곧이어 눈 덮인 로키산맥을 지나서 초원과 사막지대를 날면 어느 사이 시에라네바다산맥 넘어 계곡 따라 미끄러지듯 내리면서 로스앤젤레스 공항에 안착하게 된다.
　동부의 애팔래치아산맥으로부터 서부의 로키산맥까지 국토의 중심부에는 북쪽의 5대호와 연결되는 미시시피강과 미주리강 그리고 이 강의 지류들이 흐르는 1만 2천 마일에 걸친 수로들이 형성 되어 있다. 인디언 말로 '물의 아버지'라는 뜻에서 유래되었다는 미시시피강은 세계에서 가장 긴 강으로 유명하다. 미시시피강의 최대 지류인 미주리강은 북부 로키산맥에서 발원하여 미시시피강과 합류하며 이밖에도 알래스카의 유콘강, 미국과 멕시코 국경의 리오그란데강, 서부 캐나다에서 로키산맥 서쪽까지 흐르는 컬럼비아강, 로키산맥에서 남서쪽으로 1천4백50마일을 콜로라도강 등이 미국의 주요 강이다.

미국 전체 인구는 약 3억 명에 달한다. 미국은 세계에서 세 번째로 인구가 많은 국가이다. 하지만 인구 10억이 넘는 인도 및 중국과는 많은 차이가 난다. 인종별 분포를 보면 백인이 67%, 히스패닉이 14.4%, 흑인이 12.8%, 아시아계가 4.3%, 그리고 인디언이 1%이다.

2000년 인구센서스 이후 미국의 인구는 대략 6.4% 증가했다. 소수민족의 인구가 급격히 늘어나고 있으며 백인 인구가 1% 정도 증가한 데 반해 다른 민족들은 약 5-13% 정도 늘어났다. 이 중 히스패닉의 증가율이 가장 높다.

미국 인구 증가의 주된 원인은 이민이다. 연간 전체 인구 증가의 절반 이상이 이민에 의한 것이다. 이민자들은 대개 인구 밀도가 높은 5개 지역인 캘리포니아, 텍사스, 뉴욕, 플로리다, 일리노이 등 대도시 주변에 정착을 한다. 따라서 이민자들의 정착 행태를 통해 나라 전반의 사정을 살펴볼 수 있다. 해안 지역, 대도시 등에 주로 사람들이 모여 살며 중부는 인구밀도가 희박하다.

2. 인종 분포

미합중국은 전세계에서 모여든 이민의 후손과 원주민 인디언으로 구성되어 있기 때문에 '인종의 용광로'로 불리고 있다. 역사상 초기 이민은 영국과 네덜란드에서 왔으며 경제적 기회, 종교·정치의 자유를 얻기 위해 각 나라에서 모여들어 1880~1914년 사이에 절정에 달하였다. 1820~1979년 사이 미합중국은 약 4,900만의 이민을 받았는데 73%가 유럽에서, 나머지는 라틴아메리카, 아시아, 아프리카, 호주, 캐나다 등지에서 이주해 왔다.

북미대륙 원주민의 후손인 약154만 명의 인디언과 에스키모인, 알류트 인이 현재도 미국에 살고 있다. 대부분의 인디언은 서부지역에 거주하고 있으나 남부-중북부에도 많이 살고 있다. 300여 부족 중 가장 큰 부족은 나바호 족으로 남서부지역에 살고 있다.

초기 흑인은 노예로서 아프리카에서 사들여 왔다. 그러다가 1863년 링컨 대통령의 노예해방령으로 노예들이 해방되었지만 남북 전쟁 후 1865년 13번째 수정 헌법이 비준을 얻을 때까지 실제적인 제도는 철폐되지 않았다. 흑인은 초기에 남부 농업지역에만 국한되었던 거주지가 이제는 전국으로 확대되었다.

오늘날 미국에서 가장 빨리 성장하고 있는 두 그룹은 히스패닉(Hispanics : 멕시코 인을 비롯한 스페인 어를 쓰는 중남미인)과 아시아인이 차지하고 있다. 2000년에는 히스패닉의 이민자가 미국 내에서 가장 큰 단일 소수민족 집단이 될 것으로 예측되고 있다.

하와이는 거주자의 3분의 1이 일본인의 후손이며 3분의 1이 코카서스 계, 15%가 폴리네시아 계, 그 나머지가 주로 필리핀, 한국, 중국계 이민자 들이다.

미국의 인구는 점차 고령층이 증가하여 1960년에는 13세 이하의 인구가 35.7%를 차지하였으나, 1982년에는 27.1%로 감소되었다. 반면에 65세 이상의 고령인구는 1960년의 1656만 명에서 1982년에는 2582만 4000명이 되었다.

  미국인은 항상 한 지역에서 다른 지역으로, 이 도시에서 저 도시로, 농촌에서 도시로, 도시에서 농촌으로 이동한다. 미국인의 17%가 매년 새로운 집과 일자리를 찾아서, 또는 보다 나은 기후나 그 밖의 이유로 해서 이동하고 있다.

  미국은 본토의 48개주와 알래스카, 하와이를 포함한 50개 주에 콜럼비아 특별구(수도인 워싱턴 D.C.), 푸에르토리코, 버진제도, 동사모아, 괌 등 태평양의 해외영토도 있다.

  현재 미국이 안고 있는 국내 문제들은 폭력, 마약, 인종 문제 등이다. 그중 인종 문제가 가장 심각한데, 백인과 흑인의 대립 및 소수 민족의 문제 등이 복잡하게 얽혀 있다.

3. 미국의 인종 정책

  미국은 공립학교가 90%, 사립이 10% 정도 되고 국민학교수는 7만 9천개, 고등학교는 2만 9천개, 대학이 3천 2백 개교 정도다. 미국은 이민의 나라로 140여 개국에서 아메리칸 드림을 위해 모여들고 있다.

  미국은 용광로 정책을 취하면서 모국의 문화 가치관 등에 매달리지 않고 미국의 개척정신을 창조하고자 했으나 법적 제도적 뒷받침이 따르지 못했다. 1967년까지 백인과 비백인 사이의 결혼을 금지하는 금혼법이 있었다.

다음 정책으로 동화 정책이 등장했다.

영어 문화를 배워 미국화되는 것이다. 여기서 미국화란 백인 앵글로 색슨(WASP) 문화권을 말한다. 이는 인종 문제를 쉽게 해결해 보자는 백인 학자들의 주장이다.

흑인들이나 동양계의 2세, 3세들은 언어문화에 잘 동화되지만 백인 사회가 비백인을 받아 주지 않고 있는 것이 동화론의 부적합성이다.

또 하나는 다민족주의(Pluralism) 이론의 등장이다. 1960년대 이후 부각되기 시작했다. 이는 동화론을 적극 부정하는 것으로 백인 주류인 WASP에 동화할 필요가 없다는 주장이다. 각 민족은 그들이 가지고 온 언어문화 가치관들을 보존하면서 영어 미국문화 가치관을 새로이 배우며 수용하여 이중문화, 이중 언어권을 형성하는 것이 바람직하며 이로 인해 다민족 미국 사회에 공헌할 수 있다는 것이다. 흔히 이 견해를 오케스트라, 샐러드 볼, 레인보우 정책이라고 부른다.

오케스트라의 악기 연주자들은 제각기 특유음을 내는 악기들을 소유하고 있다. 각 악기는 각자의 독특한 음을 내지만, 지휘자의 지휘봉에 맞추어 잘 조화되고 배합되면 오히려 더 크고 창조적이며 아름다운 음악이 연출되는 것이다.

미국 사회도 같은 원리다.

끝으로 미국 사회는 백인과 비백인이 극단적으로 결별된 사회라고 주장하는 내국식민사관(Internal Colonialism) 이 있다.

지배자와 피지배자의 위치에 있는 백인과 비백인(소수 민족)의 관계는 점령된 식민국가의 원주민 관계와 별로 다를 바가 없다는 주장이다. 백인과 소수민족의 경험을 비교하는 것은 사과와 오렌지를 비교하는 것과 같다고 보는 것이다.

4. 간추린 미국 역사

200만~1000만 명의 아메리카 원주민들은 북미 대륙에서 아득한 옛날부터 백인들이 도착해 땅을 차지하기 전까지 300개 이상의 언어를 사용하며 살고 있었다.

서구 학자들은 북미 대륙 원주민들이 약 3만 년에서 2만 년 전에 아시아에서 이곳으로 이주하였다고 설명하지만 모든 정황을 설명해 주기에는 충분하지 않다.

수천 년 전에 아시아에서 건너간 인디언들이 북부에서 남미지방까지 내려가 15세기까지 미국에는 소수의 부족으로 있었그 알라스카에는 또 다른 아시아인들인 에스키모인이 살았으며 하와이에는 폴리네시언인이 살았다.

바이킹족은 최초의 백인으로 약 1천년 전에 와서 부분적으로 흩어져 살았으며 그 후 500여 년간 유럽인은 이 땅에 오지 않았다.

1492년 스페인인 콜럼버스가 미 대륙을 처음 발견한 후에 이태리, 스페인, 포르투갈인 들이 미 대륙을 찾아들었다.

1500년경 영-불인들이 미동북부와 빈번히 왕래하다가 1600년 이후 불란서인은 캐나다에, 영국인은 캐나다와 미국의 13개 지역에 흩어져 살았다.

영국은 1607년에 100여 명의 정착민을 보내 물물 교역소와 식민지를 만들기 위해 노력하고 17세기 초부터 이민의 물결이 유럽에서부터 몰려들기 시작했다. 1620년에 영국의 청교도들이 이주했고 1624년 독일인들은 뉴욕, 뉴저지 지역에 장착했다.

1636년에는 하바드 대학이 설립되고 1638년에는 스웨덴인 들이 델아워 지역과 남부 뉴저지 지역을 점령했다.
　1664년에는 독일인과 스웨덴인 들의 점령 지역을 영국이 점령했다.
　1753년까지 식민지의 대부분이 영국인 소유가 되었다. 새로 이주해 온 사람들은 무거운 세금과 지배자의 횡포에 혐오감을 가졌다.
　1700년 중반부터 미국 식민지와 대영제국 사이에 마찰이 발생했다.
　1754년 영국과 불란서는 식민지 통치권 때문에 싸움이 싹트고 1763년에 영국의 승리로 대영제국이 시작되었다. 이때 식민지를 종처럼 부려먹고 주둔군의 경비까지 부담 시켰다.
　1775년 미국은 죠지 워싱톤을 군통솔자로 하여 영국에 독립전쟁을 일으켰다.
　1776년 7월 4일 미 의회는 공식으로 독립을 선포하고 미합중국이라 명했다. 이전 약 170년간은 식민지시대였다.
　이 무렵 약세인 미국은 영국을 반대하는 불란서와 유럽 여러 나라들의 지원을 받아 승리하여 1789년 9월 3일 독립전쟁의 막을 내렸다. 이때 '자유가 아니면 죽음을 달라'라는 말이 나왔다.
　1787년에 연방헌법이 확정되고 1789년에 죠지 워싱톤을 초대 대통령으로 선출했다.
　1792년 최초의 국회의원이 선출되고 1800년에 임시수도 뉴욕을 워싱톤 D.C.로 옮기고 1803년에 불란서 영인 루지니아를 사들였다.

1812년 6월 18일 영국과 제 2 전쟁이 시작되어 한때 영국은 수도 워싱톤 D.C.를 점령했으나 동년 12월 24일 쌍방은 얻은 것 없이 공식으로 전쟁을 끝냈다.
　이 전쟁으로 미국은 국방력과 외교, 산업, 농업, 등 정책에서 획기적인 발전의 계기가 되었다.
　1819년 스페인으로부터 플로리다를 획득하고 1802년 이후 서부로의 이동이 시작되어 개척자들은 1830년 아이오아, 미쥬리, 캘리포니아, 멕시코 등의 지역으로 진출했다. 이동하면서 정착하고 있던 인디언들과 싸워 1840년경 동부의 인디언들은 모두 미시시피강에 수장된 셈이 되었다.
　1845년 텍사스를 합병하고 영국과 협정으로 북위 49도 이하 서부를 획득했다. 서부로의 이동 중 브리갬 영이 인도한 몰몬교도의 유타주 정착은 종교적 이주의 큰 발자국을 남긴 미국사의 일부다. 그 외 1848년 캘리포니아의 금광 캐기 이주도 유명하다.
　1846년부터 시작된 멕시코 전쟁이 1848년의 승리로 서부 해안과 뉴멕시코, 애리조나, 캘리포니아 등을 차지했다. 멕시코 전쟁이 끝난 후 많은 노예들을 아프리카에서 들여왔다.
　1860년 대통령 선거에 남북이 후보를 출마시켜 북의 링컨은 남부지방의 노예제도를 폐지하겠다고 했다. 링컨은 1861년 3월 대통령에 취임했고 동년 4월 남군의 선제공격으로 남북전쟁이 발생했다. 처음은 선제공격으로 전세가 남부 쪽이 우리했으나 1865년 4월 9일 남군이 북군에 항복함으로써 전쟁이 끝났다. 이때 36만 명의 북군과 26만 명의 남군이 희생당했다. 링컨은 전몰용사의 추도식에서 '국민의, 국민에 의한, 국민을 위한 정치'를 하겠다는 연설을 했다.

1865년 4월 14일 링컨은 저격당해 사망했다.
1867년에 러시아로부터 720만 불에 알래스카를 사들였다. 1898년 4월 25일 스페인에 전쟁을 선포하고 동년 12월 10일 승리로 괌, 푸에르토리코, 필리핀을 정복하고 하와이를 영토 확장에 추가했다. 이때 미국은 일본의 한국점령을 묵인하는 밀약에 등장했다.
1914년 독일과 영-불-이-러 등이 전쟁을 일으켰다(제 1 차 세계대전). 미국은 관망하다가 1917년에 독일에 선전포고를 하고 1918년에 전쟁에 승리했다.
1920년대는 공전의 경제번영의 시대가 되었다. 비즈니스는 황금시대를 구가하였고 대기업의 자유로운 활동이 촉진되었다. 미국 전역에 재즈음악이 유행하였고 라디오, 영화가 보급되고 헨리 포드에 의한 자동차는 대량생산되어 널리 보급되었다.
1929년부터 미국은 10여 년간 공황기에 들어 수백만이 직장을 잃고 굶주림의 공포에 쌓였다. 그 당시는 미국뿐만 아니라 세계 모든 나라들이 시련을 당했다.
1939년 9월 1일 독일 및 이태리 군이 폴란드, 프랑스, 영국, 그리고 다른 여러 나라를 공격함으로써 제 2차 세계대전이 일어났다.
미국은 참전하지 않다가 독일의 우방인 일본이 1941년 12월 7일 하와이 진주만을 공격함으로써 12월 8일 일본에 선전포고를 했다. 미국은 전국민의 협력으로 전쟁에 임하여 1945년 8월 히로시마와 나가사키에 원자탄을 투하함으로써 8월 15일 일본은 패전을 선포하고 9월 2일 완전히 항복했다.
미국은 제1차 대전 후 대국이 되고, 제2차 대전 후 초강국이 되었다.

1950년 6.25 전쟁으로 미국은 UN 16개국과 함께 한국전에 참전, 1953년 7월 27일 휴전협정으로 전쟁이 종식되었다. 이 무렵 소련의 스탈린이 사망했다.

1957년 월남전에 직접 간접으로 참여했다가 1965년 월남전 개입 후 1975년에 수치스럽게도 물러서고 말았다 .

아이젠하워 전권하의 역사적 사건의 하나는 1954년 공립학교에서의 인종차별에 위헌판결이 내려진 것이다. 그 이후 흑인운동은 킹 목사를 비롯한 흑인지도자 밑에 결집하여 연좌, 데모행진을 실행하였고 불매운동 전술을 이용하여 차별대우나 권리부정의 사건을 법정에 끌어들여 싸웠다. 이 흑인운동은 1968년 한여름 약 20만 명의 흑인이 참가한 '워싱턴 대행진'으로 절정에 달했다. 이와 같은 상황 속에서 케네디 대통령은 특히 공민권 때문에 깊은 관심을 갖게 되었고 그 입법계획은 존슨 대통령에 이어져 1964년 공민권법이 이루어졌다. 이 법에 의해 모든 공공시설, 고용, 노동조합에서의 차별대우는 위법이라고 판시했다. 또 아직 흑백분리를 계속하는 학교에는 연방정부로부터의 보조금 지급을 중지할 수도 있게 되었다. 나아가 흑인의 참정권이 실현되었고 1964년의 선거에는 수백만의 흑인이 투표하여 정치에서의 흑인의 힘을 보여 주었다.

1960년에 대통령에 당선된 민주당의 케네디는 뉴프런티어 정책을 내걸고 내정 면에서는 복지국가의 건설이나 흑인공민권의 확대 등을 지향했고 외교 면에서는 동서냉전의 완화에 노력했다. 이때를 프론티어 시대라고 부른다.

이웃나라 쿠바에서는 1959년 1월 카스트로에 의한 혁명정권이 수립되어 설탕을 중심으로 쿠바경제를 지배하고 있던 미국과의 관계가 악화되었다. 1962년 10월 미국은 쿠바의 소련 미사일기지를 정찰하고 쿠바에 대한 해상봉쇄를 단행했기 때문에 미소관계는 극도로 긴장생태에 빠져 핵전쟁의 의기를 가져왔다. 이 위기에 즈음하며 케네디 대통령은 소련에 미사일기지 철거를 요구했고 후르시초프의 양보로 핵전쟁의 의기를 면할 수 있었다. 이듬해인 1963년 미국, 영국, 소련은 부분적인 핵실험정지조약에 조인하고 지하실험을 제외한 모든 핵실험을 금지했다. 1962년에는 칼슨(R. Carson)이 출간한 '침묵의 봄'으로 미국 산업이 환경 공해를 낳았다는 자각이 확산되었다.

또 케네디는 우주개발계획에도 전력을 기울였다. 당시 미국은 1957년의 소련의 수푸트닉(Sputnik) 인공위성 발사 성공에 뒤져 있었으나 아폴로계획에 의해 1969년 암스트롱이 인류 최초의 달 착륙을 성공시켜 우주개발 면에서도 앞서게 되었다.

1950년대, 1960년대를 통해 미국은 유럽에서 소련과 평화공존정책을 진행시켜 왔으나 동남아시아에서는 직접 군사개입을 피할 수 없는 국면에 처해 있었다. 아이젠하워 시대에 이미 월남에 대한 군사원조를 시작하고 있었는데 케네디 시대에는 월남전쟁 개입 직전까지 군사원조가 증강되어 있었다. 그리고 1964년의 통킹 만 사건 뒤, 존슨 대통령은 월남에 미국군을 투입하였고 북폭이 시작되었다. 1973년까지 100만 명이 넘는 군대가 월남에 파병되었으며 많은 사상자를 냈다.

국내 여론은 처음에는 월남 원조에 대해서 호의적이었으나 점차 반전의 기운이 고조되어 많은 정치가, 지식인, 저널리스트 등이 반대운동을 전개했다.

반전의 의지 표시는 특히 대학에서 강했고 많은 학생들이 징병소집장을 태워버렸다. 1970년 5월 오하이오 주의 켄트스테이트 대학에서는 출병반대 데모로 학생 몇 사람이 죽는 사태가 벌어졌다. 반전운동이 고조됨에 따라 미국은 마침내 1973년 11월 평화조약에 조인하고 월남에서 군대를 철수시켰다.
　한편 미국 내에서는 1971년에 헌법 제26조가 수정되어 18에 이상인 자에게 선거권이 주어졌다. 1972년 닉슨 대통령은 중국과 소련을 공식 방문하였고 미국외교사에 역사적인 한 페이지를 장식했다. 그러나 1973년 워터게이트사건이 발각되어 2년 동안에 걸친 보도기관이나 상원의 조사 결과 닉슨은 대통령 자리에서 물러나게 된다.
　1976년 건국 200주년을 맞이하여 새로운 시대에 접어들었으나 그 뒤로 내정, 외교 그 두 낙관을 불허하는 상황에 있다. 특히 자원, 에너지의 문제에 관해서는 미국뿐 아니라 세계적 시야에 서서 생각할 필요가 있다.
　1979년 미국은 중국과 외교관계를 수립했다.
　1980년 미국은 모스크바 올림픽을 보이코트 했다.
　1980년에는 도널드 레이건이 대통령에 선출되어 보수주의를 표방하는 정치를 선언했고, 1988년 당시 부통령이었던 조지 부시가 대통령이 되자 보수주의는 정점을 이룬다. 1989년 동구권이 무너지기 시작하자 미국은 세계 초강국으로 대두되었다. 그러나 1990년대의 새로운 시대가 열려 낙태 - AIDS - 환경 - 여권 - 동성연애 - 주택정책 - 인종차별 - 등에 대한 새로운 변화를 선언하는 운동들이 다시 활발히 시작되고 있다.
　2001년에는 어느 누구도 예상하지 못한 비극적 사건이 벌어졌다. 9월 11일 테러리스트들이 비행기를 납치해 뉴욕의 세계 무역센터(World Trade Center) 건물과 워싱턴 D.C.의 국방성 건물(Pentagon)에 충돌한 것이다. 이 대재앙은 '테러와의 전쟁'을 선언한 부시의 지도 아래 미 국민들을 하나로 묶었다.

부시는 '애국법(Patriot Act)'을 통과시켰다. 테러리스트를 색출하기 위해 시민의 권리를 제한할 수 있다는 내용이 주요 골자였다. 2001년10월 부시는 아프가니스탄을 공격하여 알카에다 테러리스트를 색출하고자 하였으나 실패했다. 2003년엔 이라크를 침공해 반미 독재자 사담 후세인(Saddam Hussein)을 축출하였다. 그러나 지금 까지 이라크 침공을 정당화하기 위한 대통령의 변명은 모두가 거짓임이 드러났다. 이라크가 사실상 내전 상태에 돌입하면서 미군을 철수시키기도 어렵게 되였으나 할 수 밖에 도리가 없었다. 그 결과 전쟁과 부시에 대한 열렬한 지지는 급격히 떨어졌다.

2005년 미국 역사상 가장 큰 재산손실을 유발하는 허리케인 카트리나가 뉴올리언스와 걸프 코스트를 초토화시켰다. 경제는 부채에 허덕이고 갖가지 문제가 산적해 있으며 나라는 이길 수 없는 전쟁에 나락에 빠져 헤어나지 못하고 있다.
2009년 오바마 대통령은 변화가 필요하다고 주장하면서 대통령에 당선되었다. 그는 독선을 피하고 모든 것을 우방과 상의해서 하려 노력중이나 고전중이다.

5. 한미 관계

아시아 태평양 함대 사령관(E. Robert)이 1834년 동해를 방문한 후 국부장관에게 조선과의 교역 가능성을 언급한다.

　미국과 한국의 관계는 구한말인 1866년 미국의 제네럴 셔먼 호가 대동강을 거슬러 올라오다 평양에서 군민과 충돌하여 불타 버리는 사건으로 시작된다. 1871년 강화도에서 일어난 신미양요를 거쳐 1882년 한미수호통상조약을 맺어 두 나라 사이의 공식 외교관계가 시작되었다. 그 뒤 정치적으로는 물론 선교사 파견과 새로운 학교의 개교, 전기와 전차의 도입 등으로 개화를 크게 도왔다. 그러나 1895년에 끝난 청일 전쟁, 1905년에 끝난 러일전쟁에서 일본이 승리하여 한국에 대한 영향력을 강화하고, 1910년에 한국을 강제 병합한 뒤 한미관계는 미국의 일부 선교, 교육활동과 소량의 교역에 그치고 말았다.

　제2차 세계대전이 끝나자 1945년 9월 미국이 38선 이남에 진주하여 군정을 실시하였고, 1948년 8월 한국정부가 수립되자 제일 먼저 이를 승인했다.

　1950년 6.25가 일어나자 미국은 한국을 지원하여 참전하면서 유엔군을 조직하여 공산군과 싸워 한국을 도와주었다. 1953년 7월 휴전협정이 체결된 뒤에는 한미방위조약에 따라 군대를 계속 주둔시키면서 경제원조로 전후의 재건을 도왔다.

　제2차 세계대전 뒤에 한국과 밀접한 관계를 맺은 미국은 1980년대에는 정치, 경제, 외교, 군사, 문화 등 여러 분야에서의 교류는 물론 200만 명이 넘는 우리 동포가 살고 있는 나라로서 더욱 깊은 연관을 갖게 되었다. 한국인의 이민은 구한말이던 1903년 101명의 한국 노무자가 하와이에 도착하는 것으로 시작되었다. 그 뒤 1905년까지 7,200여 명의 한국인이 하와이에 이주하였고, 이들 중 일부는 미국 본토로 건너가 뒷날 미국 내에서의 독립운동을 도왔다.

　해방 후에는 소수의 한국인이 국제결혼, 고아입양 등으로 미국으로 건너갔을 뿐이었다. 1965년에 개정된 미국이민법으로 이민이 손쉬워지자 수많은 한국인이 태평양을 건너 현재 미국에는 200만 명을 넘는 동포가 살고 있는 것으로 집계되고 있다. 이들은 코리아타운을 이룬 로스엔젤레스의 80만 명 이상을 비롯하여 뉴욕, 시카고, 등 대도시는 물론 미국 전체 50개 주에 퍼져 있다. 미국에 이민 간 한국인들은 모두 근면 성실해서 어느 소수민족보다도 빨리 성공해가고 있으며 2세들도 미국 주류사회에 성공적으로 진출한 사례가 많은 것으로 알려져 있다.

제 2 장 미국이민

1. 이민이란?

해외이민은 인생의 한시기를 학문, 예술이나 기술습득 등을 위해 해외에서 생활하는 장기체류와는 달리, 해외에다 생활의 기반을 닦고 평생을 그 땅에서 살려고 하는 것이다. 따라서 이민은 개인의 올바른 정세 판단으로 어디까지나 자기 의지와 확고한 신념과 책임하에 새로운 가능성을 해외에서 찾으며 발전하는 것이다. 이상적인 해외이민은 이민자 자신에게 만족스러워야 하며 또 이민을 받아들이는 나라에서도 환영 받는 것이어야 하고 이민 상대국의 발전에 기여한다는 적극적인 것이어야 한다.

그런데 미합중국은 현재 이민을 받아들이고 있는 나라들 중의 하나인데, 중남미 이민에 비교하면 꽤 엄격한 제한을 두고 있다. 즉 동반구 여러 나라로부터 연간 받아들이는 수는 17만 명이며 한 나라로부터 받아들이는 연간 이민 수는 2만 명까지로 제한한다.

2. 미국 이민의 역사와 현황

미국은 '이민의 나라'이다. 1820년 이후로 미국 이민자의 수는 5천 4백만 명에 달하고 있고 세계 1백40여 개국 국민이 '아메리칸 드림'을 찾아 이 땅에 건너왔다.

그러나 수년전부터 미국의 국내 경제 악화와 잇단 밀입국자의 홍수에 따라 이민자들에게 등을 돌리고 있는 현상이 나타나고 있다. 최근에 발표된 갤럽의 여론 조사에 의하면 응답자의 3분의 2는 더 이상의 이민을 원하지 않는다고 밝히고 있으며 응답자들의 상당수는 경기 침체의 책임을 불법이민자들에게 돌리며 신경질적인 적대감을 가진 것으로 나타났다.

이민자가 많은 캘리포니아 - 뉴욕 - 플로리다 주민의 상당수가 '이민자들이 직업을 빼앗고 문화를 타락시킨다.'고 주장하고 있다. 그러나 이민 옹호론자들은 이같은 분위기가 '인종차별에서 비롯된 편견'이라고 반박하며 '이민자들에 대한 나쁜 이미지는 백인 소수에 의해 조작된 것'이라고 강조한다. 이들은 이민자들이 일자리를 만들고 세금을 내며 커뮤니티와 문화를 발전시킨다고 말한다.

지난 86년 이후 개정 이민법이 시행되면서 약 3백만 명의 불법 체류자가 사면 받은 후 그 중 절반가량이 캘리포니아에 정착, 주 정부에 소셜 서비스 비용 등 재정적 부담을 안겨준다는 주장과 이들 이민자들이 연간 수십억 달러의 세금을 납부하고 저임금직에 종사해 국내 산업의 경쟁력을 강화시키며 투자와 고용 창출로 쇠퇴해가는 지역사회를 재활성화 시킨다는 주장이 맞서고 있는 게 오늘의 현실이다.

한국인은 이민자 수를 나라별로 보면 멕시코, 필리핀, 인도, 중국에 이어 다섯 번 째 많은 나라다.

3. 한국인의 미국 이민 역사

우리나라 사람의 미국 이민이 시작된 것은 1882년 한미수교를 비롯하여 구미 각국과 조약을 체결하면서부터였는데 1883년 9월에 민영식 등 12명이 맨 처음 미국 땅을 밟은 사람들이었다.

그 이후 정치적인 망명객들과 유학생들이 있었는데 그 가운데는 갑신정변에 가담하였던 서재필, 안창호, 이승만, 윤치호, 김규식, 신성구, 리강제 등이 포함되어 있었다.

한국인의 미국 이민이 본격적으로 시작된 것은 1902년의 하와이 취업 이민에서 비롯되었다. 첫번째 이민선이 한국인 취업 이민자들과 그 가족 102명을 싣고 하와이에 도착하였다. 이들은 당시 하와이 사탕수수 농장에서 일하기 위하여 이민 온 노동자들이었다. 이때까지 하와이 사탕 수수재배 농장에서는 1852년부터 82년까지 30년 동안은 중국인 노동자 5000여 명을, 그 다음에 1868년부터 1900년까지는 일본인 3만 1000명을 입국시켰고, 1903년 초에는 한국인이 들어오게 된 것이었다.

이렇게 해서 시작된 하와이 취업이민은 1905년까지 총 65척의 배로 7226명이 이민하여 왔다. 이들 중에는 남자 성인이 6048명, 부녀가 637명 그리고 남녀 어린아이가 504명이었다.

그러나 한때 전성기를 이루는 듯 하였던 하와이 취업이민은 일본의 한국 침입으로 인하여 중단되고야 말았다. 그것은 1905년 11월에 한국정부와 일본정부 사이에 체결한 5조약을 빙자로 한국 외교권을 박탈함과 동시에 이민 사업을 전담하였던 수민원이나 개발회사를 폐지하였기 때문이다.

그러한 제약이 있었음에도 불구하고 이들 초기 이민자들이 정착함에 따라 생활상태가 호전되어 고국에 있는 가족을 초청하거나 아내를 맞이하는 문제가 대두되었다. 그래서 생각해낸 것이 '사진결혼'이다. 사진결혼이란 미국에 이민 온 동양 사람들이 본국에 있는 처녀들에게 사진으로 선을 보인 후에 그 사진을 보고 결혼하기를 허락하는 여자들을 데려다가 결혼하는 법이다. 이 사진결혼은 1910년 11월부터 1922년 10월까지 성행되었는데 상기 기간에 하와이로 들어와 결혼한 여자가 951명, 미국 본토로 온 여자가 115명에 달했다. 그러나 이 사진결혼도 1924년 5월 미국정부가 제정한 신이민법에 의하여 중단되었다. 이 신이민법은 일체의 동양인의 미국입국을 금지하였기 때문이다.

또 다른 비정규 이민자들로는 정치적 망명객으로 1910년부터 1924년 사이에 입국한 이들이 있다. 이들은 한국이 일본과 합방된 후 1910년부터 1919년 사이에 한국을 탈출하여 중국의 상해로 또는 유럽을 거쳐서 미국으로 입국한 인사들인데 상기 기간에 모두 514명이 이 성격을 가지고 입국하였다.

그리고 1921년부터는 일본의 한국 통치가 무관정치에서 문관정치로 변하게 되어 일본 여권을 가지고 미국에 유학할 수 있는 길이 열렸다. 1921년의 동양인 이민 금지법에 의하여 영주권을 얻기가 어려웠으나 총 289명이 입국하여 학업에 열중하였다.

제 2차대전이 종결된 후에 있어서는 1952년에 '비례이민법'이라는 것을 제정했으나 부진한 상태에 있었으며, 비정규 이민이라 할지라도 한국동란 등으로 전쟁신부와 특수이민자 그리고 유학생 등이 1945년부터 69년까지 3만 3508명에 이르렀을 뿐이다.

1968년에 이르러서는 이른바 '케네디 이민법'이 통과되어 한국인의 1년 쿼터가 2만 명으로 증가함에 따라서 미국이민은 신기원을 맞이하게 되었다. 이미 한국에서는 1962년도에 해외이주법을 제정하였던 터라 1960년대 말에는 벌써 2만8000명을 넘어서게 되었다.

76년부터 84년 현재까지 매해 평균 한인 이민자 수는 3만 명에 달해 미국에 이민하는 다른 나라 국민에 비교하여 볼 때 제1위 멕시코(7만 이상), 제2위 필리핀(4만 이상)에 이어 제3위에 올라 있다. 그리하여 한국인의 미국이민은 1959년에서 69년 사이에는 10위권 내에 들지 못하였으나, 69년부터 79년까지의 한국계 이민은 29만 9248명으로 전체 이민자의 6.4%를 차지하여 세계 3위를 차지하고 있다.

이민국(INS) 통계 자료에 의하면 1992년 LA 폭동의 여파로 미국으로 이민 온 한인의 숫자가 20년래 가장 적었던 것으로 나타났다.

이민국의 출신국가별 이민자 통계에 따르면 지난 92회계연도(91년 10월~92년 9월) 동안의 한인이민자 수는 모두 1만 8천 9백 83명으로 전년 동기에 비해 28.4%나 감소했으며 당시 10년 동안 가장 많은 이민자를 기록했던 87년(35,849명)에 비해서는 거의 절반 수준을 나타냈다.

한인 이민 추이

연 도	숫자(명)	연도	숫자(명)
83	33,339	88	34,703
84	33,042	89	34,222
85	35,253	90	32,301
86	35,776	91	26,518
87	35,849	92	18,983

= 회계연도는 전년 10월부터 해당연도 9월까지

이 같은 수치는 지난 70년대에도 연평균 2만 6천여 명의 한인 이민자를 기록했던 점에 비추어 20년만의 최저 수치이다. 1988년 이후로 한인 이민자가 차츰 줄어드는 추세를 나타내긴 했지만 92회계연도만큼 큰 폭으로 감소하기는 처음이었다.

이는 92년의 LA폭동으로 불안심리가 가중되고 지속된 불경기로 이민생활 여건이 악화되면서 이주 포기 사례가 급증했기 때문으로 풀이되고 있다.

그러나 이민 관련 전문가들은 당시의 이민자의 급감현상은 LA폭동에 따른 일시적 현상이며 그 무렵 아직도 한국에는 10여만 명 이상의 이민 신청자들이 대기하고 있어서 그 후로도 한인 이민자수는 매년 2만 5천명을 상회할 것으로 전망하였다.

미국무부가 발표한 93회계연도 각국별 이민 대기자 현황 자료에 의하면 93년 5월 미영사관에 이민 신청 서류를 제출한 한인은 총 12만 4천 3백 55명으로 전체 이민 대기자 3백 93만 3천 1백 93명 중 3.7%를 차지하는 것으로 나타났다.

한인들의 경우 특히 시민권자의 형제-자매 초청 케이스인 가족 이민 4순위에 8만 9천 4백 6명이 이민 대기자로 올라있어 전체의 72%가 한인 시민권자의 초청에 의한 것으로 나타났다.

4. 미 영주권 취득자 수

외교통상부가 최근 발표한 '2010 외교백서'에 따르면 2009년 미국 영주권을 취득한 한인은 1만 3,171명이었다. 이는 미국에서 신분조정 방식으로 영주권을 취득한 한인 1만 2,572명과 한국에서 영주권을 받은 599명을 합친 것이다.

그러나 한국 정부가 발표한 이 숫자는 정작 영주권을 발급한 미국 정부의 통계와는 전혀 다른 것이어서 한국 정부의 이민통계가 신뢰성을 잃고 있다.

지난 4월 미 국토안보부가 공식 발표한 '2009 회계연도 영주권 취득 통계'에 나타난 한인 영주권 취득자는 2만 5,859명이었다. 한국 정부의 통계와는 약 2배가 더 많은 셈이다.

2009년뿐이 아니다. 2009년 통계에서도 한국 정부는 한인 영주권 취득자를 1만 2,829명으로 공표했으나 미국 정부의 통계는 2만 6,666명으로 2배가 넘는 오차를 보이고 있다.

2007년은 1만 4,032명(한국 정부)과 2만 2,405명, 2006년 1만 6,605명(한국 정부)과 2만 2,386명, 2005년 1만 7,393명과 2만 6,562명 등으로 매년 한국 정부의 이민 통계는 미국 정부의 공식 통계보다 1만 명 이상 최대 2배까지 차이를 나타내고 있다.

1월 1일을 기점으로 하는 한국 정부와 10월 1일이 기점인 미국 정부의 통계기간 차이를 감안하더라도 한국 정부 통계의 오차가 설명되지 않는다. 한국과 미국 정부의 회계연도 기간 차이가 두 달 정도에 불과해 매년 영주권 취득자 수가 2배까지 차이가 나는 것은 납득하기 힘들다.

한국 정부는 이 같은 통계 차이가 집계방식 때문이라고 설명하고 있다. 외교부는 미국 현지에서 영주권을 취득한 한인들의 경우 LA 총영사관 등 재외공관에 영주권 취득 신고한 경우만을 집계하고 있어 재외공관에 신고하지 않는 영주권자는 파악하기 어렵다는 것이다. 결국 한국 정부 스스로 2배 이상 오차가 불가피한 이민통계를 정부 공식 통계로 매년 발표하고 있는 셈이다. 지나치게 큰 오차로 인해 한국 정부가 최근 통계에서 삭제한 미주 한인 거주자 통계도 미국의 센서스 통계와 차이가 커 사실상 무의미한 통계라는 지적을 받기도 했다.

LA 한인회 한 관계자는 "한국 정부 지원금 요청 때 사용하는 한국 정부 통계가 미국 통계와 차이가 너무 커 지원금 신청에서 불이익을 받는 경우도 있다."며 "제대로 된 재외동포 정책을 위해서는 통계부터 정확해야 할 것"이라고 지적했다.

한인 영주권 취득 현황

연도	외교부 집계	국토안보부 집계
2004	16,291명	19,766명
2005	17,393명	26,562명
2006	16,605명	24,386명
2007	14,032명	22,405명
2008	12,829명	26,666명
2009	13,171명	25,859명

5. 이민의 종류

이민은 크게 나누어 가족이민, 취업이민 두 종류가 있다.

<가족 이민>

가족 이민인 경우 전세계적으로 주어진 문호가 연간 22만 6

천명이다. 이 숫자 중 각 나라에서 최고 7%까지 사용할 수 있다. 단 위의 22만 6천명의 문호에서 시민권자의 직계 가족, 즉 시민권자의 부모, 21세 미만 미혼 자녀는 제외되며 추가로 이민이 허락된다. 가족 이민의 순위는 다음과 같다.

- 1 순위
  시민권자의 21세 이하의 자녀, 혹은 그 이상이 미혼 자녀
  (연간문호 : 2만 3천 4백명 + 4순위 미사용분).
- 2순위 A
  영주권자의 배우자 및 21세 미만 미성년 자녀
  (연간문호 : 8만 8천명 + 1순위 미사용분).
- 2순위 B
  영주권자의 미혼 자녀(연간문호 : 2만 6천명).
- 3순위
  교수, 예술-과학 분야에서 특히 뛰어난 능력을 가진 자
  (연간 3만 4000명)
- 4순위
  미국 시민의 기혼자녀와 그들의 가족 (연간 1만 7000명).
- 5순위
  미국시민의 형제자매 및 그들의 가족 (연간 4만 8000명).
- 6순위
  미국내에 인수자가 있는 일반 기술기능자 및 그들의 가족
  (연간 1만 7000명).
- 7순위
  난민 (연간 1만 2000명).

- 비순위

  상기 순위에 해당되지 않지만 미국 이민을 바라는 자.

순위	신청대상자	연간문호 숫자*
1	시민권자의 21세 혹은 그 이상의 미혼자녀	23,400명 + 4순위 미사용분
2		총 114,200명 + 1순위 미사용분, 이중 71%는 2순위-A, 23%는 2순위B
2A	영주권자의 배우자 및 21세 미만 미성년 자녀	88,000명 즉 114,200명의 77%
2B	영주권자의 미혼 자녀	26,200명 즉 114,200명의 77%
3	시민권자의 기혼 자녀	23,400 + 1순위, 2순위 미사용분
4	시민권자의 형제	65,000명
	총합계	226,000명

* 각 나라에서 7%까지 사용가능

<취업 이민>
취업이민의 순위는 다음과 같다.
- 1순위

  특기자, 특예자, 국제기업의 중역-간부직.

- 2순위
  특기자, 석사 학위 취득자, 혹은 그와 동등한 자격인.
- 3순위
  아래와 같이 2가지로 기준이 된다.
    o 3순위 전문직, 혹은 숙련직
    o 3순위 비숙련직

순위	신청대상자	연간문호 숫자*
1	특기자, 특예자, 국제 기업의 중역, 간부직	40,000명
2	특기자, 석사학위 소지자 및 그와 동등한 자격인	40,000명 + 1순위 미사용분
3	전문직과 숙련직	30,000명 + 2순위 미사용분
	비숙련직	10,000명
4	종교계 종사자 및 성직자	10,000명
투자이민	50만 불 투자 허용 지역	5,000명
	100만 불 투자 지역	5,000명
	총합계	140,000명

*각 나라에서 7%까지 사용가능

- 4순위
  종교계 종사자, 성직자, 연간 문호 1단 명으로서 5천명은 성직자를 제외한 종교계 종사자, 5천명은 성직자에게 주어진다. 단 94년도 회계연도를 마지막으로 일반 종교계 종사자 문호가 95년 회계연도부터는 성직자로 모두 주어졌다.
- 5순위
투자 이민, 고용 창출을 목적으로 한 투자 용도이기에 취업 이민으로 분류되었음. 연간 문호가 1만 명으로 5천 명은 실업률이 높은 지역의 경제 활성화를 위해 50만 달러 투자에 10명 고용을 요구하는 지역 투자 이민 문호, 나머지 5천명은 1백만 달러 투자에 10명 고용을 요구하는 투자 이민에 할당하고 있다.

6. 비자의 종류
- A비자
외교관 - 본국으로부터 미국내 대사관, 혹은 영사관으로 파견 받은 외교 업무 종사자.
- B비자
방문 비자 B-1은 업무용, 혹은 출장 목적의 방문이고 B-2는 관광 목적의 방문비자. 보통 입국시 입국 목적 의향에 따라 B-1 혹은 B-2로 입국이 됨.
보통 B-2인 경우 체류기간은 6개월 주고 B-1인 경우 짧게는 1주일부터 길게는 6개월까지 줌.
- C비자
경유 비자.

- D비자
  선원 혹은 여객기의 승구원 비자.
- E비자
  E-1과 E-2로 분류됨. E-1은 무역 협정에 의한 주재원비자, E-2는 투자 비자.
- F비자
  유학생 비자.
- G비자
  국제 기구 단체 파견원 비자.
- H비자
  4가지로 분류됨.
  - o H-1A. 임시 간호사.
  - o H-1B. 임시 전둔직 고용 비자.
  - o H-2. 비전문직 임시 고용 비자.
  - o H-3. 단기 훈련 비자.

  위의 4가지 비자 소유자의 배우자 및 21세 미만 미혼 자녀는 동반 가족 비자인 H-4를 받게 됨.
- I비자
  언론계 특파원 비자.
- J비자
  교육, 문화, 과학 분야의 교환 프로그램에 의한 교환 방문자의 비자.
- K비자
  약혼자 비자, 시민권자의 약혼자로서 입국 후 90일 이내에 결혼을 마치고 영주권 신청을 해야 함.

- L비자
  본-지사간의 직원 이동 비자. 회사내 중역, 책임자, 혹은 기술직에 한함.
- M비자
  직업 훈련자의 비자.
- O비자
  체육, 예술 분야의 탁월한 특기자 비자
- P비자
  뛰어난 체육, 예술 단원의 일원으로 행사 참여차 입국시 필요로 하는 비자.
- R비자
  종교계 종사자 비자.

위의 모든 비이민 비자는 각 해외 주재 미국 영사관에서 발급됨. 위의 비이민 비자중 H, K, L, O, P비자는 근무지, 혹은 공연지, 또는 신청인 거주 관할 이민국에서 피티션 승인을 받은 후에야 각 해외 영사관으로부터 비자 발급을 받을 수 있다.

7. 이민 신청 절차

미국으로의 이민 절차는 원칙적으로 이민 희망자의 신원 인수자인 미국 시민 또는 미국 영주권을 소지한 사람이 이민 희망자를 대신하여 이민 절차를 밟도록 되어 있다.

따라서 미국 시민의 근친 가족으로서 이민할 경우는 물론이고 기술, 기능을 갖고 이민하고자 하는 사람도 미국 내에 신원 인

수자가 반드시 있어야 한다. 단, 제3순위 가운데 극히 일부의 고급 전문직(대학 교수, 의사, 원자력 관계 연구원 등)의 사람에 한해 본인이 이민 절차를 주한미대사관 또는 영사관에서 밟을 수 있다.

이민 희망자가 미국 시민 또는 영주권 소지자의 근친자에 해당할 경우에는 미국 내에 거주하는 이민 희망자의 근친 가족이 초청하기 위한 탄원서를 가장 가까운 지방 이민국에 제출한다. 이민국은 이 청원서를 심사하여 결과를 탄원자 및 주한 미국 대사관에 연락한다.

직업에 종사하는 이민의 경우에는 이민 희망자를 고용하려고 하는 미국 시민, 회사, 단체 등의 희망자를 초청하기 위한 청원서에 후술해야 하는 미국 노동부의 노동 허가서(Labor Certification)를 첨부하여 가장 가까운 지방 이민국에 제출한다. 특히 노동부의 노동 허가서는 중요하며 이것이 첨부되어 있지 않는 청원서는 인가되지 않는다. 이 탄원서의 미국측 처리는 앞에서 말한 근친자 초청의 경우와 같다.

제3순위 가운데 일부 고급 전문직에 종사하는 사람이 이민 절차를 밟을 경우는 주한미대사관 또는 영사관에 출두하여 준비되어 있는 관계 서류에 필요 사항을 써넣어 제출하고 전형을 받는다.

취업 이민 영주권을 신청하려면 우선 직장을 제공하는 고용주가 있어야 한다. 이를 근거로 노동부에 노동 허가를 신청할 수 있다. 그러나 이때 중요한 사실은 해당 외국인에게 제공된 직종이 미시민권 또는 영주권자로선 채우지 못하는 것이어야 한다. 또한 외국인 고용 사실이 미국내 비슷한 직장에서 이미 근무하고 있는 다른 시민권, 영주권자의 임금과 근무 조건에 불리한 영향을 끼쳐선 안된다는 것이다. 노동 허가를 얻는데 있어 제일 중요한 것은 미시민권 또는 영주권 소지자로선 그 직종을 채울 수 없었다는 사실을 보여주는 것이다.

한편 노동 허가 신청자는 영주권을 얻기 전까지 자신을 고용하려는 고용주 밑에서 일을 해야 할 의무는 없다. 그러나 일단 영주권을 얻은 후엔 그 고용주를 위해 일을 시작해야 한다. 노동허가를 얻는 절차는 다음과 같다.

(1) 고용주가 고용 제의를 한다. 고용 제의란 직무에 대한 설명이나 최저 학력 조건, 트레이닝, 초봉에 대한 설명을 포함한다.
(2) 고용주는 미국인 대중을 상대로 그 직종에 관한 구인광고를 낸 사실을 증명해야 한다.
(3) 지원서들을 State Employment Office로 접수시킨다. 이곡에서는 그 직장의 급여 수준과 근무 조건, 의무 등을 노동부에 비치된 다른 직장명부와 비교한다.
(4) 만약 고용주의 신입 사원 모집을 위한 노력이 불충분했다고 여겨질 경우에는 State Employment Office에서는 또 다른 미국인 대상의 신입 사원 모집을 시작할 수도 있다.
(5) 지역 노동부 사무실에서 신청서의 준비가 완전히 끝나고 정리가 돼 있으면 노동 허가 명령을 내린다. 만약 신청서에 무슨 문제가 있을 때는 이에 대한 통지가 전달된다. 이때 신청서를 다시 고칠 수도 있다.

• 노동 허가를 얻어 주는 직장
  웬만한 직종 중에 적당한 경험을 요구하는 것들이 이에 해당한다. 엔지니어나 Bilingual Import Export Manager(이중언어, 무역업무 간부사원), 자동차 수리 기술자, 기계 수리공, 한국 음식 요리사 등이다. 이러한 직장 외에도 지압사나 침구사, 가정부, 비서, 재봉사 등 많은 직종도 노동 허가를 얻을 수 있다.

- 노동 허가가 필요 없는 직종

  노동 허가가 필요 없는 사람들도 있다. 그들은 물리치료사, 내과의사나 외과의사, 간호사, 예술인이나 과학 분야 종사 외국인 중 뛰어난 능력의 소유자, 종교인(이 경우는 목사— 신부와 달리 구분된다), 지사 파견인, 목사 또는 신부 등이다.

  노동 허가를 얻는 절차는 상당히 복잡하다. 따라서 노동 허가가 필요하다면 항상 경험있는 변호사를 선정하는 것이 시간과 돈을 잃지 않는 좋은 방법이 된다.

  미국 내의 신원 인수인이 이민 희망자를 위해 탄원서를 지방 이민국에 제출할 때, 인수인에게 인수인의 출생증명서를 비롯하여 각종 증명 서류의 제출을 요구한다.

  또한 이민 희망자에 관련이 있는 아래의 서류도 포함되므로 희망자는 미리 이 서류들을 준비해 두면 이긴 절차를 원활히 밟을 수가 있다.

- 근친 가족으로서 이민할 경우

  인수자와 이민 희망자의 근친 관계를 입증하는 서류(호적등본 또는 초본), 부부가 함께 이주할 경우는 그 외에 양자의 혼인을 입증하는 서류(호적등본 또는 초본), 이민 희망자가 이미 미국 내에 있을 경우는 이상의 서류 외에 본인의 여권.

- 직업에 종사하는 이민의 경우

  다음의 서류는 고용주가 이민의 노동 허가서를 입수하기 위해 노동부에 제출한 서류, 또는 전문직 종사자가 스스로 이민 예정지역의 이민국에 제출할 경우의 서류이다.

  고급 전문직에 종사하는 이민의 경우는 학업 증명서(이 증명서에는 수학기간이나 연구학과명을 기록할 것), 학위 증명서, 전문직 면허증, 현지 및 전직의 고용주 또는 본인을 잘 아는 저명인사에 의한 이민자의 경력 증명서, 본인의 저서 또는 본인에 대해 쓰여진 간행물, 이상의 서류는 직종에 따라 제출이 면제되는 것도 있다.

  숙련 및 미숙련 노동자는 학력 증명서(이 증명서에는 수학 기간, 전문 과정, 취득 학위를 기록할 것), 현직 및 전직의 고용주에 의한 이민자의 경력 증명서(이 증명서에는 이민 희망자의 경력 이외에 본인이 조작할 수 있는 기계류를 명기한다), 본인의 저서 또는 본인에 대해 쓰여진 간행물. 이상은 직종에 따라 제출이 면제되는 것도 있다.

  상기 제출 서류에 관해서는 국문 서류를 갖추어 외무부에 제출하고 내용에 상위가 없음을 인증받은 뒤 미국으로 보내거나 주한미대사관으로 보낸다. 미국에 이민한지 5년이 지나면 국적을 취득할 자격이 생긴다.

8. 비이민 비자의 변경 및 연장

비이민 비자로 미국을 온 사람들이 비자를 변경하거나 연장을 시켜야 할 경우가 생길 것이다. 가령 학생 비자인 F-1으로 와서 학위를 받은 사람이 미국 회사에 취직을 하는 경우에는 비자를 F-1에서 H-1B로 바꾸어야 할 것이다.

또 한국 회사의 미국 지사로 온 남편을 따라서 L-2비자로 온 부인이 재주가 있어서 미국 회사에 취직이 되었다면 역시 H-1B로 비자가 바뀌어야 할 것이다. 이런 경우에는 다음의 서류를 제출하면 된다.
(1) 이민국 양식 I-129……H-1B를 신청하기 위한 서류.
(2) I-94.
(3) I-539(가족들의 비이민 비자의 변경을 위한 서류) 및 가족의 I-94.
(4) 수수료.

그리고 L-1 비자로 한국 회사의 미국 지사에서 일을 하던 사람이 3년 만기가 되었는데 2년을 더 연장하여 미국에 체류하고자 하는 수가 생길 수 있을 것이다. 이런 경우에는 비자 연장 신청을 하면 된다. 이때 제출하는 서류는 다음과 같다.
(1) 이민국 양식 I-129……외국인을 고용한다는 서류.
(2) I-94.
(3) 고용주가 피고용인이 미국에 연장해서 체류해야 하는 이유를 설명하는 편지.
(4) I-539 (가족들의 비이민 비자의 연장을 위한 서류) 및 가족의 I-94.
(5) 수수료.

9. 영주권 소유자의 주의사항

　영주권자로 한번 해외여행에 1년 혹은 그 이상 해외에 머물렀을 경우 그 영주권은 자동 취소된다. 이 경우 재입국을 하려면 해외주재 미영사관에서 새로운 특별 이민 비자를 받아야 한다.
　장기 해외 체류가 불가피한 사정에 의한 것이었고, 또한 전혀 미국에서 영주할 의사를 저버린 적이 없다는 것을 증명해야만 특별 이민 비자 발급이 가능하다.
　만일 장기 해외 체류를 미리 계획하고 있다면 떠나기 전 재입국 허가(Reentry Permit)를 신청, 받고 가면 안전하다. 이 경우 2년간 유효한 재입국허가가 발급되며 영주권에 지장없이 2년간 해외체류가 가능하다.
　단, 한국의 경우 아무리 재입국허가를 지닌 동포라 해도 영주권자로서 1년 혹은 그 이상을 계속 국내에 머무를 경우 출국 정지가 된다.
　그러므로 많은 동포들이 재입국허가를 지니고 있지만 1년 이내로 미입국을 하거나, 아니면 한국의 근접 국가를 방문하고 다시 한국 입국을 시도하는 경우가 많다.
　즉 미이민국발행 재입국허가는 영주권에 지장없이 장기 해외 체류가 허용되어 2년 유효기간 내에 재입국이 허용된다는 의미이다.
　그러나 각각의 체류국의 규정도 살펴 양쪽으로 지장이 없도록 해야 한다. 2년 유효기간 안에 재입국한 후 또 장기 해외 체류 필요시 재신청이 가능하다. 현재 재입국 허가 발급에 횟수 제한은 없다. 신청시마다 이유가 정당하면 보통 발급이 된다. 그러나 여러 번 신청이 거듭될수록 이민국 조사가 강화될 것이다.

조사의 내용은 과연 영주할 의사가 있는 것인지에 대한 것이다.

　14세 미만의 자녀가 영주권자가 되었을 경우 영주권에 지문과 사인이 면제된 상태에서 발급이 된다. 일단 만 14세가 되면 영주권용 사진 2장, 지문 1매, 현재의 영주권을 가지고 소정양식 I-90을 작성, 직접 이민국에 출두해서 접수시켜야 한다.

　접수시 신청인의 사인과 둘째 손가락 지문을 찍게 되며 새 영주권에 그 지문과 사인이 기재된다. 또한 접수시 현재 영주권은 반납을 하게 된다. 반납시 여권에 임시 영주권을 찍어달라고 요구하면 6개월 유효기간의 임시 영주권을 받게 된다. 새 영주권 카드가 도착하려면 약 3개월 내지 6개월이 소모되므로 꼭 임시 영주권을 받도록 권장한다.

　일단 영주권자가 되면 만 18세 부터 26세 까지의 모든 남자는 반드시 병역등록 의무가 생긴다. 18세 미만이었을 때 영주권자가 되었으면 18세가 되자마자 병역 등록 의무가 있다. 26세가 넘어 영주권을 받을 경우에는 해당이 없다.

　등록은 각 우체국에 비치되어 있는 Selective Service Registration 양식을 작성하여 우체국에 접수하면 된다. 만일 이 등록을 안했을 경우 미국민으로서의 의무를 지키지 않은 것으로 간주해 시민권 신청시 큰 어려움이 있게 된다.

　이민 비자로 입국을 하면 입국 공항에서 여권에 6개월 짜리 임시 영주권을 찍어준다.

　미국 내에서 신분 변경을 거쳐 영주권을 받게 되는 사람도 마찬가지로 관할이민국에서 6개월짜리 임시 영주권 도장을 찍어준다. 이후 약 3개월 내지 6개월이면 정식 플래스틱 카드 영주권을 우편으로 받게 된다.

만일 6개월이 지나도록 정식 영주권 카드가 오지 않으면 소정 양식 G-731을 작성해 아래의 주소로 보내면 약 2주 후에 답이 오게 된다. 정식 영주권 카드 문의 주소는,

U.S. I.N.S.

P.O.Box 5928, Arlington, Texas 76005-5928이다.

또한 다음의 번호로 전화 문의를 해도 된다. (214)655-1500. 전화 문의시 영주권 번호를 Touch Tone 전화기로 누르면 영주권이 이미 우송이 되었는지, 만드는 중인지, 혹은 문제점이 있는 자에 대해 알려 주게 된다. 이 경우 설혹 카드 발급에 문제점이 있다 해도 이미 영주권자가 된 사람의 영주권 발급 자체가 문제이지 영주권자의 자격이 문제가 아니기에 크게 염려할 것이 없다. 만일 임시 영주권 6개월의 유효기간이 끝나면 이민국에 가서 연장하는데 아무런 어려움이 없다. 보통 매번 6개월씩 연장이 되며 정식 영주권과 똑같은 효력이 있다.

제 3 장 미국인의 일상 생활상

1. 레크리에이션

　미국의 주당 노동시간은 40시간으로 노동자들에게 여가선용이나 공부를 할 수 있는 충분한 시간이 허용되고 있다.
　사냥과 낚시 등은 인기있는 여가선용 종목으로 매년 6,600만장의 사냥, 낚시 허가증이 발급되고 있다. 다른 대중적인 스포츠로는 수영, 골프, 자전거, 스케이트, 볼링, 각종 구기 종목 등이 있다. 전국적으로 각 지역마다 운동장, 수영장, 레크리에이션 센터가 있으며, 대다수의 도시에서는 야간에도 사용할 수 있는 스케이트장, 야구장, 수영장, 운동장이 개설되어 있다. 각 시즌마다 800만 이상의 인국가 스키 활강과 크로스 컨트리를 즐기고 있다. 눈이 없는 지역에선 스키를 보급하기 위해서 인공설 제조장비가 개발되었다.
　또한 사진, 우표수집, 수예, 목공예, 원예 등드 대중적인 여가선용의 방법이다. 그림 그리기, 조각, 목공예, 금속공예 역시 좋은 취미활동이 되고 있다. 많은 사람들이 스스로 일을 해서 그들의 집을 넓히거나 단장하는 것을 좋아한다. 또 다른 사람들은 여가를 이용하여 야간학교에 등록하여 수강하기도 한다.

2. 스포츠

　미국인을 진정으로 함께 묶어주는 것은 바로 스포츠이다. 스포츠는 분명 사회적 유대감을 높여준다. 보수파든 진보파든, 기혼이든 미혼이든, 몰몬교도든, 청교도든 월요일에 사무실에 출근하면 주말에 좋아하는 팀이 벌인 경기에 대해 누구든 붙잡고 잡담을 한다.
　미국인들은 단순히 스포츠를 보기만 하는 것이 아니다. 경기 결과를 놓고 내기를 한다.
　이러한 오락과 경기는 일년 내내 계속된다. 봄, 여름이면 매일같이 야구경기가 열린다. 가을과 겨울에는 미식축구가 없다면 주말이나 월요일이 아주 무미건조해질 것이다. 길고 지루한 겨울에는 밤낮으로 농구경기가 벌어진다. 이상 소개한 야구, 미식축구, 농구는 미국에서 성행하는 주요 스포츠이다.

1) 야구
　슈퍼스타들의 터무니없이 높은 연봉과 약물복용 루머에도 불구하고 야구는 미국인에게 최상의 여가를 선사하는 스포츠이다. 미식축구만큼 시청률이 높게 나오지는 않지만(따라서 광고비도 그보다는 저렴하지만) 야구는 한 시즌에 팀당 162경기를 치르고 미식축구는 팀당 16경기를 치른다는 점을 고려해야 한다.
　더구나 야구는 TV로 봐서 될 스포츠가 아니며 현장에서 직접 즐겨야 그 재미를 제대로 만끽할 수가 있다. 매년 약 4500만 이상의 관객이 오열 열광한다. 전 관중들이 7회 중반(Seventh Inning Stretch)에 <Take Me Out to the Ballgame>이라는 노래를 합창하는 순간도 그야말로 장관이다. 매년 10월에 열리는 플레이오프(월드시리즈)에서는 늘 흥분과 감동 속에서 누구도 예상치 못한 우승팀이 탄생한다.

2) 미식축구

미식축구는 그 어떤 스포츠보다도 미국에서 높은 인기를 누리고 있다. 연간 3600만 명의 관객이 모여든다. 몸과 몸이 격돌하는 이 거대 규모 스포츠에는 막대한 자금이 움직인다. 주요 스포츠 경기 중 시즌도 가장 짧고 경기 수도 가장 적은 미식축구는 경기마다 다접전을 이룬다. 경기 결과 또한 매우 중요하며 뜻하지 않은 부상은 팀 전체에 치명적인 영향을 미칠 수 있다.

미식축구는 또한 힘들기로도 유명하다. 시즌은 가을과 겨울이며 우천에 관계없이 들리기 때문에 역사적으로 유명한 명경기들도 영하의 날씨 속에서 진행된 경우가 많았다. 입장권은 비싸며 구하기도 힘들다. 많은 팬들이 술집에 모여 경기를 지켜보는 것도 이런 이유에서다.

이는 대학 미식축구나 고등학교 리그의 경우에도 마찬가지다. 치어 리더, 고적대, 마스코트, 응원가와 함께 하는 화려한 퍼레이드와 잡다한 행사가 펼쳐지며, 게임 시작 전 주차장에서 바비큐를 휴대용 그릴에 구워 맥주와 함께 먹는 테일게이트(tailgate : 차량의 뒷문을 내리고 음식을 먹는 것)의 전통도 보는 재미를 더한다.

광적인 인기를 누리는 슈퍼볼은 프로선수들의 결승경기로서 2월초에 열린다. 그외 '볼'자가 붙은 경기들(로즈볼, 오렌지볼 등)은 신년 무렵에 개최되는 대학팀들의 결승전이다.

3) 농구

그 명성에도 불구하고 프로농구에 대해서는 말들이 많다. 천정부지로 치솟는 입장료로 인해 기존 팬들이 경기를 관람하지 못하고 있는 것이다. 가난한 도시 젊은이들은 전국적으로 길거리에서 농구경기를 즐기며 스트레스를 풀고 젊음을 발산한다. 점점 늘어나는 선수들도 유럽, 남미, 심지어 중국으로 진출해 마음껏 기량을 뽐내고 있다.

대학농구 역시 수백만 명의 팬들을 매료시키고 있다. 특히 매년 봄 '3월의 광란(March Madness, 미국 대학농구의 별칭)'이 거리를 휩쓸 무렵에는 플레이오프에 진출한 4강 팀들이 최종 결승전의 자리를 놓고 치열한 대접전을 펼친다. 혜성 같은 스타가 등장하며 예기치 못한 경기 결과로 프로농구 못지않은 흥분과 감동을 선사한다. 경기는 전국적으로 생중계되며 사람들은 내기를 한다. 라스베가스의 도박업자들이 한 몫 단단히 챙기는 시기이기도 하다.

3. 매스커뮤니케이션

미국의 언론 매체는 거의가 민간이 운영하며 수가 많은 것이 특징이다. 신문은 도시 단위로 발달하고 있다. 국토가 넓고 지방자치가 확립되어 있는데다가 각 도시마다 사정이 다르며, 주민들이 신변에서 일어나는 사건에 특히 관심을 기울이기 때문이다. 주요 신문으로는 <<뉴욕 뉴스>> <<로스엔젤레스 타임스>> <<뉴욕 타임스>> <<시카고 트리뷴>> 등이 있으며, 종류는 조간지가 530여 개, 석간지 1140여 개, 전국지는 <<유에스에이 투데이>> <<월스트리트 저널>> <<크리스천 사이언스 모니터>> 3가지가 있다.

광고를 포함해 수십 페이지에 달하는 일요판 신문은 840여 개가 있는데, 영화와 뮤지컬 같은 엔터테인먼트나 최신관광 정보가 있어 여행자들에게도 유용하다.

잡지는 발행부수가 최고 2000만(<<티브이 가이드>>)에서 100만까지만 추려보아도 월간-격월간-주간지가 50여 개다. 취미와 오락을 다루는 가정물이 대부분이다.

텔레비전국은 1340여 개. 텔레비전의 보급률은 98%이상이다. 전미 네트워크 방송국은 ABC, CBS, Fox, NBC가 있고, 공공방송에는 PBS가 있다.

라디오국은 큰 도시에는 80개 이상이 있다.

한때 일간신문과 TV채널이 주도적 역할을 하던 미국 미디어계는 지난 15년간 급격한 변화를 겪었다. 인터넷이 모든 이를 위한 역동적인 표현의 장이 되고 있는 사이 전통적 미디어의 우세는 줄어들고 있다.

4분의 3에 달하는 미국인들이 매일같이 규칙적으로 인터넷에 접속해 하루의 뉴스를 접한다. 인쇄매체들은 미국인들의 관심을 유지하기 위해 분투하고 있다. 신문, 잡지, 책들은 여전히 쏟아져 나오고 있으며 매주 새 영화들이 개봉되고 있다.
거대 미디어들은 모두 다국적 재벌들이 소유하고 지배한다. 미디어 독점 구조는 비교적 최근에 생겨난 현상이다.

10년 이상 이같은 현상이 도처에서 발생했다. 기업의 입장에서 미디어의 집중화는 매력적이다. 독점된 미디어 그룹은 지렛대 효과를 이용해 시장지배력을 높일 수 있다. 그러나 소비자들은 채널이 늘어났어도 불만한 것은 없는 상황을 맞게 되었다. 우선적으로 양질의 뉴스가 감소하였다. 합병은 직원 삭감으로 이어졌고 TV네트워크의 해외지자도 예전의 절반 규모로 축소되었다. 라디오 뉴스 정규직원들도 40%이상 감소하였고 신문들도 기자 수를 계속 줄이고 있다.

하루가 다르게 발전하는 인터넷이 등장한 후 TV는 그저 하나의 인터넷 종속체계로 전락했고 언제 없어질지 모르는 존재가 되어버렸다. 그러나 여전히 미국인들은 일주일에 평균 31시간 TV를 시청하며, 두 살도 안된 아기의 90%가 하루에 한시간 반 TV를 시청한다. 미국인들은 그들의 문화를 대변하는 TV를 사랑한다.

TV는 1920년대와 30년대 미국과 영국에서 개발되어 보급되었으며 최초의 민간 TV수상기가 등장한 것은 1939년 뉴욕 세계박람회에서였다. 오늘날에는 거의 모든 미국의 가정에 TV가 보급되어 있을 정도로 TV는 현대사회를 특징짓는 매체가 되었다. 1980년대 등장한 케이블 방송은 채널 선택의 폭을 말 그대로 수백 가지로 늘려주었다.

4. 미국인의 정체성

미국인들은 약간 불안감을 안고 살고 있다. 미국의 힘은 쇠락하고 있으며 국민 대다수가 그런 것처럼 국가 역시 채무자 신세를 면치 못하고 있다.

한편 미국으로의 이민자 수는 계속 늘어나고 있다. 모두 기회의 땅에서 성공을 꿈꾸는 이들이다. 여기에서 오는 불안과 스트레스를 미국 사람들은 먹는 것으로 풀기 시작했다. 미국인들이 날로 뚱뚱해져 가는 이유도 여기에 있다. 2015년까지

75%의 미국인들은 과체중이 될 것이며 41%가 비만이 될 것이라는 전망도 있다. 전례 없는 당뇨병, 심장병, 뇌졸중 환자의 증가로 이어질지도 모를 일이다.

미국의 또 다른 거품으로 대중문화(pop culture)가 있다. 미국 사회에 있어 대중문화의 예술성의 결핍은 오히려 장점이 된다. 쉽고, 재미있고, 산만하고, 유행을 선도하고, 값싸고, 또한 모든 사람들이 편리하게 향유할 수 있는 것이다. 미국인들은 언제나 변화하지만 대중문화를 통해 공통의 언어를 갖게 되었다.

'미국인들은 저마다 다르다'라는 말은 괜히 하는 얘기가 아니다. 미국인들이 겪는 변화는 실로 심대하여 나라 전체가 혼란에 휩싸이지 않는 것이 오히려 이상할 정도이다. 부자와 가난뱅이가 있으며 보수적인 공화당을 지지하는 주와 진보적인 민주당을 지지하는 주들이 있다. 백인과 흑인이 있으며 동부 해안과 서부 해안이 있다. 미국인들은 스스로를 이해하기 위해 모든 대상에 꼬리표를 붙인다.

미국은 모든 것이 극명한 대비를 이루는 아주 특별한 연구 대상이다. 놀라운 성공신화와 고질적인 불평등이 공존하는 땅이자, 수많은 문제를 안고 있음에도 불구하고 끊임없이 낙관적인 나라다. 미국인들은 꿈, 그리고 꿈을 추구할 자유와 역동적인 변화를 창출하는 모습을 보여주고 있다.

5. 다문화주의

미국은 오래 전부터 '인종의 용광로(Ethnic Melting Pot)'로 불렸다. 이는 새로운 이주자들이 기존의 미국적 특성에 동화된다는 의미이기도 하다. 싱코 데 마요 (Cinco De Mayo : 멕시코 명절), 마틴 루터 킹의 날(Martin Luther King Day), 중국식 음력설, 한국의 날 등을 기념하는 모습을 어디에서나 찾아볼 수 있을 만큼 다양성이 존중되지만, 또 한편으로는 현상유지에 집착하는 완고함도 있다.

2007년 미국 내 소수인종의 수는 처음으로 전체 인구의 3분의 1인 1억 명을 넘었다. 이 수치는 앞으로도 계속 늘어날 것으로 관측된다. 따라서 이번 세기의 4분의 1, 즉 25년이 지나기 전에 미국은 다수를 점유하는 인종이 없는 소수인종들의 나라가 될 것이다. 인종간의 소통은 단순한 흑백인종간의 차원을 넘어서 아주 복잡한 양상을 띠게 될 것이다.

이민이 이러한 현상을 가속화하는 핵심요인이다. 2000년 이후 미국 인구 증가분의 40% 이상이 이민 인구다. 매년 약 100만 명이 합법적으로 이민을 온다. 멕시코인이 가장 많으며 그 다음으로 아시아, 유럽 순이다. 불법이민자에 대한 추정치는 700만~2000만 명이다. 미국의 골칫거리가 시작되는 부분도 바로 이 지점으로 특히 정치적으로 다루어질 때 그러하다. '이민법 개혁(Immigration Reform)'은 워싱턴 정가의 단골메뉴가 되었다. 의회는 합법적인 이민의 기준을 강화하고 불법이민자들에 대해 더 강력하게 대응하기 위한 법안을 통과시키려고 노력하고 있다.

오늘날엔 미국의 다문화 주의도 살짝 수그러지는 것 같다. 이민자들이 일자리와 주택을 차지하는 바람에 피해를 보고 있다고 여기는 사람들의 비율이 2000년-2006년 사이 38%에서 52%로 증가했다. 또한 '새로운 이주민들이 미국의 전통과 가치를 위협한다.'고 말한 사람들이 40%에서 48%로 늘어났다.
 그러나 이민자들의 수효가 증가됨에 따라 미국의 정책이 용광로 정책에서 다문화주의를 수용하는 새러드 볼(Salad Bowl)정책으로 변하고 있다.

6. 미국인의 사는 모습
 '평균적인' 미국 가정의 모습이란 전체 혼인자들의 거의 절반이 이혼을 하고 있으며 아이들의 4분의 1이 편부, 편모슬하에서 생활하고 있다.
 중산층 가구의 연평균 수입은 $44,000이다. 대개의 경우 엄마와 아빠 두 사람 다 일을 한다. 80%가 고등학교를 졸업했으며 25%는 대학졸업자들이다.
 미국인들의 결혼 연령은 높아지고 있으며 자녀수는 줄어들고 있다. 하지만 이러한 현상은 미국에서 태어난 토박이 시민들의 이야기이다. 해외에서 온 이민자들은 여러 세대가 함께 지내는 대가족제를 선호한다. 이민 가구 4분의 1 이상이 5명 이상의 구성원으로 이루어져 있는데 이는 미국 평균의 2배에 해당한다.
 미국인들의 3분의 2는 주택을 소유하고 있다. 그리고 가구당 1대에서 4대의 TV를 보유하고 있다. 냉장고에는 인스턴트 식품이 가득하며 이로 인해 미국인들은 날로 뚱뚱해지고 있다.
 미국인들은 여행을 하더라도 미국 내의 국립공원이나 디즈니월드로 가지 외국으로는 잘 나가지 않는다. 여권 보유자는 27%에 불과한데 대부분의 사람들이 가까운 시일 내에 미국을 벗어날 일이 없다는 뜻이다.

29%의 미국인들은 자원봉사 활동에 참여하고 있다. 그리고 건강보험 제도가 있다. 건강보험은 오늘날 아주 심각한 문제가 되었다. 15% 이상이 보험에 가입되어 있지 않은 상태이며 직장을 통해 가입된 경우라 하더라도 추가 부담금이 천정부지로 치솟고 있는 형편이다. 전체 인구 중 상당수가 엄청난 비용 때문에 의료혜택을 못 받고 있다.

7. 자선 기부금과 자원 봉사

매년 미국인들은 종교단체, 사회복지기구, 교육, 예술과 자선 행위, 공공기구 등에 거의 650억 달러에 달하는 자선 기부금을 내고 있다. 주로 부유한 개인이나 그룹에 의해 설립된 2만 2,000개의 재단들은 국내외의 복지계획, 의료, 교육의 증진을 위해 매년 34억 6,000만 달러를 쓰고 있다. 이처럼 돈을 기부하는 것 이외에도 많은 미국인들이 자원봉사자로 참여하고 있다. 심장기금, 미국적십자사, 걸스카웃과 보이스카웃, 구세군 등을 포함한 국가적인 봉사단체에서는 재정의 조달과 여러 가지 사업의 수행 자원봉사자에 의지하고 있다.

8. 미국의 세대들

이름 붙이기를 좋아하는 미국인들의 기질은 연령 그룹의 구분에서도 나타난다. X세대, Y세대 등 세대를 구분하는 몇 가지 용어들에 대해 살펴보자.
• 베이비붐 시대(Baby Boomers) - 1946년에서 1964년 사이에

태어난 세대이다. 2차 대전에서 귀국한 미군들은 여성들과 시간을 보내기에 바빴으며 그 결과 출산율이 폭증했다. 이로 인해 '베이비 붐'이라는 신조어가 생겨났다. 이 세대는 아메리칸 드림이 반영된 세대이다. 열심히 일을 했고 그에 따른 경제적 보상을 누렸다.

- X세대(Generation X) - 1961년에서 1981년 사이에 태어난 세대로 아메리칸 드림 따위를 믿지 않는 불안과 근심의 세대. 회의주의와 소외로 대표되는 세대이다.
- Y세대(Generation Y) - X세대 이후 등장한 세대로 1980년대 초반에서 1990년대 초반에 태어난 세대를 말한다. 건방지리만큼 당당하고 자신감에 차 있는 이들은 새 천년 무렵에 성년이 된 사람들이며 인터넷과 함께 자란 첫 세대이다.
- 넥스트 제네레이션(Generation Next) - Y세대와 겹치지만 기본적으로 1990년대에 태어난 이들을 지칭하는 말이다. 아이팟, 문자메시지, 메신저, 마이스페이스(My Space)등과 함께 자란 세대이다.

9. 여성의 활동

20세기에 들어와 미국의 여성들은 사회적, 경제적 분야에서 남성과 동등하게 실질적인 소득을 얻고 있다. 통계상 여성의 수는 남성을 앞질렀으며(약 51.2 : 48.8) 수명도 여성이 더 긴 것으로 나타났다. 미국의 여성은 자신이 원하는 직장을 선택할 수 있으며 점점 더 많은 여성들이 법률, 의학, 정치 분야로 진출하고 있다.

 정치 분야는 특히 사회적 변화를 추구하는 여성들에게 어필하고 있다. 1916년 이래로 미의회의 일원으로 일한 여성은 최소 120명 이상이다. 7명 이상이 주지사를 지냈고 정부의 각료가 된 여성은 9명이 넘는다. 1981년에는 샌드러 D. 오코너가 여성으로는 최초로 연방 대법원판사가 되었으며 1993년에는 B. 클린턴 대통령에 의해 R. B. 간즈버그가 임명되었다.

 1990년도 현재로 48명의 여성이 의원직을, 그리고 7명이 상원의원직을 맡고 있다. 많은 여성이 연방, 주, 각 지방정부 내에서 중요한 직책을 맡고 있다.

 전체 노동력의 약 50%를 여성이 차지하고 있다. 약 1,500만 명에 이르는 여성 노동자가 사무원이나 비서로 일하고 있으며 500만 이상의 여성이 공장에서 일하고 있다. 의학과 그 밖의 건강분야 종사자의 80%, 초등학교와 중학교에 근무하는 교사의 74%, 그리고 속기사, 타이피스트, 비서의 98%를 여성이 차지하고 있다. 과학 분야에도 많은 여성이 관심을 보이고 있다.

 오늘날 여성 경제활동 인구의 약 94%가 직장을 갖고 있다. 근로여성의 80%는 기혼자이고 그들 중 66%는 취학연령에 이른 자녀를 두고 있다.

 직업상의 발전을 위해 여성들은 종종 결혼을 늦추거나 아이를 적게 낳기도 한다. 비록 남편들이 가사일을 분담하는 경향이 늘고 있다고는 하지만 그래도 역시 대부분의 여성들은 주부로서의 전통적인 의무와 자녀양육을 수행해 나가야 하기 때문에 두 가지의 부담을 갖고 있다.

 '여성해방운동'의 결과로 최근 몇 년 사이에 많은 여성단체들이 조직되었다. 그들은 성차별 문제에 관심을 가지고 있으며 전국 각지에 뻗쳐 있다. 그 중 영향력이 큰 것으로는 다음과 같은 것들이 있다. NOW(National Organization for Women), The National Women's Political Cause, The Women's Equity Action League.

10. 젊은이들의 활동을 위한 지원

미국의 젊은이들은 학업에서 벗어나 즐길 수 있는 다양한 취미를 가지고 있다. 수많은 청년단체들이 젊은이들에게 그들의 취미를 개발하고 확장시킬, 그리고 다른 사람과 함께 일하는 경험을 쌓을 수 있는 기회를 제공하고 있다. 그러한 단체에는 400만 명 이상의 소년들이 가입되어 있는 보이스카웃, 300만 명 정도의 소녀들이 가입되어 있는 걸스카웃, 그리고 100만 명 이상의 참가자가 있는 The Boys' And Girls' Clubs of America 등이 있다. 이와 같은 단체들은 자원봉사를 하는 성인들의 지도를 받는다. 시민, 문화, 종교 단체들도 또한 젊은이를 위한 특별 프로그램을 후원한다. Boy Scout의 지원은 예수 그리스도 후기 성도 교회의 지원이 압도적이다.

농장지대에서는 소년소녀들이 약 441단 932명의 회원이 있는 15만 8,360개 이상의 4H 지부를 통하여 시민활동과 가사일, 함께 농사일을 하는 방법 등을 배운다. 이와 같은 클럽에서는 가축사육과 곡물경작 등을 목표로 경쟁하기도 한다.

중학교에서는 학생들에게 재능과 기술을 개발할 수 있는 각종 다양한 활동이 제공된다. 사진, 음악, 연극, 미술, 우표수집, 자연과학, 토론회 등의 클럽이 있다. 때때로 학교에서는 소년소녀들이 함께 모여 경쟁하는 다양한 스포츠뿐 아니라 오케스트라, 밴드, 합창단 등도 있다.

제 4 장 미국의 교육 기능 및 제도

1. 미국의 교육 기능

 미국은 건국 이래 영국과 달리 독자적인 교육제도를 신대륙에 구축해 왔다.

 미국의 헌법에는 교육에 관한 권한은 모두 주 이하의 기관에 맡겨지고 있다. 주의 교육에 대한 관여방법은 각 주 마다 다양하여 뉴욕이나 캘리포니아 등과 같이 관여방법이 비교적 적극적인 곳이 있는가 하면 그렇지 않은 주도 있다.

 캘리포니아의 경우에도 주에서 교과서나 교재를 선정하여 각 지방에 추천하는 등 그 영향력이 다양하다.

 주 아래에는 지방 교육구(Local School District)가 있는데 그 수는 현재 전국에 걸쳐 약 1만 7000구에 이르고 있다. 하와이주와 같이 주 전체가 1교육구를 이루고 있는 여부터 네브래스카주와 같이 136개소나 되는 지방 교육구를 갖고 있는 주, 일리노이주와 같이 국민 학교와 중학교를 관리하는 교육구가 각각 다른 주 등 이것 역시 매우 다양하다.

 미국의 교육은 지방분권(地方分權)이 원칙이다. 우리나라로 말하자면 최말단의 지방교육위원회나 각 학교가 교육에 관한 모든 정책을 입안하여 실시하고 주나 연방은 재정적으로 혹은 특정한 영역에서 이를 후원하는 시스템으로 되어 있다.

 전체 주의 약 70%정도는 2~3년의 유치원 교육과 6년제 국민학교가 있고, 13~15세를 수용하는 주니어 하이스쿨과 16~18세의 시니어 하이스쿨로 나누어 각 3, 4년씩 학생을 수용한다.

대학은 4년제와 2년제의 초급대학이 있다.

중등교육을 마친 청소년의 반 이상이 단과대학이나 종합대학에 진학하고 있다.

미국 최대의 대학인 캘리포니아 대학은 많은 분야의 대학에 약 12만 1,000명의 학생이 재학하고 있다.

사립대학과 종합대학의 고등교육비는 상당히 비싼데 이것은 주나 시 정부의 원조를 거의 받지 못하기 때문이다. 많은 학생들이 등록금을 벌기 위해 일을 하고 있으며, 또 장학금을 받아 학비를 충당하기도 한다.

매년 의회는 공립 교육프로그램의 발전을 위해 재정적인 지원을 하고 있는데 1965년에는 최초로 사립학교와 부속학교에까지 확대 실시되었다. 이와 같은 연방정부의 대폭적인 재정원조는 각주의 교육제도의 길을 개선하는 데 많은 도움이 되고 있다.

1982년 93만 5,000명이 학사학위를 취득했으며 7만 명이 전문 학사학위를, 29만 5,739명이 석사학위를, 3만 2,958명이 박사 학위를 취득했다.

매년 1,500만 명이 넘는 성인들이 기술에서 시작법(詩作法)까지의 성인 교육과정에 참여하고 있다. 가정주부, 사업가, 점원, 기계공, 노동자가 주류를 이룬다. 평생교육과정은 공립학교, 시청, 지역사회센터에서 야간에 실시되고 있다.

2. 연방의 교육기능

연방은 교육에 관한 제1차적인 권한은 갖고 있지 않지만, 과거 약 20년 동안에 교육에 관한 연방의 역할은 비약적으로 증대되었다. 1957년 소련의 위성발사 성공을 계기로 미국내에서도 교육이나 과학의 발전에 대한 국가적 관여의 필요성이 강조되었다. 그리하여 1958년에는 '국가 방위 교육법'(National Defence Education Act)'이, 1962년엔 '인재개발 훈련법(Manpower Development and Training Act)', 1963년엔 '직업 교육법(Vocational Education Act)', 1964년엔 경제 기회법(Economic Opportunity Act), 1965년엔 '초등-중등교육법(Elementary and Secondary Education Act)'등 1960년대 초기부터 교육에 대한 연방의 적극적인 관여를 요구하는 법률이 연속적으로 의회를 통과하게 되었다. 이들 가운데에서도 특히 여러 차례 개정을 거친 '직업 교육법' 및 '초중등 교육법'은 미국교육, 특히 연방이나 주의 교육기능의 본연적 자세에 지극히 커다란 영향을 주고 있다. '직업 교육법'을 예로 들면, 현재 미국 각지에서 활기를 띠고 있는 커뮤니티 스쿨(community school)이 이 법률에 따라 연방의 보조금을 얻어 출범했으며 고등학교를 중심으로 한 직업교육의 충실한 성과도 이 법률에 따른 보조금에 힘입은 바가 크다. 또한 1970년경부터 새로이 도입된 직업교육개념은 직업에 관한 지식경험을 모든 학생에게 모든 학교과정을 통해서 가르쳐야 한다는 사고방식으로서 이에 따라 새로운 실험적 커리큘럼이 각지에서 생겨나게 되었다.

그러나 연방이 지출하는 교육비가 교육비 전체에서 차지하는 비율은 약 8%에 지나지 않으며, 주 41%, 지방 교육구 51%라는 비율을 보아도 미국의 교육실태가 어디에 있는지 짐작할 수 있는 바와 같이 연방 정부의 힘은 미약하다.

3. 주의 교육기능

　주의 교육위원회 가운데, 위원을 주민의 직접선거로 선출하는 곳이 13주, 지사의 임명에 의하는 곳이 31주로 되어 있다. 주 교육위원회는 유치원, 초 - 중 - 고등학교의 교육, 직업교육, 주립교원양성대학, 커뮤니티 칼리지나 주니어 칼리지, 특수교육 시설 등 광범위한 분야를 관할하고 있다. 구체적인 교육정책의 추진은 우리나라의 경우와 마찬가지로 교육장(교육감) 이하의 교육위원회 사무국의 스태프에 위임되는데, 교육장과 교육위원회와의 사이에는 엄격한 긴장관계가 있는 것이 보통이다. 주 교육위원회가 책임을 지는 교육계획의 책정, 커리큘럼 기준의 설정, 직업 교육의 진흥, 주 보조금의 배분, 교원자격 부여 등의 정책분야 가운데에서도 사실상 각 지방의 독자성에 맡겨져, 주는 단지 포괄적인 기준을 설정하거나 조정적 기능을 발휘하는 정도로 그치는 분야이었는데, 주가 행하는 행정이 요즈음 갑자기 중요성을 더하고 있는 분야가 있다.

　미국의 지방 교육은 주로 지방 주민들이 납부하는 재산세로 충담하고 있다. 주 교육청은 연방보조금과 재산세를 합쳐 분배 관리하고 커리큘럼을 설정한다.

4. 지방교육구의 기능

　교실이 하나뿐인 학교를 관리하는 것과 같은 소규모의 지방교육의원회로부터 시작하며 뉴욕, 시카고, 로스엔젤레스와 같은 커다란 지방 교육위원회까지 그 규모나 실태는 다양하다. 그러나 교육내용, 교원인사, 시설 등 교육시책이라 부르는 것이 대부분은 거의 지방교육위원회 수준에서 결정되어 실시하는 것이 미국 교육의 특징이다. 보통 한 달에 한번 열리는 교육위원회의 회의는 인사안건 등 특별한 경우를 제외하고는 공개로 진행된다. 교육위원회가 실제로 개막되기 전 5~10분 정도를 이용해서 교육에 관한 시민의 의견을 듣는 예도 있듯이 교육세(재산세)를 부담하고 있는 시민과의 접촉은 대단히 밀접하다.

지방교육위원회의 4대 기능은 교육내용의 충실 개선, 교직원의 인사, 학교와 지역의 연대, 예산과 시설 등인데, 우리나라의 지방교육위원회의 예와 다른 점은 충실한 커리큘럼 부국을 가지고 있다는 점이다. 커리큘럼의 기준이나 평가의 지침은 교원이나 주민이 참가하여 지방교육위원회 수준에서 정해지는 경우가 많다. 커리큘럼 기준은 보통 각 교과마다 K-12, 즉 유치원에서 고교까지의 내용이 일괄적으로 기재되고, 각 교원은 그것을 참고로 하여 가르치는데 몇 학년생에게 어떠한 내용을 가르치느냐 하는 것은 학교나 교원에 따라서 다르다.

5. 다통로속의 통일성

미국의 교육은 각 지방에 따라서 제각기 특성을 가지고 전개되는데, 교육내용을 비롯하여 행정의 분연의 자세 등은 통일성을 유지하며 운영되고 있다. 그 첫 번째 이유로는 이 나라의 활발한 민간 교육조직의 활동을 들 수 있다. 전국교육협회(National Education Association : NEA)를 위시해서 국민학교장협회나 중학교장협회 등 다양한 전국단체가 해마다 전국회의를 개최하거나 기관지, 그밖의 출판물을 통해서 각지의 의견교류에 힘쓰고 있다. 둘째로는 고등교육기관에의 입학시험으로서 전국적으로 그다지 커다란 차이가 없는 것을 사용하고 있다. 미국의 교육은 전국 각지에서 항상 새로운 것을 탐구하여 활동하고 있으며, 변화에 관해서는 놀라운 만큼 민감해서 때로는 지나친 반응을 보일 경우도 있지만 이는 사회와 인간의 변화에 적절하게 부응해 나간다는 하나의 장점으로 보여지기도 한다.

미국의 교육은 다양성 속에서 공통성을 보이고 있다. 즉, 통로가 많은 다통로 교육에서 통일성을 보이고 있다.

6. 이중 언어 교육의 중요성

미국 내 초 – 중 – 고교에 한국어 이중 언어 프로그램을 도입하는 학교가 늘고 있다. 특히 한국 정부가 해당 학교에 예산을 지원하면서 이 프로그램의 활성화가 기대 되고 있다.

그동안 한국어 이중 언어 프로그램의 필요성과 중요성에 대해 대부분이 공감했다. 하지만 이 프로그램을 실시 또는 도입하려는 학교에 대한 실질적인 재정지원은 부족한 실정이었다.

이중 언어 학습 효과는 크게 세 가지로 나눌 수 있다.

첫째, 학생들이 '또 다른 무기'를 갖게 된다. 갈수록 치열한 글로벌 경쟁 사회에서 언어를 하나 더 안다는 것은 분명 큰 장점이다. 또 학력이 증진된다. 많은 언어학자와 교사들에 따르면 이중 언어를 배운 학생들은 그렇지 않은 학생들 보다 학교 성적은 물론 SAT점수도 높게 나타난다고 했다.

둘째, 다양성의 수용이다. 이중 언어를 배우는 학생들은 자신과 다른 것에 대한 이해도가 높다고 한다. 언어에는 그것을 사용하는 집단의 문화, 가치관 등 모든 것이 들어있다. 따라서 언어를 하나 더 배운다는 것은 또 다른 세계와 접속하고 그 사회를 이해한다는 의미로 해석된다. 편견이나 고정관념을 깨는 데도 도움을 준다.

셋째, 정체성 유지다. 모국의 언어를 체계적으로 습득하면서 자신의 뿌리를 지속적으로 인식하게 된다.

한국 정부가 이중 언어 프로그램을 이미 실시하거나 도입하는 학교에 재정적 후원을 하겠다는 발표는 매우 고무적이다. 한인 커뮤니티에서도 이중 언어 프로그램에 대한 관심과 지원에 적극성을 보여야 한다.

이는 단순히 교육적 차원을 넘어 자라나는 꿈나무들이 향후 한국을 제대로 알고 이해하는 밑거름이 될 것이다.

제 5 장 미국의 간단한 법률상식

1. 민사소송

개인 사업이나 부동산 투자를 많이 하는 한인들에게 민사 소송이란 피할 수 없는 이민 생활의 일부가 된다.

특히 한국에서 평생 동안 거의 변호사를 접할 필요가 없었던 한인들에게 생소하며 또한 적응하기 어려운 미국 생활의 일부가 민사 소송이라고 할 수 있다. 자동차를 운전하다가 사고가 났을 때 고소를 해야 할 경우가 있으며 또한 원하지 않게 고소를 당하는 경우도 있다.

민사 소송은 판결이 날 때까지 상당한 시일이 걸리며 막대한 재정적인 부담 외에도 정신적인 압박감 등 여러 가지 어려운 문제들이 있기 때문에 미국에서의 민사 소송은 잘 이해하여 결정하는 것이 중요하다.

미국의 사법제도도 법원의 공정성을 상당히 중요하게 여기기 때문에 최소한 한번은 아무 이유없이 배정된 판사를 바꿀 수 있는 법원제도 및 소송절차법 자체가 최대한의 공정을 기하도록 되어 있다.

민사 소송의 재판은 판사 혼자 결정하는 단독 재판과 배심원이 결정하는 배심원 재판이 있다. 두 가지 모두 장 - 단점이 있기 때문에 변호사와 사전에 잘 협의하여 결정하는 것이 중요하다. 일단 재판에서 승소하든 패소하든 패소하는 사람은 고등법원에 항고를 할 수 있다. 판결문이 나온지 60일 안에 항고 신청을 해야 하고 만약 60일이 지나면 항고를 할 수 없게 되어서 판결이 확정된다. 항그하면 약 6개월에서 1년이 더 걸리게 되는데 이 항고 법원을 District Court of Appeals라고 한다.

항고를 접수한 고등법원은 지방법원의 판결을 재확정하거나 부분적으로 확정 또는 판결을 번복할 수가 있다. 고등법원의 판결을 불복하여 주대법원인 Supreme Court에 한번 더 상고할 수 있으나 대법원에 하는 상고는 대부분 기각당하여 대법원에서 꼭 중요하다고 생각하는 상고만 심리하게 된다.

주 대법원의 판결에 불복할 경우에는 미합중국 대법원 (US Supreme Court)에 또 항소할 수 있으나 거의 모든 항소가 기각 된다.

미국의 모든 주가 캘리포니아와 같이 지방법원, 고등법원, 대법원 3심제로 되어 있다.

미국의 연방사법제도는 각주의 사법제도와 따로 분리되어 있다. 하지만 주 사법제도와 비슷하게 지방법원, 고등법원, 대법원으로 나뉘어져 있는데 지방법원을 US District Court, 고등법원을 Circuit Court of Appeals 또 대법원을 US Supreme Court 라고 한다.

연방법원 판사는 종신직으로 연방판사의 명령은 미주 전 지역에 영향력이 있지만 캘리포니아주의 판사들은 13년마다 재신임 투표로 선출되며 또한 판사의 명령이 캘리포니아주내에서만 효력이 있다.

연방판사들은 미국 대통령이 임명하며 종신직으로 연방상원에서만 판사직을 박탈할 수 있다. 반면에 캘리포니아 판사는 주지사가 임명하지만 13년 마다 재신임투표에서 다시 신임을 얻어야 한다.

연방법원에는 아무 소송건이나 제소하는 것이 아니라 연방법에 저촉됐을 때나 혹은 서로 다른 주 사람이 소송에 참여하는 경우 또는 소송액이 1만 달러가 넘었을 경우에만 연방법원에 가게 된다.

예를 들면 이민법, 판사법 혹은 저작권(Copyright)법 등 연방법에 관련됐을 경우에만 연방법원에 소송을 제기할 수 있다.

미국인들의 민사 소송은 거의 생활화되어 있으며 자기의 권리 주장을 잘하는 미국인에게 민사 소송이란 자기 권리 주장의 방법으로 생각되기 때문에 매해 너무 많은 고소로 각 법원마다 골치를 앓고 있다. 하지만 민사 소송 비용이 상당히 비싸기 때문에 심사숙고해서 시작하는 것이 중요하다.

민사 소송은 적게는 4만~5만 달러에서 많이는 몇 백만 달러까지 소송비용으로 들어가게 된다. 또한 재정적인 손실 외에도 미국에 와서 잘 모르는 영어로 또한 미국인 판사 앞에서 재판받는 것이 심리적으로나 정신적으로 상당한 압박을 주기 때문에 심각하게 생각하여 결정해야 한다.

미국은 소송을 해서 이겼다 해도 들어간 변호사 비용은 각자가 부담해야 하기 때문에 소송액보다 소송비용이 더 많이 들어가는 경우도 많이 있다.

만일 소송 금액이 5천 달러 이하일 경우에는 Small Claim이라고 하여 변호사 없이 본인과 상대방이 직접 판사 앞에서 사건을 이야기할 수 있으며 또한 재판도 6개월 정도 이내에 끝나므로 빠르게 또한 저렴하게 문제를 해결할 수 있다.

미국에서는 빌린 돈을 못 갚을지라도 감옥에 가는 일은 절대 없다. 특히 재판에서 승소하여 1백만 달러의 배상판결문을 받앚을 지라도 피고인이 돈이 없거나 혹은 파산해 버리면 소송비용만 낭비한 결과가 된다.

이 때문에 소송하기 전에 상대방이 돈이 있는지 혹은 승소할 경우 돈을 받을 길이 있는지 등을 심사숙고하여 소송을 시작하는 것이 중요하다.

또한 미국에서는 'Bankruptcy'라고 하여 부채가 많은 사람이 법원에 파산 신청을 해서 모든 밀린 부채를 안 갚을 수도 있다. 그러므로 파산 신청할 가능성이 많은 사람에게는 소송을 하지 않는 것이 비용을 덜 들이는 방법이다.

소송제기에 앞서 약 5백 달러에서 2천 달러 정도의 비용으로 상대방의 재산 상태를 자세하게 파악할 수 있다. 사전에 재산 상태를 미리 점검하여 소송과정에서 사기로 재산을 숨기는 것이 있나없나를 찾아낼 수 있다.

또한 한번 파산한 사람은 6년 동안 다시 파산할 수 없으며 사기행위로 얻은 부채 혹은 이혼 후 자녀양육비 등 몇 가지는 파산했어도 배상의무가 없어지지 않는다.

모든 민사 소송은 'Complaint'라는 고소장을 접수시킴으로써 시작된다. 고소장을 접수시킬 때는 함께 상대방을 법원에 소환하기 위해 준비한 'Summons'란 법적 서류에 법원에서 확인을 해주며 법원 직원이 서명을 하게 된다.

이 Summons란 서류는 법원 출두 명령서로 피고인에게 법원에 고소장이 접수됐으니 일정기간 안에 대답하는 법정 서류를 법원에 접수하라는 명령서이다.

거의 대부분의 Summons가 30일 이내에 대답을 하도록 명령하고 있다. 하지만 'Unlawful Detainer'라고 하여 입주자가 임대료를 지불하지 않아 건물주가 고소하는 경우에는 5일 이내에 대답해야 한다.

이 30일과 5일이란 기간은 피고소인이 Summons와 고소장을 받은 후부터 시작되는 기산이며 고소장 접수일자부터 계산하게 된다.

Summons와 고소장은 꼭 사람을 통하여 피고에게 직접 전달돼야 하며 특별한 경우 이외에는 우편으로 배달돼도 효력이 없다. 만약 피고인에 맞고소할 경우에는 대답하는 서류와 함께 맞고소장을 제출할 수 있다.

일단 고소장과 답변하는 서류가 접수되면 소송이 진행된다. 소송 진행과정에서는 서로가 서로에서 증거물을 요구할 수 있으며 여러 질문을 하는 기회가 주어진다.

일단 소송이 시작되면 판사가 정해지게 된다. 고소장 접수 후 약 6개월 정도가 지나면 'Status Conference'라고 하여 변호사들이 판사 앞에 가서 고소의 성격과 재판기간 등등에 대하여 이야기를 나누게 된다.

이때에 어느 정도 감을 잡은 판사가 재판 날짜를 잡거나 혹은 몇 개월 후에 다시 오라고 명령한다.

그 다음에 출두하라고 하는 날짜에 가면 판사가 재판 날짜를 지정한다. 재판일에는 모든 증인이 출두할 수 있도록 빨리 알려서 재판에 차질이 없도록 해야 한다.

이와 같이 민사소송에 따른 비용이 많이 들고 또 오래 걸리기 때문에 많은 회사들이 계약서를 작성할 때 소위 'Arbitration'이라고 하여 3자 중재하는 절차를 많이 쓰고 있다.

이 절차는 민사소송보다 비용이 저렴하며 시간도 얼마 걸리지 않기 때문에 아주 유리한 반면 지게 될 경우 항수 가능성이 거의 없으며 또한 증재인을 잘못 만나도 누구에게 호소할 길이 없으므로 불리한 점도 있다.

지방법원 재판에서 패소한 쪽은 고등법원으로 항소가 가능하며 소송 당사자들은 더 이상 법원에 출두하지 않아도 된다. 항소하면 변호사들이 요구하는 모든 서류들이 고등법원으로 이관되는데 모든 서류가 이관된 뒤 30일 안으로 항소한 사람이 항소문을 고등법원에 접수시켜야 하며 그 뒤로 30일 안에 반박하는 서류가 법원에 접수돼야 한다. 또한 그 반박문에 답변하는 마지막 서류가 접수되게 된다.

이 세 가지 서류가 다 접수되면 고등법원에서 출두 날짜를 지정하게 된다. 이 출두날은 변호사만 가면 되고 이날 3명의 고등법원 판사 앞에서 변론하게 된다. 변론 후에 3명의 담당 고등법원 판사가 판결을 내리게 된다. 이 결정에 반대하는 사람이 대법원에 다시 상고하여 재심을 요구할 수 있으나 아주 중요한 법조항에 관련 되지 않을 경우에는 대법원에서 대부분의 경우 상고를 기각하게 된다.

2. 형사 및 민사 사건의 차이

형사 사건이란 한마디로 정부가 범죄행위라고 책정한 규정항목을 위반 하였을 때를 의미하는 것인데, 예를 들어 살인, 강도, 마약 범죄, 폭행, 절도 및 음주운전 등의 경우가 여기에 해당된다.

반면에, 민사 사건이란 개인이나 단체사이에 자신들의 권리나이익을 지키기 위한 논쟁인데 토지, 가옥의 인도 및 소유권 귀속분쟁, 빌려준 돈의 반환, 매매대금의 지급, 손해배상 등이 있다. 그래서 크게 보면 형사사건은 자유를 찾기 위한 싸움이고, 민사사건은 돈 싸움 이라고도 표현한다.

형사사권과 민사사건의 몇 가지 중요한 차이점은 다음과 같다.
첫째로 누가 소송을 제기하느냐 이다.
형사 사건은 검사만이 정부를 대표하여 원고인으로서의 자격을 가지고 형사고발을 시작하게 된다. 반면에 민사소송은 어느 누구라도 피해를 입었다고 주장하고 고소를 제기하면 민사소송 절차가 시작된다.
두번째로 사건 처벌에 있어서 차이점이 있다. 모든 형사 사건은 구속과 실형이 가능하다. 하지만 민사사건은 재산과 돈을 뺏길 수는 있지만 구속되거나 실형 처벌을 받지는 않는다.
세번째로 변호사 권한의 차이점이 있다. 형사사건에서는 만일 피고인이 변호사를 원하지만 돈이 없어 고용을 못하고 있다면 정부가 관선 변호사를 통하여 무료로 변론을 하게 보장을 해준다. 그러나 민사사건은 소송인이 자비로 변호사를 고용하거나 본인이 직접 변론을 해야 하는 방법밖에 없다.
네번째로 고소인이 증명해야 하는 증거 내용의 차이가 있다. 형사사건은 법정 증명 요구상 제일 엄격한 수준인 반면, 민사는 그 정도까지 요구되지 않는다. 형사사건에서 원고인 검사측은 유죄 판결로 이끌어 가기까지 피고인이 범인이라는 것을 'beyond a reasonable doubt' 즉, 논리적으로 한치의 의심이 없다는 것을 증명해야만 한다. 그러나 보통 민사사건에서는 고소인이 피고인 때문에 손해를 보았다고 51% 이상의 증거만 갖추게 되면 승소로 이글어 갈 수 있다.

마지막으로 재판 방식에 있어서 큰 차이가 있다. 모든 형사사건은 배심원 재판 권한이 헌법으로 보장되어 있다. 민사의 경우는 사건 내용과 크기에 따라 배심원이 재판이 허락될 수도 있고 안될 수도 있다.

3. 민사 소송을 당했을 때

민사소송을 당했다는 것은 원고가 법원을 통하여 민사상의 분쟁을 해결하는 과정에서 귀하가 피고가 되었다는 것을 의미한다. 소송은 원고가 피고에게 소환장(summons)과 원고진술서(complaint)를 보냄으로써 시작되는데 이에 대해 피고는 대개 14일에서 30일 이내에 답하도록 되어 있다. 이유 없이 일정 기한 내에 답하지 않으면 판사는 원고측의 주장에 근거하여 피고측의 얘기는 듣지도 않고 피고에게 일방적으로 '궐석판결(default judgment)'을 내릴 수 있으니 소장(complaint)을 가벼이 여겨서는 안 된다. 어떤 사람들은 자신이 잘못한 것이 없다고 회답을 하는데 이는 궐석판결을 초래하여 처벌을 자초하는 어리석은 행위다.

변호사의 도움을 받아 소장(訴狀)에 정해진 기한 내에 소답한 후 원고의 주장이 근거가 없는 것이므로 소송은 원인무효라는 주장을 '소송원인 무효판결 청구서(motion to dismiss)'로 작성하여 법원에 보내야 한다. 이것이 받아들여지면 소송은 거기서 끝나지만 그렇지 않을 때에는 재판으로 이어지게 된다.

그러나 민사상의 분쟁 특히 개인간의 분쟁은 '재판 전 화해(settlement)'로 합의를 보는 경우가 많다. 왜냐하면 재판을 하고 나면 원고나 피고 양쪽 다 승소-패소를 떠나서 막대한 변호사비용, 정신적-물질적 피해를 부담해야 하기 때문이다. 따라서 민사소송을 당했을 때에는 지체 없이 변호사를 써서 답하고 가급적 재판 전 화해를 시도하는 것이 중요하다. 화해는 소송 진행중 언제든지 쌍방의 합의로도 가능한데 과중한 업무에 시달리는 판사들도 언제든지 이를 환영한다.

화해에는 당사자들끼리 하는 방법, 양쪽의 변호사가 중재(arbitration)하는 방법, 제3자를 선임하여 그 사람을 통해 중재하는 방법 등이 있다. 어느 방법이 가장 유리할 것인가는 사건의 성질, 내용, 비용한도 등에 따라 달라진다. 이렇게 소송이나 재판이 진행되는 도중 화해할 때에는 즉시 법원에 알려 재판을 중지시키고 쓸데없이 인력이 낭비되지 않도록 해야 한다. 화해의 조건에 반사회적이거나 일방적인 이해의 내용이 들어 있지 않으면 더 이상 법정에서 그 문제를 왈가왈부 않겠다는 문서를 만들어 서명을 남기면 된다.

소송을 걸어온 사람(원고)을 상대로 소송을 당한 사람(피고)이 하는 소송을 '맞소송(counterclaim)'이라고 한다. 그러나 소송의 경합이 많아지면 그만큼 변호사비용이 많이 들고 시간이 지체되므로 맞소송을 제기할지는 신중히 결정해야 한다.

민사사건에서는 소송에 이겼을 때에만 변호사비용을 지불하는 사례금제도가 있다. 가령 민사소송 가액이 1억 원이면 이겼을 때 그 33%에 해당되는 3,300만 원을 변호사에게 주는 것이 관례이며 이는 대개 원고에게 적용된다. 원고가 피고에게 돈을 청구하는 민사사건에서 변호사는 원고가 사례금지불의 조합자라고 보는 것이다. 특히 교통사고, 불량상품에 의한 피해사고, 의료사고 등 흔히 '상해사고(personal injury)'로 통칭되는 사건들에 적용된다.

한국과 달리 미국에서는 국가를 상대로 하는 소송도 돈이 개입될 경우에는 민사소송으로 처리하는 경우가 많다. 가령 국가가 운영하는 철도나 버스차량이 안전상 문제가 있어서 국민 개인이 다쳤을 경우, 국영철도나 버스회사를 상대로 사례금을 조건으로 사설변호사를 선임하는 민사소송을 시작하면 된다.

한국에서는 민, 형사가 엄격히 나뉘어져 있지만 미국에서는 형사와 민사가 합쳐져 병행심이 이루어지는 수가 종종 있다.

4. 파산법

미국과 한국의 법률제도 차이 때문에 여러 가지 오해나 궁금증이 있게 마련이다.

미국법은 파산을 통하여 새로운 기회가 주어진다는 것이지 절망이나 사회활동의 끝을 뜻하지는 않는다. 물론 크레딧을 다시 쌓아야 한다는 것 등의 다소 불편함도 따른다.

파산법은 연방법이다. 그러므로 어느 주법에도 지배받지 않는다. 주법원에 소송중인 사건들은 모두 파산 신청에 의해 'Automatic Stay'란 규정에 의해 일단 중지된다.

파산의 종류는 줄여서 챕터(Chapter) 7, 9, 11, 12, 13으로 구분하며 내용은 다음과 같다.

챕터 9는 시정부(Municipality)가 사용하는 파산법이며 챕터 12는 소규모 개인 농부에 해당된다. 챕터 7, 13, 11에 대하여 우선 3가지들의 차이점과 공통점을 비교하여 보자.

• 챕터(Chapter) 7 파산

나의 모든 빚과 재산을 동시에 포기함으로써 모든 부채에서 벗어나게 해달라는 요청이다(흔히들 '완전 파산'이라고들 표현한다). 그러나 나의 재산 중 몇몇 가지를 제외시켜주기를 신청서에 요청할 수 있다.

해당 종목은 주거용 건물에 대하여 부부 중 한 사람 이상이 65세 이상일 경우 10만 달러 상당, 두 사람 다 65세 미만일 경우는 7만 5천 달러 상당의 에퀴티(Equity)까지 제외되며 가족 당 1천 2백 달러 미만, 상당의 에퀴티가 있는 자동차 1대, 개인적으로 사용하던 옷, 가사도구, 책, 음반용품 등이 이에 해당된다.

옷이나 기타 가사도구도 고급이나 고가물건이면 예외일 수가 있다.

• 챕터 13과 챕터 11

챕터 13과 11은 7과는 대조적으로 빚을 갚지 않겠다는 내용이 아니고 빚을 갚을 넉넉한 시간의 여유를 파산 신청을 통하여 요청 하는 것이다.

챕터 13이나 11은 빚을 모두 혹은 대부분 갚는 조건이기에 사업체의 소유권이나 운영권도 포기하지 않고 계속 소유 관리할 수 있다.

그리고 정상적인 수입이 반드시 있어야 하며 담보 잡혀 있는 채무가 35만 달러 미만, 무담보 채무가 10만 달러 미만이라야 한다.

챕터 13에 해당이 안 될 경우 챕터 11의 혜택을 받을 수 있다. 어떤 종류의 파산이든 공통되는 것은 위에 언급한 'Automatic Stay' 규정에 의하여 모든 민사 소송, 퇴거 소송, 차압, 세금관계 독촉 등이 모두 일단 중지된다.

또 하나 공통되는 것은 어떤 챕터이든 신청서류(Petition)는 똑같은 서류를 기본적으로 사용한다.

챕터 13은 과외로 Plan을 제출하며 챕터 11은 Plan과 액수 큰 무담보 채권자 20명의 명단을 추가로 제출한다.

신청서류는 선서하에 제출하며 신청자의 모든 재산, 채무, 근래의 재정상태 등을 기입해야 한다.

파산법은 동등하고 공정함을 원칙으로 하는 법이다. 따라서 손해를 봐도 모든 채권자들이 같이 보고 부분적으로 돈을 받더라도 비율적으로 공정하게 받게 돼 있다.

파산을 하여도 책임을 모면할 수 없는 채무는 대표적으로 학생융자와 연방정부의 SBA융자 등과 여러 가지의 세금계통이다.

따라서 세일즈 택스, 페이롤 택스, 인컴 택스, 캐피틀 개인 택스 등의 책임면제는 파산을 통해서 받을 수 없다고 보아야 한다.

5. 형사 재판 절차

형사 재판 절차와 과정은 관할 지역법원 그리고 관련된 범죄가 경범죄냐 중범죄냐에 따라 약간 다르지만 대략 다음과 같다.

첫째, 어떤 범죄자가 중범죄로 경찰에 체포되고 검찰에 의해 법원에 기소되었을 경우 빠른 시일 내에 인정공청회를 열게 된다. 이 인정공청회에서 검찰측은 범법자에게 어떤 죄목으로 기소하게 되었다는 명분을 제기하게 된다. 그리고 검찰은 가지고 있는 서류상의 증거나 경찰 보고서 등을 변호인측에 넘겨주게 된다.

변호인측은 이 인정공청회에서 검찰이 주장하는 죄목에 대하여 인정(Plea Guilty)하거나 또는 부정(Plea Not Guilty)을 하게 된다. 그런데 미국 형사법상 대부분의 경우 첫 인정공청회에서는 죄목을 부정하게 된다. 이런 인정공청회는 아주 간소한 형식적인 절차이지만 어떤 경우에는 여기서 변호인측이 기소된 범법자의 보석금을 낮추어 달라는 요청을 할 수도 있다.

둘째는 예비심문회(Preliminary Hearing)라는 것이다. 여기서 검찰측은 변호인측의 참관 아래 가지고 있는 증거나 증인 등의 일부를 제출하여 범법자를 기소할 만한 충분한 증거가 있었다는 것을 증명해야 한다.

이 예비심문회의 특징은 검찰측이 증명해야 하는 증거 부담이 그다지 큰 비중을 차지하는 것이 아니기 때문에 엄청나게 불충분한 증거로 기소된 경우나 검찰이 해당 대상이 되지도 않는 범죄 죄목으로 기소한 경우를 제외하고는 아주 형식적인 절차만으로 끝내고 다음 단계로 넘어가게 된다.

따라서 검찰측은 이 예비 심문회에서는 최소한의 증거만을 제출하게 되며 변호인측에 필요하지 않다고 느껴지는 증거는 보여주지 않으려고 한다.

이와 반대로 변호인측은 이 예비심문회를 피기소자의 무죄를 증명하는 절차로 이용하려는 것이 아니라 주로 검찰이 가지고 있는 각종 증거를 가능한 한 많이 파악하려고 노력하는 과정이 된다. 많은 중범죄 사건들은 일단 고등법원에서 인정공청회를 거친 다음 합의흥정(Plea Bargaining)이 시작된다.

고등법원에서 갖는 인정 공청회에서 기소된 범법자가 계속 무죄를 주장하게 되면 약 60일 이내에 고등법원에서 재판날짜를 책정하게 된다.

6. 배심원 재판

미국의 재판은 "백 명의 범법자를 놓치는 한이 있어도 단 한명의 선량한 사람을 억울하게 교도소로 보낼 수 없다."는 인도주의적인 정신이 곧 배심원 전원일치 평결제도를 뒷바침하고 있다.

배심원 재판(Jury Trial)의 권리는 미국 헌법에 의해 보장되고 있는데 이 조항에 의하면 '모든 형사기소에서 피고인은 범죄가 행하여진 주와 지역에서 공정한 배심원들에 의하여 신속한 공개재판을 받을 권리가 있다'는 것이다.

미국에서 배심원 판결의 영향은 막강한 것이다.

배심원 판결에 의하여 세계굴지의 회사가 흔들릴 수도 있으며 또 형사사건에서는 한 살인용의자가 사형을 당하느냐 않느냐의 중대한 결정이 내려질 수도 있다.

배심원은 최소한 18세 이상의 연령이 되어야 하고 미국 시민권을 소지한 사람이라야 한다.

일단 배심원 통지서를 받고 법원에 출두하면 배심원 대기실에서 다른 배심원 후보들과 함께 어떤 재판에 불려질 때까지 기다려야 한다. 그 배심원이 참여하게 될 재판이 민사재판이 될지 형사재판이 될지 그 선택권은 배심원에게 없다.

특히 LA카운티 같은 대도시 내에서 일어나는 각종 민사 재판, 형사 재판 건수는 엄청나게 많은데 그 중 대부분은 쌍방 합의(Settlement or Plea Bargaining)에 의해 도중에서 판결이 나게 되고 극히 소수의 재판만이 배심원 재판까지 가게 된다.

한편 민사 소송은 배심원이 관여하지 않고 판사 재판으로 끝날 수도 있다.

그러나 살인사건을 포함한 중범죄는 헌법적인 권리와 사건의 중요성 때문에 중간에 쌍방 합의가 되지 않으며 다른 민사사건에 비해 배심원 재판으로 회부될 가능성이 훨씬 높은 것이다.

또한 형사사건 피고인의 경우 '신속한 재판(Right to Speedy Trial)'을 요구할 권리가 있기 때문에 민사 소송보다 빨리 배심원 판결을 진행할 수 있다.

배심원 선정에서 검사측에서는 될 수 있으면 보수적이며 심각한 성격을 갖고 경찰에 대해 호의적인 태도를 가진 사람을 배심원으로 선택하려 하며 그 반대로 변호사측에서는 진보적이며 인권을 중요시하는 소수 민족계 또는 젊은 층의 사람을 배심원으로 선택하려고 한다.

이러한 절차에 의하여 선정된 12명의 배심원과 2명의 예비 배심원은 한 형사 피고인에 대해 유죄냐 무죄냐를 경정하는 재판 판결을 내리게 된다. 또한 배심원은 살인사건과 같은 중요한 재판에서 사형을 부과해야 하느냐를 결정해야 하는 중대한 임무를 가지고 있다.

7. 묵비권 (Miranda 권리) 행사

묵비권(The Right to Remain Silent)이란 어떤 범법행위로 경찰에 연행되어 조사를 받게 될 때 자기에게 불리한 영향을 미치게 될지도 모르는 경우에는 아무 말을 하지 않을 수 있다는 법률상의 권리를 뜻한다.

경찰이 범행용의자를 체포해서 조사해야 할 경우에 경찰은 용의자에게 다음 사항을 알려줄 헌법적인 의무가 있다는 것이다.

즉,
1. 당신은 묵비권을 행사하여 경찰관의 질문에 대답을 거절할 수 있다.
2. 당신이 말하는 것이나 행동하는 모든 것이 재판할 때 당신에게 불리하게 작용될 수 있다.
3. 당신의 변호사를 선정하여 당신이 조사받는 동안 변호사를 입회시킬 수 있다.
4. 당신이 변호사를 선정할 수 있는 경제적 능력이 없을 경우에는 무료로 국선변호인을 선임할 수 있다.

그러나 예상치 않게 경찰에 연행되어 조사를 받게 될 때 대부분의 사람들은 당황한 나머지 이러한 헌법적인 권리가 있다는 것을 잊어버리거나 포기하는 경우가 많이 있다.

경찰이 체포 수사를 하는 사건이라면 대개의 경우 변호사의 도움이 필요한 사건이므로 당신이 법적 권리를 유보해 두는 것이 유리하다. 또 경찰 조사 과정에서 당신이 유리하다고 생각하여 한 말이 법적으로는 반대가 될 수 있기 때문이다.

인권권리가 완전히 보장된 미국에서는 육체적인 고통을 주는 고문을 하면서 심문하거나 자백을 강요할 수 없다. 그러나 능숙한 경찰관은 체포된 범행용의자를 경찰차로 연행하면서 은근히 듣기 좋은 말로 자백을 유도하는 경우가 있다.

이러한 여러 가지 경우를 생각해 볼 때 Miranda권리를 행사한다고 해서 사건 처리에 불리한 결과가 나타날 수 있는 것은 아니다. 그러므로 어떤 범법행위로 경찰에 체포되었을 경우에는 Miranda권리를 행사하기 위해 경찰관에게 묵비권을 행사하겠다는 것을 알리고 변호사를 선임해서 범행용의자를 대변케 하면 그 순간부터 경찰관은 범행용의자에게 질문을 하거나 자백을 강요할 수 없게 되는 것이다.

8. 쌍방 합의

형사 법원에 기소된 형사소송사건 중에서 아마도 90% 가까운 소송사건들이 합의 흥정에 의해 해결되는 것으로 볼 수 있다.

이처럼 많은 형사소송사건이 합의 흥정에 의해 해결되는 이유는 다음과 같다.

첫째, 형사소송사건은 항상 피고인이 신속한 재판(Right to Speedy Trial)과 배심원 재판(Right to Jury Trial)을 요구할 수 있는 헌법상의 권리를 갖게 된다. 그런데 많은 형사피고인들이 모두 신속한 재판을 요구하고 또 배심원 재판을 요구하게 된다면 미국 사법부에서는 경제적으로 인력적으로 도저히 효과적인 해결을 기대할 수 없다.

다시 말하면 그런 소송사건을 담당해야 할 검사의 한계, 재판이 열릴 때까지 피고인을 수감해야 할 구치소의 한계, 재판이 열릴 때마다 법정에 출두해야 하는 경찰의 시간 소모 등으로 많은 불편이 따르게 된다.

그래서 검사는 정식 재판을 하기 전에 피고인에게 좀더 낮고 관대한 형을 제의해서 피고인이 배심원 재판까지 몰고 가지 않고 해결짓도록 유도하는 것이다.

둘째, 변호인 측 입장에서 보더라도 재판을 오래 끌게 되면 피고인이 부담해야 하는 변호 재판 비용을 고려하지 않을 수 없다. 또한 범죄 행위가 뚜렷하고 완벽한 케이스인 경우에는 배심원 재판이 열리기 전에 검사가 제의하는(Offer) 형량이 배심원 재판에서 유죄 판결(Sentence)이 내려진 다음에 받는 형량보다 훨씬 관대할 수가 있기 때문에 검사의 제의를 받아들이는 경우가 많다.

그래서 검사는 그 사건의 특수성을 감안하여 케이스 바이 케이스로 형량을 제의하게 된다. 검찰이 제의하는 형량에 대해 변호인 측에서는 그 형량을 조금이라도 적게 하고 관대한 처분을 기대하기 위해 그 피고인에 대한 정상 참작과 특수성을 검찰에 설명하게 된다.

한 범법자가 입건되었는데 검찰의 입장에서 볼 때 사건 자체가 경미하고 특별히 복잡한 내용이 없을 경우에는 어느 단계에 가서 검사는 변호인측에 합의 흥정 제의를 하게 된다.

다시 말하면 검찰의 제의를 거절하고 재판을 했을 때 과연 더 유리한 판결을 받을 수 있는지 잘 판단해야 한다. 이러한 판단을 잘 하는 것이 형사변호사로서 해야 할 중요한 역할이 되는 것이다.

9. 소액 재판(Smail Claims Court)

  소액재판 소송의 제한액이 개인은 $7,500이고 회사는 $5,000이지만, 피해액이 그보다 많은 약 $15,000이라고 하더라도 소액재판 소송을 통하는 것이 더 나을 수 있다.

  설명하자면 $15,000의 피해액이 있더라도 그에 대해 소송할 때 드는 비용이 평균 $5,000이고 또 그보다 더 많이 들 수도 있다. 소송에 드는 변호사비용이나 본인의 시간과 소송에 관계된 정신적인 소모를 감안할 때 $15,000이상의 피해액이 있다고 해도 $7,500로 줄여서 반나절의(small claims court) 재판을 통해 해결을 보는 것이 더 나을 수 있기 때문이다.

  소액재판 법정은 분쟁을 빠르고 저렴하게 해결할 수 있도록 만든 특별한 법정이다. 그러므로 정규 소송과는 달리 변호사가 법정에서 대변을 할 수 없고, 법정 절차가 간단하게 되어있다. 소액재판 제한액에 맞춰서 큰 액수를 두개 이상의 소송으로 나누는 것은 금지되어 있지만, 피해 액수를 줄여서 한번에 소송하는 것은 허용된다.

  소액재판 소송을 하기전 또 고려해야 할 것은, 정식 소송과는 달리 원고는 항소를 할 수 없다는 것이다. 만일 원고가 소송에서 지는 경우 그것으로 소송이 끝난다. 그러나 원고가 소송에서 이기는 경우 피고는 소액재판 법정 판사의 판결에 대해 항소를 할 수 있고, 다른 정구 민사 법정 판사 앞에서 다시 재판을 할 수 있다.

  소액재판 소송을 시작하기전 상대방에게 소송에서 요구할 손해 배상에 대해 구두나 서면으로 청구하는 것이 제일 우선이다. 특히 서면으로 청구하면 법정에 증거로 제시할 수 있기 때에 상대방에게 등기우편으로 보내는 것이 좋다.

10. 선서 증언(Deposition)

  선서증언은 증거 수집 절차 중 제일 즉흥적이고, 의도하지 않은 실수의 말이나 일관되지 않은 증언이 재판에서 선서 증인을 상대로 이용될 수 있는 제일 큰 위험을 지니고 있다. 그러나 많은 소송인들은 선서증언이 대부분 처음 상대방 변호사를 만나 대화를 할 수 있는 기회이기 때문에 선서증언만이 재판전 본인의 정당함을 알릴 수 있는 최선의 기회라고 생각하고 상대방 변호사를 설득할 수 있다고 믿고 있다. 그래서 소송인들은 상대방 변호사의 질문에 대해서 자신의 입장을 설명하는 긴 답변을 하는 경우가 종종 있다.

  따라서, 선서증언을 하는 측이 자신은 유리한 답변을 한다고 생각해도 실제로는 도움이 별로 되지 못한다. 그 이유는 선서증언은 몇 가지 제한된 경우를 제외하고 증언을 한 측에서 재판에서 사용할 수 없기 때문이다. 그리고 선서증언의 증언은 심문한 측이 상대방의 일관성 결여와 같은 케이스의 약점을 보여주기 위해 주로 사용된다. 증인은 간혹 심문하는 변호사하고 대화를 하는 덫에 빠지곤 한다. 이는 최대한으로 피해야할 것 중 하나이며 자신이 하는 어떠한 말도 자신에게 불리하게 사용될 수 있음을 기억해야 한다. 따라서 질문에 대해서만 답변을 하며 짧을수록 좋다. 증인들은 종종 질문을 완벽하게 이해하지 못했으면서도 재차 물어보는 것을 꺼려해서 추측답변을 하는 경우가 많다. 그러나 증인이 말한 모든 것은 서면으로 작성이 되며 책자 형식으로 인쇄가 되어 증인을 상대로 재판에서 쓰여질 수 있다. 그러므로 질문을 완벽하게 이해하지 못했으면 심문을 하는 변호사에게 다시 묻는 것이 좋다.

  증인들은 선서증언을 하다보면 압박적인 심문에서 빨리 벗어나기 위하여 최대한으로 빨리 끝내기를 바라는 경우가 많다. 그래서 쉬지않고 선서증언을 강행하는 경우도 있다. 하지만 그럴 경우 말실수가 더 많아질 수 있고 일관성 있는 증언을 하지 못하기 때문에 질문이 더 많아질 수 있어 선서 증언이 오히려 더 길어질 수도 있다. 아울러 실수로 증언을 잘 못하면 재판에서 그 실수를 정정하기가 어려울 수 있기 때문에 증인은 정신이 맑은 상태에서 중간 중간 휴식을 취하며 선서증언을 진행하는 것이 좋다. 또한 증인의 변호사는 질문에 대하여 이의를 제기하는데 시간을 필요로 한다. 이의를 제기하기 이전에 답변을 해버리면 이의제기는 포기한 것으로 간주되기 때문에 증인은 질문에 대답하기 이전에 항상 잠시 시간을 두는 것이 좋다.

  그리고 통역사가 한국인이라고 아무 말이나 막 하는 경우가 있는 데, 통역사는 모든 것을 다 통역하게 되어 있다.

11. 한국과 미국의 성(性)문화 차이

　21세기를 맞이한 지금, 우리는 성이라는 개념에 대해 새롭게 인식하고 있다. 성도 하나의 문화로 자리 잡고 있는 것이다. 이로 인해 성도덕의 문란함이 불러일으키는 사건들은 지금 이 시대가 해결해야 될 새로운 과제로 제기되고 있다. 인터넷의 괄목할만한 발달 변화는 성범죄에 큰 일조를 하고 있다. 정보화 사회로 접어들면서 인터넷의 채팅이나 이메일을 통해 원조 교제 및 매춘, 불건전한 이성교제를 유도하는 사람들이 해마다 늘고 있는 추세이다.

　한국은 성범죄가 미국만큼 강력하게 처벌되지 않을 뿐만 아니라 제대로 적발되지 않는다. 왜냐하면, 성폭행이나 강간 사건이 일어나면, 여성 피해자는 창피하고 소문날까 봐 경찰이 알리지 않고, 또는 가해자는 피해자를 찾아가 백배 사죄를 한 후 적당한 보상을 하거나, 이왕 이렇게 되었으니 결혼을 하자고 부모나 당사자들이 타협을 하여 실제로 결혼하는 경우도 있기 때문이다.

　미국은 유럽이나 아시아와 비교해 성범죄를 대우 강력하게 다스린다. 미 형법 제 261조에 따르면 일반 강간범죄는 자기의 배우자가 아닌 사람과 강제로 성관계를 맺는 행위를 말하며, 아주 미미한 성관계를 해도 범죄가 성립된다. 술이나 마약을 사용하거나 마취제를 탄 후 피해자가 정신이 없을 때 성관계를 맺으면 8년까지의 징역형이 내려질 수 있고, 만일 피해자를 납치하여 다른 곳으로 데리고 가서 성 관계를 맺으면 성 관계를 목적으로 한 납치로 인정하여 종신형을 받을 수 있다.

또한 같은 날 피해자와 성 관계를 했어도 장소를 옮겨가며 여러번 관계를 맺었으면 장소마다 또한 성관계마다 혐의가 추가되며, 성행위 중 가슴, 엉덩이, 다리 등 만졌던 부위마다 형량이 추가된다.

아울러 아무리 부부 사이라 해도 배우자가 성관계를 원하지 않는데 관계를 맺는 것도 강간죄에 해당된다. 그리고 한번 성범죄자로 법적인 처벌을 받으면 매년 관할 당국에 사는 곳에서 성범죄자 등록을 해야 한다.

이러한 한국과 미국의 성에 대한 개념은 어느 나라가 옳고 그른지 정답이 없다. 단지 서로 다른 문화적인 차이에서 오는 것이기 때문에 그 나라의 문화를 이해하고 따르는 것이 지름길이다. 미국의 형사나 검사, 판사들은 한미 양국의 성문화 차이를 이해하려 하지 않기 때문에 한국에서 갓 온 사람이 한국식으로 생각하도 성범죄를 저질렀을 때 그 사건은 무척 해결하기 힘들다. 때론 어떤 한국 피고인은 자신이 왜 체포됐는지 조차 이해 못하는 경우도 있다. 한국에서는 별 문제 아닌 걸 왜 이리 심각히 처벌하냐며 오히려 억울하다고 호소하는 경우도 있다. 결론적으로, 성범죄는 어느 나라에서 건 정당화 될 수 없다. 그 나라의 법의 범위를 이해하고 그 규범을 따라야 한다.

12. '있는 그대로의 상태(As is)' 와 '알고 있는 중요사실'

주택을 판매하는 경우 판매자가 알고 있는 사실 중에서 구매자의 구매의사에 양향을 미칠 수 있는 중요한 사항은 모두 구매자에게 알려 주어야 할 의무가 있다.

이와 관련하여 주택의 상태를 상세히 적어서 구매자에게 알려주도록 법으로 정해진 서류가 있는데, 이 서류를 소유권 이전에 따른 부동산 상태 확인서(Transfer Disclosure Statement)라고 부른다. 이 서류에는 각종 부착물 및 시설 등의 유무와 작동상태 등에 대한 정보, 그 주택의 어떤 부분이 허가증 없이 불법으로 공사를 한 것인지의 여부, 옆집과의 공동으로 사용하는 부분의 유무 등 여러 가지 사항에 대하여 물어보고 있다.

이 서류에 정확히 아는 사실을 기재하는 것은 매우 중요한 일이다. 그러나 어떤 경우에는 판매자는 그 중요성을 모르는 채 빈 칸에 서명만 하기도 한다. 그러나 그 서류에 기재되는 내용이 판매자가 알고 있는 것과 다르게 기재되는 경우 이로 인한 책임을 지는 상황이 발생할 수도 있으므로 신중하게 작성해야 한다.

만일 어떤 판매자가 자신의 집을 매각할 때 '있는 그대로의 상태'로 팔았다고 가정하는 경우, 그 집과 관련하여 판매자가 알고 있는 중요한 문제점을 구매자에게 알려주지 않아도 되는 것인가? 아니다. 아무리 '있는 그대로의 상태'로 팔기는 하였다 하더라고 판매자가 이미 알고 있는 중요한 문제점을 구매자에게 알려 주어야 하는 의무는 없어지지 않는다.

그럼 과연 주택을 판매하는 판매자가 그 주택의 상태를 정확히 알기 위하여 그 주택을 판매하기 전에 전문가를 고용하여 그 집의 모든 부분에 대한 세밀한 조사를 하고 모든 내용을 알고 있어야 할까? 그렇지 않다. 구매에 영향을 미칠 수 있는 중요한 문제점이 존재하고 있는 것과 그러한 중요한 문제점을 판매자가 알고 있었는가 하는 것은 두개의 별도 사안이다. 즉, 매각하고자 하는 부동산에 구매에 영향을 미칠 수 있는 사실이 존재하였어도 그러한 사실을 판매자가 모르고 있었다면 자신이 알지 못하고 있는 것을 구매자에게 이야기할 수 는 없으므로 판매자에게 잘못이 있다고 이야기 하기는 어렵다.

13. 아동 학대(Child Abuse)의 법적 처리

아동 학대는 대개 성적(sexual), 신체적(physical), 정신적(mental) 학대의 세 카테고리로 나누어진다.

아동 학대는 인권을 중시하는 미국법에서는 보통 펠러니(felony) 즉 중범죄로 분류되고 징역, 벌금, 혹은 정신병원의 치료 프로그램에 참여하는 벌 등 상당한 정도의 벌을 각오해야 한다.

아동 학대가 아동이 허락하지 않는 신체적 접촉, 성적인 접촉, 성행위의 강요, 아동을 범죄에 참여시키는 행위 등으로 나타날 때에는 보통 형량의 두 배 내지 세 배까지 형량이 늘어난다.

또한 아동을 보호하고 있는 성인이 아동을 위험한 지경에 내버려두거나 지속적으로 무관심할 경우에도 아동 학대가 될 수 있다. 지속적인 무관심이란 아동을 위험한 상황에 두는 행위, 음식, 의복, 주거지를 제공하지 않는 행위, 아동의 건강이 악화되었는데 이를 돌보지 않는 행위 등이 포함된다.

아동 학대를 알고 있는 사람은 이를 보고해야 할 의무가 있다. 특히, 인권문제, 의료기관, 정신병치료, 아동보호, 교육기관, 법률, 교회나 성당 기타 종교 분야 등에 종사하고 계시는 분들은 주마다 약간씩 법의 차이가 있지만 대개 이 아동학대를 관련 당국에 보고해야 할 의무가 있다.

그리고 이 보고를 알면서도 하지 않는 바람에 아동학대가 더 악화되었을 때에는 보고를 하지 않은 사람이 최고 90일간의 구류, 혹은 최고 700달러까지의 벌금을 물어야하는 미스디미너 (misdemeanor)라고 하는 경범죄를 범한 것이 될 수도 있다.

따라서 이런 정보를 알고 계시는 분은 사태가 더 악화되기 전에 관련 당국에 보고를 하는 것이 가해자나 피해자를 위해서 또 본인을 위해서 크게는 사회를 위해서 올바른 선택이라고 하겠다.

주마다 성년의 구별이 다르지만 대개 16세 미만의 아동과 성적인 행위를 했을 때에는 중범죄, 즉 펠러니에 해당해서 25~40년 징역형, 그리고 주마다 차이가 있기는 하지만 최고 400,000불까지의 벌금, 그리고 경우에 따라서는 집행유예가 허락되지 않는 징역형을 받을 수도 있다.

14. 종교의 자유(Freedom of religion)와 언론의 자유(Freedom of speech)

종교의 자유를 규정하고 있는 헌법 개정안 1항은 정부가 어느 특정 종교의 설립 및 운영을 도울 수도 없고 방해할 수도 없을 뿐만 아니라 개인의 종교적 신앙을 침해하지 못하도록 규정하고 있다.

예를 들어 교황 방미시 야외 미사용 제단 제작비를 정부 예산에서 집행한 것은 비 카톨릭 신자의 "종교자유"를 침해한 것으로 간주되었다.

또한 헌법은 국민의 권리를 보장하는 반면에 정부의 권한을 제한하고 있는 고로 이는 국민과 정부 간의 권리와 의무를 명시한 계약이라고 할 수 있다.

헌법에 보장된 많은 권리 중 우선 언론의 자유에 관해서 보면 언론은 인간의 기본권 중의 하나로서 정부가 이것을 행여나 침해할까 봐 대법원은 헌법적용에 있어서 항상 정부의 간섭을 극소화시키는 방향으로 판결한다.

보호를 받는 언론은 말 뿐만 아니라 의사를 표현하는 모든 수단을 포함한다. 즉, 시가행진, 의상, 몸짓, 손짓 등도 헌법이 보장하는 행위이며 이를 정부가 침해하지 못하도록 헌법에 규정하고 있다.

만일 어떤 사람이 "여러분, 저 백악관을 공격하여 점령합시다!"라고 한 연사가 목청껏 부르짖어도 그 선동으로 당장 위험한 상태가 발생하지 않는 한 정부는 그 연사의 말을 규제하지 못한다.

제 6 장 미국의 사회 보장 제도

1. 복지 제도
1) 사회보장수표

사회보장수표를 받기 위해서는 그전에 우선 신청을 해야 한다. 다음과 같은 경우에 사회보장국 사무소와 연락을 취하도록 하라.

- 1년 이상 지속되리라고 생각되는 질병 또는 상해로 인해 일을 할 수 없게 된 경우
- 62세 이상으로서 은퇴를 하고자 계획하고 있는 경우
- 은퇴할 생각이 없더라도 65세로부터 3개월 이내에 있는 경우
- 당신이나 당신의 배우자 또는 당신이 부양하고 있는 자녀가 불치의 신장병에 걸린 경우

65세가 되기 전에 사회보장국 사무소에 전화, 방문 또는 서신으로 연락을 취해야 하며, 이는 은퇴에 따르는 혜택에 대해서 뿐만이 아니라 은퇴와 상관없이 혜택을 받을 수 있는 의료혜택에 대해서도 해당이 된다. 사회보장에 관한 사무는 전화로 처리하는 편이 아마 더 쉬울 것이다. 전화번호부에서 'Social Security Administration' 혹은 'U. S. Government' 항목을 찾아보면 가까운 사무소의 전화번호를 알 수 있다.

사회 보장국에 전화를 걸면, 그곳의 책임자가 당신의 전화 내용을 들을 수도 있다. 그렇게 하는 이유는 시민들에 대한 봉사를 더욱 향상시키기 위해서다.

2) 사회보장카드(Social Security Card)

당신이 하고 있는 일이 사회보장제도에 적용되고 있는 경우, 혹은 당신에게 어떤 종류의 과세대상 수입이 있는 경우에는 사회보장번호(Social Security Number)가 필요하다. 사회보장번호는 또한 연방소득세를 위한 용도로도 사용된다. 사회보장카드는 그 사람이 필요한 때로부터 최소한 2주일 전에 신청해야한다. 신청을 할 때에는 나이와 신원, 미국 시민권 또는 이민자격을 나타내 주는 증빙서류가 필요하다. 일을 시작할 때 당신의 고용주에게 당신의 카드를 제시해야 한다. 요청이 있을 시, 보고가 되어야 하는 수입을 당신에게 지불해 주는 사람이면 누구에게나 그 카드를 제시해야 한다.

사회보장카드는 어느 사회보장국 사무소에나 신청할 수 있다. 당신이 전에 사회보장카드를 발급받은 적이 없으면 당신이 직접 가서 신청을 해야 한다.

당신의 카드에 적혀 있는 번호는 당신의 수입을 기록해 두는 데 사용된다. 일평생 사회보장번호는 하나만 있으면 된다. 번호를 한 개 이상 갖고 있는 경우에는 사회보장국 사무소에 통지를 해야 한다.

사회보장카드를 분실한 경우에는 사회보장국 사무소에 연락을 하여 분실한 카드의 재발급을 신청해야한다. 이름을 바꾼 경우에도 바꾼 이름이 적힌 새 카드를 발급해 주도록 신청을 해야 한다. 재발급 혹은 수정된 카드를 신청할 때에는 당신의 신원을 증명해 줄 수 있는 서류가 있어야 한다. 당신이 귀화한 미국시민이거나 합법적인 이민일 경우, 현재의 미국시민권 혹은 이민자격임을 나타내 주는 증거도 제시해야 한다. 당신이 이름을 바꾼 경우에는 증빙서류가 옛날 이름에서의 신원과 새 이름에서의 신원을 모두 확인해 줄 수 있어야 한다.

당신의 고용주는 당신의 급료에서 공제한 사회보장세의 계산서를 당신에게 주어야 한다. 이것은 매년 연말에 행해진다. 이와 같은 기록, 예를 들면 Form W-2 등은 당신이 사회 보장기록을 점검-확인하는 데 도움이 된다.

2. 미국 사회 복지제도의 특성

미국은 북유럽이나 영국과 비교하면 복지 후진국에 속하지만 한국에 비하면 전반적으로 사회복지가 잘 되어 있다. 한국에서처럼 상징적으로 쓰이는 복지국가의 의미나 극히 소수의 대상자에게 주어지는 명목상의 생계보호가 아니라 체계적인 사회보험, 공적부조, 의료, 주택 서비스, 공공 사회 서비스 등 여러 가지 프로그램들을 통해 전국민에게 다양한 혜택을 제공하는 미국의 복지제도는 미국생활에서는 몰라서는 안될 중요한 존재이다.

사회복지 또는 복지라는 용어는 흔히 사용되고는 있으나 그 의미가 한인들에게는 상당히 제한적이고 편협되게 이해되고 있다. 즉 사회의 낙오자에 대한 원조 또는 공짜로 주는 혜택과 같은 복지에 대한 잘못된 이미지가 지배적이다.

물론 복지가 공적구제(Public Relief)라는 협의의 의미로 사용되기도 한다. 그러나 복지에 해당되는 영어인 웰페어(welfare)의 사전적 의미는 '만족스러운 상태, 건강, 번영, 안녕'이라고 되어 있다.

이 사전적 의미가 광의의 복지 개념이라고 일컬어진다.

사회복지는 생활과 건강상태를 만족스러운 수준에 미칠 수 있게 개인과 집단을 돕는 사회적 서비스와 제도의 조직체계이며, 사회복지는 개인으로 하여금 각자의 능력을 충분히 발휘하게 하며 그들의 복지를 지역사회와의 조화 속에서 증진해 나갈 수 있게 하는 개인적, 사회적 제관계의 조성을 목적으로 한다.

미국 사회복지제도의 특성을 살펴보면,

첫째는 미국의 사회복지제도가 다양한 이익집단의 대결, 협상, 타협의 산물이라는 특성이다. 미국에서는 사회복지제도 및 프로그램이 정부의 일방적인 정책 결정에 의해 실시되었다기 보다는 다원주의적 민주주의를 지향하는 미국의 정치 형태가 사회복지제도 발전에 미치는 영향을 나타낸다.

둘째는 미국의 사회복지제도는 미국 사회의 오랜 개인주의 전통을 반영하고 있는 점이다. 미국에서는 복지의 책임이 일차적으로 개인과 가족에 있는 것이지 사회나 정부에 있지 않다는 자조(Self-Help)의 정신이 사회 저변에 깔려 있다.

셋째, 미국의 사회복지제도는 지방 분권주의의 전통이 반영되어 많은 복지 프로그램들의 운영 재량권이 주정부와 지방정부에 주어져 있다. 연방정부는 각 제도의 기본적인 골격만 규정하고 세부 규칙과 운영은 주정부나 지방정부에서 담당하는 식이다.

넷째, 미국 사회복지는 전문가에 의한 사회사업 실천을 중요시한다. 즉 사회 문제를 효과적으로 해결하기 위해서는 전문적인 지식과 기술을 필요로 한다는 인식이 소위 복지 선진국이라 일컬어지는 유럽 국가들보다 훨씬 앞서 있어 전문 사회사업가를 광범위하게 등용하고 있다.

미국의 사회 복지 제도는 1935년 사회보장법(Social Security Act)이 제정된 이래 지속적으로 발달해왔다. 사회보장법 제정 전에는 미국에서의 빈곤을 비롯한 사회문제의 해결은 자선단체와 같은 민간기관과 주정부와 지방정부에 전적으로 위임되어 있었다. 이는 식민지시대 이래의 오랜 개인주의 전통과 지방분권주의 전통 때문이었다.

이 두 가지 전통이 연방정부 차원의 사회복지제도 수립을 지연시킨 요인으로 작용했다고 할 수 있다.

그러나 산업화와 도시화가 야기한 주기적인 대량 실업, 노사대립, 만성적 빈곤이 만연한 사회 속에서 자유방임주의는 더 이상 유지될 수 없었고 민관기관이나 지방정부에 의해서는 문제해결이 불가능한 것이었다. 이러한 상황을 결정적으로 전환시키고 사회복지제도화의 계기로 만든 것은 대공황이었다.

대량의 빈민과 실업자들의 구제를 위해 민간 자선단체나 주정부가 가지고 있던 자원과 재정은 고갈 되었으며 이에 연방 정부의 개입이 불가피해진 것이다. 그 결과가 미국 사회복지 역사상 최초의 연방정부 입법인 사회보장법이다.

이 법은 (1) 연방정부가 운영하는 노령연금보험, (2) 주정부가 운영하는 실업보험에 대한 연방보조금, (3) 주정부가 운영하는 공적부조 - 사회복지 서비스의 연방보조금과 같은 3부분으로 구성되어 있었다.

이로써 미국은 개인의 소득을 제도적으로 보장하는 사회보험과 공적부조제도의 기본 골격을 마련하였고 복지국가의 제도적인 첫 걸음을 내딛게 되었다.

미국의 사회보장제도는 2차대전 이후의 경제발전에 힘입어 발전을 계속하였다. 노령연금보험의 적용 대상 범위가 확대되었고 은퇴급여만 있던 것이 은퇴-유족-장애급부를 포괄하도록 확대되었다. 실업보험의 적용 대상 범위도 확대가 이뤄졌으며 근로자 산재보상제도는 모든 주에서 실시되게 되었다. 빈곤의 재발견과 민권 운동이 활발했던 1960년대의 정치사회적인 변혁기에 미국의 사회복지는 좀 더 보강되었다. 당시의 존슨 행정부는 빈곤에 대한 전쟁(War on Poverty)을 선언하고 1964년 경제활동기회촉진법(Economic Opportunity Act)을 제정했다.

이 법에 의해 도시 빈곤층 자녀들을 위한 Head Stat, Neighborhood Youth Corp, Community Action Program 등 다양한 복지 프로그램이 실시됐다.

1964년에는 또한 식품권법(Food Stamp Act)이 제정되어 저소득층을 위한 식품 원조 프로그램이 마련되었다.

1965년엔 애초에 구상은 되었지만 1935년 사회보장법에 포함되지 못했던 건강보험이 노인에 초점을 맞춘 연방노인건강보험(Medicare : 메디케어)과 빈곤층을 위한 주정부 운영의 의료부조(Medicaid) : 메디케이드)의 형태로 수립되었다.

1970년대에는 공적부조의 개혁이 이루어져 1972년에 보조적 소득보장(SSI = Supplemental Security Income for the Aged, Blind, and Disabled) 제도의 성립으로 그동안 주정부가 운영하던 3개의 공적부조 프로그램 (노인, 맹인, 영구 완전 폐질자 부조)을 연방정부의 제도로 바꾸었다. 1975년에는 사회보장법 Title XX(주정부의 개인적 서비스 프로그램에 대한 연방보조금)를 제정하여 빈곤층에 대한 주정부의 개인적 사회서비스의 운영재량권을 확대했다.

이와 같이 1970년대 초반까지 미국의 사회복지제도는 전성기를 누렸으나 70대 후반에 들어서면서 다양한 복지 프로그램의 수립과 연방정부의 지원 확대에도 불구하고 빈곤 문제가 지속된다는 공격을 받기 시작했다.

1980년대 레이건 행정부가 출범한 후엔 경제적으로 또 외교적으로 약화된 미국을 강력한 미국으로 재생시킨다는 계획의 일환으로 사회복지 예산을 줄이고자 적극적으로 시도하게 되었다.

예를 들면 연방정부가 관리해왔던 범주적 부조(Categorical Grants)를 몇 개의 통합적 부조(Block Grants)로 묶어서 주정부나 지방정부의 자율권을 확대하면서 연방정부의 복지비용 부담을 줄이고자 했다.

이밖에 노인(senior citizen)을 위한 복지제도가 있다. 노인은 시설이 가장 잘 되어 있는 노인아파트에 저렴한 집세로 입주할 수 있다. 집세는 지역에 따라 다르지만 대개는 수입의 30% 내외이다. 이외에도 각 주와 도시에 따라 버스표, 극장표 등의 할인혜택도 있고 또 몸이 불편한 노인을 위해 차로 쇼핑을 도와주기도 한다. 한편 노인회(Senior Citizen Center, Community Center) 등에서는 노인을 위한 여러 가지 오락 프로그램도 마련하고 있다.

3. 사회복지제도의 연방 및 주정부 사이의 관계

미국의 사회복지제도는 연방정부가 운영하는 전국적인 제도가 아니다. 연방정부에서 직접 운영 책임을 지는 것은 사회보장

(소셜 시큐리티) 뿐이고 실업보험, 공적부조, 사회복지 서비스는 각 주에 운영 책임이 있다. 물론 각종 부조 및 복지 프로그램에 대한 연방 정부의 재정적 지원은 있다.

미국은 사회복지제도가 강한 지방 분권적 속성을 갖는다. 따라서 미국은 다양한 주정부 운영의 복지제도가 발달해 있다. 재정면에서는 연방정부의 보조를 받지만 제도의 운영은 기본적으로 각 주의 자치에 맡겨지는 것이다. 각종 복지제도를 실시하는데 있어 연방정부는 주정부에 강제적인 방법을 사용하지 않고 무상의 재정원조로 자발적인 참여를 이끈다.

연방정부는 복지제도의 기본 골격만 규정하고 제도의 세부 규칙과 운영은 주정부나 카운티 정부에 재량권이 주어지므로 같은 이름의 복지 제도라 해도 주 및 시에 따라 자격 요건, 급부 수준 등이 다를 수 있다.

연방정부 수준에서의 사회복지 행정의 감독관청은 보건사회복지부(Deparment of Health and Human Services)이며 이 부서에서 사회보장, 공중위생, 의료, 재활, 공적 부조 이용 지급 등의 각 행정청으로 분담되는 업무를 총괄하고 있다.

지방의 지역적 단위인 카운티 및 시의 복지 서비스를 운영 관리 하는 사무소가 지역사회에 복지 서비스 센터 역할을 담당한다. 50개 주에 1천2백50개의 지역 사무소가 있다.

4. 사회복지 수혜자

사회복지 수혜자 또는 대상이라 하면 아직도 빈민, 고아, 심신장애자, 노인과 같은 특정 범주의 사람들이라는 고정관념이 있다. 물론 이 범주에 속하는 사람들이 사회복지의 대상이 아니라는 것은 결코 아니다. 단지 사회복지가 일부 및 특정계급에만 관계되는 것이 아니라 전국민을 대상으로 한다는 것을 강조하기 위해서다.

그 예로 사회보험 프로그램은 수혜여부를 결정하는데 재산조사를 하지 않으며 자격 요건이 되면 누구나 급부를 받게 되어 있다. 미국 근로자의 95%가 소셜 시큐리티에 가입되어 있다.

실업보험, 근로자 상해보험, 의료보험, 정신건강을 위한 프로그램 및 정부 후원으로 제공되는 다양한 Social Service(사회봉사) 프로그램의 혜택은 중산층 및 고소득자에게도 주어진다. 일반적으로 웰페어(Welfare)라고 부르는, 자산조사에 입각해 수혜 여부가 결정되는 공적부조 프로그램들은 노인, 요구호 아동, 맹인, 폐질자등이 적용 대상이다.

공적부조 수혜 요건으로는 자조 능력이 없다는 것이 증명되어야 한다. 한인들의 고정관념으로 갖고 있는 복지 수혜자를 저소득자, 노인, 장애자 등 사회적 취약 계층이라는 이미지와 달리 미국의 사회복지제도는 다양한 급부로 구성된 복잡한 체계이므로 전국민이 수혜 대상자 범주에 들어갈 수 있다.

이 점은 정부차원의 교육 예산을 포함한 미국 총사회복지 지출액의 7~8% 만이 노인, 아동을 포함한 가난한 사람들을 위해 쓰여지고 있는 현실에서 확인할 수 있다.

사회보장연금 제도와 은퇴 후 어느 정도 연금을 받을 수 있는지에 대해 알아보자. (조한욱 CPA)
사회보장연금(Social Security Retirement Benefits)을 받을

수 있는 자격은 우선 일생동안 40 노동 크레딧(Work Credit)을 받아야 한다. 1년에 총 4 크레딧을 받을 수 있는데, 1,120불의 임금(wages)이나 자영업 소득(self- employment income)에 대해 1 크레딧을 받게 된다. 따라서 연간 총 4,480불 이상만 벌면 연간 허용된 최대 크레딧을 쌓을 수 있으며, 최소한 10년 간은 사회보장세를 납부하여야 사회보장연금을 받을 자격이 주어진다.

미시민권자나 영주권자가 아니더라도 합법체류신분으로 미국에서 40노동 크레딧을 쌓아 사회보장세를 납부한 경우에는 사회보장연금을 받을 수 있다. 또한 한미사회보장협정에 따라 한국에서 일하여 한국국민연금을 납부한 기간도 최소납부기간 10년 계산시 포함된다.

연금수령액은 소득이 가장 많았던 35년간의 사회보장세 납부 대신 소득규모에 따라 결정된다. 최저보장 금액이 없기 때문에 소득이 적으면 적은대로 연금수령액을 받게 된다. 은퇴시점에 따라 수령액도 달라지는데 늦게 은퇴할수록 수령액은 많아지게 된다.

2010년 기준 만기은퇴최고연령인 66세가 된 은퇴자가 받을 평균 수령액은 월 1,164불이며, 최대 수령액은 월 2,346불이다. 인플레이션 조정을 위해 수령액은 매년 약간 상향 조정되고 있다.

사회보장연금 수령액은 물가수준 감안한 월 평균소득을 소득단계별로 역진적인 비율을 적용하여 계산하는데, 744불까지는 90%, 744불 초과 4,483불미만은 32%, 4,483불 초과분에 대하여는 15%를 적용한 금액을 합산한 금액이 최종 수령액이 된다.

따라서 저소득자 일수록 더 높은 비율의 연금을 받게 되는 구조이다. 고로 부부합산 수령액을 늘리기 위해서는 가구당 소득을 부부가 균등하게 나눠 세금 보고하는 것이 유리하게 된다.

함께 자영업을 하는 경우에는 소득보고를 적게 해온 분의 이름으로 소득신고를 함으로써 부부합산 사회보장연금을 최대로 할 수 있다. 그러나 연방정부가 운영하는 사회보장연금으로는 은퇴전 생활수준을 유지하기에 많이 부족한 상황이니 개인연금(Individual Retirement Account) 등 추가적인 은퇴 후의 소득원을 미리부터 준비를 하기를 권한다.

5. 사회복지 프로그램 이용

사회복지제도를 우리는 과연 잘 활용하고 있는가. 여기서는 초점을 한인들 사이에 '웰페어'라고 통칭되는 저소득자를 위한 공적부조(Public Assistance) 제도에 맞춰 생각해보자.

신문, 한인단체, 또는 개별적인 알음 알음 으로 공적부조혜택을 포함한 모든 사회복지 혜택이 '우리의 권리'라는 계몽과 함께 사람들의 웰페어에 대한 거부감이 사라지면서 오늘날은 '못 받으면 바보'라는 생각이 지배적으로 된 것 같다. 달리 말하면 이제는 어떻게 해서라도 웰페어를 받으려고 하는 쪽으로 인식의 전환이 이루어진 것 같다.

한편 공적부조의 혜택을 받지 말아야 한다고 주장하거나 혜택받는 사람을 경멸-매도하는 '기피형' 또한 복지제도를 잘못 이해하고 부정적으로만 보는 태도를 가졌을 뿐 아니라 수혜자들의 실상을 왜곡할 위험마저 있어 생활고에 시달리는 수혜자들에게 이중부담을 주는 부당한 복지관을 가진 사람도 있다.

공적부조를 포함한 모든 사회복지제도는 주는 자와 받는 자를 구분하고자 하는 것이 아닌 더 나은 세상을 만들기 위해서는 서로 나누고 도와야 한다는 원칙을 제도로 만든 것이다. '남용형'이나 '기피형'은 이런 취지에 반하는 그릇된 복지관이라 할 수 있다. 그렇다면 공적부조 제도를 잘 활용하는 자의 판단 기준이란 무엇인가. 가장 중요한 판단 기준은 '필요성'이다.

한국에서 재산을 정리해 많은 돈을 가지고 이민 온 노인들 중 빈곤한 65세 이상 노인에게 주는 보조적 소득 보장(SSI, 흔히 말하는 웰페어) 급여를 받기 위해 많은 현금을 집에 숨겨 놓거나 다른 사람 이름으로 은행에 예치하거나 높은 이자로 사채를 주고 이자까지 불리는 분들이 우리 주위에 있다고 한다.

서류상으로 자격 요건을 만족 시키면 그대로 믿고 혜택을 주는 '순진한' 미국의 복지제도를 남용-악용하는 우리 1세들의 모습을 보며 2세들이 무엇을 느끼며 무엇을 배울 지를 생각해 보자.

우리의 후세대가 살아갈 미국사회라고 생각한다면 이 나라를 진정으로 아끼고 가꾸어야 할 책임이 한인이라고 해서 다른 미국인들보다 덜할 리 없다. 그런 의미에서 '복지 제도의 사용'은 우리가 후세에 부끄럽지 않게 남겨주어야 할 덕목인 것이다.

6. 사회 보장(Social Security - 소셜 시큐리티, 또는 약자로 OASDHI)

미국에서는 근로자 10명 중 9명이 사회보장제도 혜택을 받고 있다. 미국인 6명 중 1명은 매달 사회보장제도에서 지급하는 수표를 받고 있다.

미국 노인인구의 거의 전부라고 할 수 있는 65세 이상의 노인 2800만 명이 의료제도의 혜택을 받고 있다. 65세 미만의 인구 중 300만 명이 역시 의료제도의 혜택을 받고 있다. 미국의 거의 모든 가정이 사회보장제도에 자금을 갖고 있는 것이다.

미국에서 사회보장은 보통 은퇴(Old Age Insurance), 장애(Disability Insurance), 유족급부(Survivors Insurance)를 일컫는다. 이는 은퇴했거나 장애 때문에 영구히 노동 능력을 상실하는 경우 중단되는 소득을 대치하고 또한 부양 책임자의 사망 후 유족들의 생계를 도와주는 연방정부의 보험 프로그램이다.

건강보험(Hospital Insurance)인 메디케어(Medicare)는 사회보장의 급부에 해당하나 소득보장과 의료보장으로 구분하여 설명하는 것이 이해하기 좋으므로 별도로 메디케어 프로그램을 다루고자 한다.

앞서 지적한대로 사회보장 혜택은 흔히 말하는 웰페어(welfare)와 달리 일단 수혜 자격 요건을 갖추던 수혜자의 재산이나 불로소득에 상관없으므로 자산조사를 받지 않는 광범위한 복지 프로그램이다.

고용주, 고용인, 자영업자가 이 프로그램에 관련된다. 적용되는 근로자들은 소득 중 일부를 사회보장 세금(FICA)으로 내며 근로자들을 위해 고용주들은 동일한 금액을 사회보장 세금으르 지불한다. 현재 이 세율은 최고 5만 7천 백 달러까지의 소득에 대해 7.65%이다.

자영업자는 본인이 사회보장세금 전액을 낸다. 다시 말해 자영업자는 5만 7천 6백 달러 수입의 한도내의 15.3%를 본인의 사회보장 세금으로 낸다.

　미국 근로자의 95% 정도가 해당되는 사회보장 세금인 갹출금은 사회보장 크레딧(Social Security Credit)으로도 기록된다. 몇 개의 크레딧을 확보했느냐에 의해 수혜 자격이 결정되기 때문이다.

　2005년 기준 사회보장 세금에 해당되는 수입 920달러에 크레딧 하나가 주어져, 3,680달러 이상을 같은 해에 벌면 일년에 최고 4개의 크레딧을 받을 수 있다. 이 크레딧을 적어도 40개 이상 확보해야만 사회보장 수혜 자격 요건을 갖출 수 있다.

　다시 말해, 일반적으로 10년 동안 일하고 사회보장 세금을 내면 필요한 수혜 자격 크레딧을 확보할 수 있다. 크레딧 하나에 해당되는 금액은 매년 인플레이션에 따라 증가한다. 물론 필요한 크레딧을 다 확보했다고 수혜 자격이 충족되는 것은 아니다. 예를 들어, 은퇴 사회보장 혜택은 은퇴 나이 기준에 의한다.

　은퇴 급여를 받기 위해서는 일정기간 갹출금을 낸 후 적어도 만 62세 이상이 되어야 한다. 만65세 이전에 은퇴하게 되면 65세 이후에 은퇴하는 경우보다 20% 할인된 급여를 받게 된다. 즉 만65세 이상이어야 전액 급여를 받을 수 있다(현재 65세인 은퇴 나이는 점차 높아져 2027년부터는 만67세 이상이어야 전액 급여를 받게 된다. 예를 들어 1940년 출생자의 수혜전액 해당 은퇴나이는 65.5세, 1950년생은 66세, 1960년 또 그 후 출생자는 67세가 은퇴 나이가 된다. 62세 이상이면 돈을 벌면서 은퇴 급여를 받을 수 있다.)

　그러나 사회보장이 노동을 하지 않거나 노동을 할 수 없는 경우에 급여를 제공하는 것이므로 근로소득이 일정수준 이상이면 급여 액수가 줄어든다. 70세 이상인 경우에는 근로소득이 얼마이든 상관없이 전액 급여를 제공한다.

그러나 62세에서 70세 미만이면 근로소득이 한도액을 넘는다면 은퇴 급여는 감소한다. 이 한도액은 근로소득에 대해서만 적용이 되며 투자, 연금, 기타 불로소득에 대해서는 적용되지 않는다.

일을 하면서도 사회보장 해당금의 전액을 받을 수 있는 근로소득 한도액은 매년 증가하고 있다. 62세에서 65세 사이라면 근로소득 한도액은 연간 7천 6백 80달러 또는 월 6백 40달러이다. 65세에서 69세 사이라면 근로소득 한도액은 연간 1만 5백 60달러 또는 월 8백 30달러이다. 62세에서 65세 사이라면 은퇴급여는 한도액이 넘는 소득에 대해 2달러에 1달러씩 감소하며 65세에서 69세까지는 3달러에 1달러씩 감소한다.

장애급여를 받을 수 있는 수혜 대상은 사회보장에 가입된 고용인이나 자영업자가 의학적으로 증명된 중병 때문에 일을 할 수 없거나 전부터 있었던 장애 또는 적어도 12개월 이상 계속되리라고 생각되는 장애 또는 사망을 초래할 수 있는 장애 때문에 일을 할 수 없는 경우의 당사자와 해당되는 가족들(배우자와 부양자녀)이다.

유족급여의 수혜자격은 사회보장 보험에 가입되어 있는 부양책임자의 유족이어야 한다. 배우자의 경우에는 60세 이상이어야 하며 배우자가 장애자인 경우에는 50세에서 60세 사이인 경우에도 수혜 자격이 있다.

60세 이상의 생존해 있는 배우자들은(이혼한 배우자도 포함) 재혼을 하더라도 수혜 자격이 있다. 60세 미만의 배우자라도

18세 미만의 자녀나 장애 자녀를 돌보는 경우 수혜 자격이 있다. 이혼한 배우자들은 결혼 기간이 적어도 10년 이상이었다면 수혜 자격이 있다.

은퇴급여는 매월 일정액의 급여가 수혜자에게 주어지며 해당 되는 경우라면 수혜자의 배우자, 전배우자, 자녀, 부모에게도 주어진다. 급여액은 근로기간 중의 각출액에 따라서 다르나 원칙적으로 급여액은 각출금과 많은 연관이 있다.

즉 사회보장에 가입되어 있는 직장에서 얼마나 오래 일했는지와 얼마나 많이 벌어서 사회보장 세금으로 낸 금액이 얼마나 축적되어 있는지에 의해 많이 좌우된다. 1983년 이후의 수혜자들에게는 최소한의 월 급여액은 없다. 근로자로서 벌어서 사회보장에 낸 금액 중 일정 비율을 받게 된다. 저소득이었던 사람과 1983년 이전에 최소한의 급여를 받고 있던 사람들에게는 아직도 최소한도의 급여가 지불된다.

공적사회보장제도를 일반 사적보험(Private Insurance)과 비교할 때 다른 여러 특성 중 가장 중요한 것은 수혜자가 받은 급여액과 그 수혜자가 사회보장 세금으로 낸 각출금의 비율이 수혜 혜택 이전 근로기간의 수입 수준에 따라 다르다는 점이다.

즉 일반적으로 저소득자였던 경우 급여액은 은퇴 이전 근로소득액의 58% 수준이고, 평균소득자였던 경우에는 46% 수준으로 떨어지며 고소득자였던 경우는 25% 수준까지 내려간다.

그러므로 사회보장제도는 각출액에 의한 급여액의 절대 비율 원칙과 공공정책 목적의 재분배 원칙을 합작한 제도이다. 급여액은 매년 조금씩 증가하는 추세이다.

사회보장 프로그램의 재정은 고용주, 고용인, 자영업자가 내는 사회보장세금(Social Security Tax)으로 충당된다.

은퇴 - 장애 - 유족급부는 연방정부의 보건사회 복지부(Department of Health and Human Services)의 사회보장청(Social Security Administration)에 의해 운영된다. 이는 연방정부 차원에서 조직되어 중앙에 기록 사무실이 있고 미국 전역에 1천 2백 50개의 지역 사무소를 갖고 있다.

급여 신청은 각 지역 사무소에 하며 여기서 적격 여부가 심사된다. 장애 여부의 결정은 각 주의 사무실이 시행하고 사회보장청이 검토한다.

7. 보건과 의료

미국의 많은 사람들이 의료비용을 충당하기 위해 보험에 가입한다.

미국 내의 주요 보건문제는 오랜 기간 투병중인 노령자의 치료문제이다. 연방정부는 치료비를 낼 수 없는 65세 이상의 노인에 대해서 치료비를 보조해 주고 있다. 1965년 의회에 의해 인가된 의료보장제도는 이와 같은 사람들에게 치료비, 가정간호 서비스(Home Nursing Service)와 외래환자 치료비를 보조해주고 있다. 이것은 사회보장제도에 의해 운영되고 있다.

저소득자, 신체장애자를 위한 의료보장제도는 대부분 공공복지 대상자에게 적용된다. 영세민이나, 노령자 맹인, 신체장애자가 있는 가정의 의료로 인한 과중한 부담을 덜어주기 위해서 계획됐다.

정부는 또한 몇몇 병원건립은 지원을 하고 있다.

1) 메디케어(Medicare)

메디케어 및 메디케이드 프로그램은 1965년에 재정된 사회보장법으로 확립됐다. 메디케어 프로그램은 사회보장국(SSA, Social Security Association)의 관할 하에서 있었으며 메디케이드 프로그램은 사회재활서비스국(SRA, Social Rehabilitation Service)에 의해 운영됐다.

이들 사회보장국과 사회재활서비스국은 보건, 교육 및 복지부(HEW)에 속해 있었다. 1977년 건강관리재정국(HCFA, Health Care Financing Administration)이 복지부(HEW) 산하에 창립되어 메디케어와 메디케이드 프로그램을 효과적으로 관리하기에 이른다. 1980년 복지부(HEW)는 교육부와 보건 및 인적 자원부(HHS)로 분리됐다. 지난 2001년 보전 및 인적 자원부는 메디케어 및 메디케이드 서비스센터(CMS, Centers for Medicare & Medicaid Services)로 개명했다.

메디케어 및 메디케이드 서비스 센터(CMS)는 연방정부에 속한 관청으로서 메디케어 프로그램을 관장하고 있다. 현재 메디케어를 통해 혜택을 받고 있는 사람들은 약 4,700만 명에 달하고 있다.

만약 미국시민권을 보유하지 않았지만 5년 이상 합법적인 신분으로 미국에 거주하는 경우 메디케어 등록 및 자격여부를 알고 싶으면 전화 1-800-772-1213으로 문의 하면 된다.

흔히 우리나라 사람들은 Medicare와 Medical을 혼동하고 있는 경향이 많은데 메디칼이 캘리포니아의 극빈자를 위한 의료혜택이라고 한다면 메디케어는 연방정부에서 시행하고 있는 건강보험제도라고 할 수 있다. 즉 우리가 65세에 정년퇴직할 때 그동안 공제된 사회보장세금으로 메디케어 요금이 납입되어 건강보험이 효력을 발생하게 되는 것이다. 그리고 메디케어는 그 신청자의 재산유구에는 하등의 관계없이 지급되며 65세 이상인 자 이외에도 신장병 환자는 또는 일정한 신체장애자이면 받을 수 있다.

메디케어는 두 개의 프로그램으로 구성되는데 '파트 A'라고 불리는 병원보험(Hospital Insurance)과 '파트 B'라고 하는 외래진료 서비스 보험인 보조적 의료보험 (Supplemental Medical Insurance)으로 되어 있다. 미국에서는 병원요금과 의사요금을 구분해서 계산하는데 메디케어도 이 구분을 하기 위해 두 부분으로 나뉜 것이다.

병원 보험은 65세 이상된 미국 시민 또는 영주권 소유자이면서 사회보장 보험이나 철도은퇴급여를 받을 자격이 있는 경우 또는 메디케어를 신청한 연방정부의 공무원인 경우 무료로 메디케어 병원보험(파트 A) 수혜 자격이 있다.

그외에 배우자가 사회보장을 받을 자격이 있을 경우 50세 이상이면서 적어도 2년 동안 배우자를 통해 사회보장 혜택을 받은 적이 있는 불구가 된 미망인이나 상처한 남자인 경우, 나이와 상관없이 24개월간 연속해서 사회보장의 장애급여를 받고 있는 경우, 나이와 상관없이 말기의 신장질환 환자인 경우에 해당되면 메디케어 병원보험의 무료 수혜 자격이 있다.

65세 이상이면서 사회보장 혜택을 받을 자격이 없다면 매달 2백 21달러(액수가 달라질 수 있음)를 내면 메디케어 병원보험을 들 수 있다. 이 경우는 병원에 입원하지 않고 있을 때도 매달 지불해야 한다.

보조적 의료보험(파트 B)은 1993년 예에는 65세가 됨과 동시에 가입하면 매달 일정액의 보험료(1993년 예에는 31달러 80센트)를 지불해야 수혜 자격이 생기게 되는 선택적인 건강보험 프로그램이다(단, 65세 이후 뒤늦게 가입하면 벌금이 추가되므로 매달 보험료는 늦게 가입할수록 더 높아진다.). 많은 노인들은 메디케어가 모든 의료비를 지불해 준다고 잘못 인식하고 있거나 실제로 무슨 서비스를 커버해 주는지 모르고 있는 경우가 많다. 병원 입원시 메디케어 병원보험(Medicare Part A)은 최고 90일까지의 병원비를 지불하나 수혜자 부담 지불액도 만만치 않다. 우선 병원 입원 60일을 한기간으로 정하고 그 기간동안의 병원 입원비의 6백 76달러를 수혜자가 지불해야 한다.

즉 파트 A는 최초 60일 동안의 메디케어가 의학적으로 필요하다고 인정한 비용 중 6백 76달러를 제외한 모든 병원 입원비를 지불한다. 61~90일까지는 하루에 1백 69달러씩 본인이 부담해야 한다. 90일 이상 병원 입원 치료가 필요하다면 하루 3백 38달러씩 수혜자가 부담하여 60일을 연장하여 혜택을 받을 수 있다. 그러나 이 60일 연장의 혜택은 평생 한번만 허용하므로 한번에 60일을 다 써버리면 다시는 혜택을 받을 수 없다.

파트 A는 다음 경우에 병원 치료비용을 지불한다.
(1) 의사가 입원 치료가 필요하다고 결정한 경우.
(2) 입원해서 받아야 하는 치료가 필요한 경우.
(3) 메디케어를 취급하는 병원인 경우.

(4) 병원 내의 조사위원회 또는 동료의사조사위원회에서 입원을 거부 안한 경우.

    파트 A 메디케어는 TV나 전화 사용료를 지불하지 않으며 의학적으로 필요한 경우가 아니면 독방 사용료도 지불하지 않는다.
    파트A는 병원 치료외의 다음과 같은 치료비용을 지불한다.
(1) 말기 환자들을 위한 호스피스 케어(Hospice Care)에 드는 비용을 지불해 준다.(2백10일의 호스피스 케어를 받은 후 '말기'라고 재확인 받아야 서비스가 연장된다.)
(2) 최소한 3일의 병원 입원 후엔 1년에 100일까지 승인된 요양원(Skilled Nursing Facility) 비용을 지불해 준다. 처음 20일까지는 파트A 메디케어에서 전부 지불해 주나 21~100일까지는 하루에 81달러 50센트씩 본인이 부담해야 하며 1년에 100일 이상은 메디케어에서 커버하지 않는다.
(3) 환자가 집에서 전문적인 가정 건강 보호(Skilled Home Health Care)가 필요하다고 의사가 명한 경우 그 비용을 제공한다.

    파트 B는 병원 입원 치료 외의 비용 중 의사 비용을 비롯한 외래 진료, 물리 치료, 검사 및 기구 사용 등에 대해 80%를 지불해 준다. 나머지 20%와 매년 1백 달러의 본인 부담액과 메디케어에서 허용한 비용을 초과한 금액에 대해서는 본인이 부담해야 한다.
    현재 의학적으로 치료에 해당하지 않는 단순한 수발, 약 처방,

일반적인 치과 진료, 안경, 보청기, 정기 건강 진단 등은 파트 B 메디케어에 의해 지불되지 않는다.

그러므로 가려고 하는 병원이나 의사가 메디케어를 취급하는 지의 여부, 받으려고 하는 치료가 메디케어에서 커버해 주는 종류의 치료인지의 여부, 또 메디케어에서 커버해 주는 치료를 메디케어를 취급하지 않는 의사에게 받으려 할 때 치료비 중 얼마를 환자가 부담해야 하는 지 등을 미리 확인한 후 진료를 받아야만 한다.

메디케어의 병원보험(Part A) 재정은 앞서 설명한 사회보장세금으로 충당한다. 즉, 사회보장 세금 해당 최고 소득 5만 7천 6백 달러 또는 그 이하의 소득의 7.65%를 고용주, 고용인이 고용인을 위하여 각각 부담하는데(자영업자는 15.3%)이중 1.45%(자영업자는 2.9%)씩이 메디케어 병원보험료로 분리되어 있다. 단 메디케어 병원보험세금에 저촉되는 근로소득의 최고액은 5만 7천 6백 달러가 아는 13만 5천 달러이다. 즉 소득이 5만 7천 6백 달러 이상 13만 5천 달러 이하인 경우 메디케어 병원보험 세금은 계속 추가 징수되므로 고용주, 고용인은 각각 최고 소득 $135,000에 대한 1.45%(자영업자는 2.9%)를 메디케어 병원보험으로 내야 한다.

예를 들어 총 일년 근로소득이 10만 달러인 경우 1천 4백 50달러 ($100,000 x 1.45%)를 고용주, 고용인이 각각 고용인의 메디케어 병원보험으로 지불해야 하며 3천 5백 71달러 20센트 ($57,600 x 7.65% - 1.45%)를 고용주, 고용인이 고용인을 위한 메디케어 외의 사회보장(은퇴, 장애, 유족보험) 세금으로 지불해야 한다.

보조적 의료보험(메디케어 파트B)의 재원은 가입자가 내는 월 보험료로 50%를 충당하고 나머지는 연방정부의 일반예산으로부터 보조를 받는다.

병원보험은 연방정부의 보건사회복지부(Department fo Health and Human Services)의 사회보장청의 협조하에 건강도호재정청(The Health Care Finance Administration)이 연방정부, 주정부의 보건기관과 협력하거나 또는 Blue Cross와 같은 민간 의료 보험과 계약을 맺어 운영한다. 보조적 의료보험은 사회보장청이 Blue Shield Plan, 상업보험회사, Health Maintenance Organization(HMO) 등과 협력하여 운영한다.

사회보장 사무소에는 메디케어에서 허용하는 비용을 받아들이는 의사와 의료기관들의 명단이 비치되어 있다. 정보가 필요하면 1-800-675-2266으로 전화하면 된다.

많은 한인 노인들이 메디케어와 메디켈을 모두 갖고 있다. 한인 노인들이 받고 있는 보조적 소득보장(SSI) 수혜자인 경우 메디케어의 매달 보험료와 본인부담액 일부 내지는 전부를 정부에서 지불해 주는 메디케이드 바이 인(Medicaid buy-in) 프로그램에 해당된다.

메디캘을 받고 있는 사람은 메디케어에서 요구하는 월보험료, 본인부담금, 공동지불금(Co-payment)을 낼 필요가 없으며 메디케어만 갖고 있는 사람들이 받지 못하는 여러 가지 혜택을 받는다.

2) 메디캘 (Medi-CAL)

메디캘은 저소득층 가족, 어린이, 장애자 및 노년층에게 의료혜택을 제공하는 메디케이드의 일종으로 캘리포니아 주에서 저공하는 프로그램으로서 연방정부와 주정부에서 자금을 지원받고 있다.

　메디캘 프로그램은 다양하며 제각기 다른 규정들을 설정해 놓고 있다. 자격 조건에 해당하는 프로그램에 따라서 또한 소득 수준에 따라서 메디캘 프로그램으로부터 의료비용 전액 변제혜택을 받을 수 있으며 또는 의료비용 중 일정부분을 매월 본인이 부단하고 나머지는 매디캘 혜택으로 처리할 수 있다.

　기본적으로 모든 시민권자와 합법적인 체류신분을 가진 사람들은 메디캘 혜택을 신청할 경우 메디캘은 가구별로 혜택을 받지 않으며 개인별로 혜택을 받는다. SSI, CalWORKs, 입양자녀부양(Foster Care & Adoption Assistance), 재택간호 서비스 (IHSS) 혜택을 받는 사람 또는 불법 입국자 또는 난민을 위한 보조금(Entrant & Refugee Cash Assistance)을 받고 있는 일부 이민자들이 무료 메디캘 프로그램을 통해 건강관리를 할 수 있는 혜택을 받고 있다.

　또한 다음에 해당하는 사항들을 통해 자격조건이 충족된 사람들도 전혀 부담 없이 또는 일정한 비용분담을 통해 메디캘 혜택을 받을 수 있다.

　메디캘 혜택을 받기 위해서는 캘리포니아 거주자로서 계속 거주할 의사가 있는 사람(합법적인 체류신분과는 상관없음)으로서 일정한 소득 및 자산에 대한 테스트를 통과해야 하며 또한 다음과 같은 자격 조건에 해당해야 한다.

- 임신한 여성
- 21세 미만인 청소년

- 65세 이상
- 나이에 상관없이 SSI 수혜규정에 맞는 장애자나 맹인인 경우
- CalWORKs 규정에 해당하는 빈곤층 가족의 경우 – 부모 중 한명이 사망 또는 없는 경우, 의학적으로 장애자로 진단을 받았거나 일을 할 수 없는 경우, 실직 또는 불완전 취업자인 경우, 앞에서 '실직'이라고 말할 때 이 의미는 부모 중 지난 2년간 가장 높은 수입을 올렸던 사람이 한달에 100시간미만의 일을 하고 있는 경우이며 '불완전취업'이라는 의미는 가족의 근로소득이 연방정부가 규정한 빈곤소득기준보다 낮은 경우를 말한다.
- 연방정부가 규정한 난민에 해당되는 경우
- 전문간호시설에서 요양하는 사람
- 결핵에 감염된 사람
- 유방암 또는 자궁경부암에 걸린 여성

만약 캘리포니아 거주자로서 메디캘 수혜자격을 충족시킨다면 불법체류자 일지라도 제한적 메디캘 카드(Restricted Medi-CAL Card)를 신청할 수 있다. 이러한 제한적 메디캘을 통해 응급서비스, 임신과 관련한 건강관리 유방암이나 자궁경부암검사 그리고 신장투석요법이나 간호시설에서 건강관리서비스를 받을 수 있다.

합법적 체류신분을 가진 대부분의 사람들은 필요한 건강관리를 위해 정규(Full Scope) 메디캘을 신청할 수 있다. 영주권을 갖고 있지 않은 경우라도 정규 메디캘을 받는 경우가 있다. 예를 들면 가정폭력의 희생자인 경우가 해당된다.

캘리포니아 거주자이며 매디캘 수혜 자격조건에 해당되는 경우 불법체류자나 사면을 받은 사람일지라도 제한적 메디캘 혜택을 신청할 수 있다. 응급실, 진료소, 의사의 개인진료소에 관계없이 심각한 건강문제로 인한 응급상황에 대해 혜택을 받을 수 있다.

8. 실업 보험(Unemployment Insurance)

실업보험은 본의 아닌 실업에 대해 일정 기간 손실된 임금을 보조해 주는 현금급여를 제공하는 프로그램이다. 동시에 실업보험은 공공 고용서비스를 통해 실업 기간과 보험급여 지급을 최소한도로 줄이고자 노력한다. 실업보험은 산업체계의 변화로 야기되는 고용시장의 잠정적인 혼란이 빈번한 사회적 현실에 대처하기 위한 제도이다.

실업보험을 받기 위해서는 실업보험을 가입한 직장에서 일정한 기간 일을 했거나 일정한 액수의 임금을 받았어야 한다.

9. 근로자 산재보상 보험(Worker's Compensation)

근로자 산재보상보험은 미국의 사회보험 중 가장 오래된 제도이다. 1948년까지 모든 주가 근로자 산재보상법을 제정했다. 이는 산업재해로 인한 사고나 사망을 보상해주는 제도이다. 이 제도는 산업재해가 작업과정에서 불가피하게 일어나는 사건이며 이에 대한 비용도 생산비용의 일부라는 개념에 근거한다. 따라서 근로자와 고용주 중 사고에 대한 과실 책임이 누구에게 있는지는 문제삼지 않는다.

이 제도의 목적은 잘못의 소재를 가리는 것이 아니라 사고를 당한 근로자와 그 부양가족에게 의료부조와 재활서비스, 현금급여를 제공하는 것이다.

근로자 산재보상은 보편적 사회보험으로 수혜자 또는 가족의 수입, 자산조사 심사가 없다. 그러나 보험급여의 수혜를 위해서는 직장에서 근무 중 발생한 사고나 직장의 일과 연관되어 얻은 신체적 또는 정신적 병이어야 하며 사고의 고의성이나 음주 및 마약복용과 같은 본인의 잘못이 없어야 한다. 근로자가 폐질이 되거나 사망하는 경우에는 그 유족이 급여자격을 갖게 된다.

거의 대부분의 직장(98% 정도)이 이 보험에 가입하도록 법으로 규정되어 있다. 중요한 것은 직장에서 부상, 사고를 당하거나 직장의 일로 인하여 병에 걸린 것을 알게 된 즉시 고용주에게 알려 필요한 치료를 받음과 동시에 휴직 동안의 임금 보상도 신청해야 한다.

10. 주정부 장애 보험(State Disability Insurance)

주정부 장애보험(SDI)은 직장일과는 연관없이 발생한 사고나 질병으로 인해 일을 할 수 없을 때 잃는 수입의 일부를 보상해 주는 프로그램이다. 앞서 설명한 근로자 산재보상보험(Worker's Compensation)과 주정부 장애보험(SDI)의 큰 차이는 전자는 직장 근무 중, 또는 직장일과 연관되어 발생한 사고나 질병으로 인한 장애에 대한 보험이고 후자는 장애 원인인 사고나 질병이 직장과 상관이 없어야 한다는 점이다.

주정부 장애보험 수혜자격은 우선 정상적인 직장 생활을 할 수 없는 신체적-정신적 장애 상태를 의사가 서류상 확인해 주어야 하며 임신 또는 출산 중 생긴 질병도 수혜 자격에 해당한다. 그 외의 수혜 자격 요건은 다음과 같다.

(1) 장애 여부를 판단하는 의사로부터 8일간 치료 보호를 받았었으며 적어도 8일간 장애자였음을 증명할 수 있어야 한다.
(2) 장애 판단이 결정된 날로부터 41일 안에 수혜 보상금을 신청해야 한다.
(3) 장애 전 12개월 동안 적어도 3백 달러의 근로소득이 있어야 한다.
(4) 장애 직전까지 직장이 있었거나 아니면 직장을 찾고 있었으나 장애로 인해 정상적인 직장생활이 어려워졌을 때 성립된다.

단, 실업보험수당을 받고 있거나 신청 중인 경우, 장애로 인해 일을 못하는데도 고용주가 임금을 전부 지불해 주고 있는 경우, 또 장애자가 됐을 때 일을 하고 있지 않았거나 직장을 찾고 있지 않았을 경우, 또 근로자 산재보상보험을 받고 있는 경우는 장애보험 혜택을 받을 수 없다(산재 보상보험 수혜금이 장애보험 수혜금보다 적을 경우는 그 차액을 지불해 줄 수는 있다.)

11. 보조적 소득 보장(Supplemental Security Income: SSI)

보조적 소득보장은 65세 이상의 저소득 노인들과 맹인 및 장애자들에게 현금 혜택을 주는 프로그램이다. 이 혜택은 연방정부에서 제공하며 사회보장청을 통해 지급된다. 캘리포니아 주에서는 연방정부의 기금을 보조하고 있다.

미국시민이거나 합법적인 미국내 거주자여야 한다. SSI를 받기 위해서는 아래의 요건 중 적어도 한 가지에 해당되어야 한다.

(1) 65세 이상인 자.
(2) 맹인-안경 쓴 교정시력이 20/20이하여야 하며 터널 시 (Tunnel Vision)가 20% 이하여야 한다.
(3) SSI 기준에 해당하는 장애자 - 정신적-육체적 장애로 12개월 이상 일을 못하거나 또는 사망을 초래할 수 있다고 주정부에서 선정한 의사에 의해 확인되어야 한다.

SSI를 받으려면 일정한 소득과 자산기준을 만족시켜야 한다. 계산될 수 있는 소득(Countable Income)이 SSI의 최대 급여액을 넘지 말아야 한다. 일부 장애자들은 일하면서 혜택을 받을 수 있다. 계산될 수 있는 소득을 얻으려면 총소득에서 다음 항목들을 빼면 된다.

(1) 총소득 중 매달 20달러.
(2) 모든 형태의 수입과 남아 있는 소득의 반에서 65달러.

(3) 주정부의 세입자 세금환불(Renter's Credit)로 받은 금액.
(4) 맹인인 경우 일하는데 추가로 발생되는 비용.
(5) 장애로 인해 일하는데 추가로 발생되는 비용.
(6) 학비로 사용한 장학금이나 보조금.
(7) 연방정부의 대학생을 위한 원조와 대부금.
(8) 자녀를 양육하고 있다면 위탁보호 지불금액과 부재부나 모로부터 받은 자녀 양육비 중 3분의 1.
(9) 맹인이거나 장애자인 경우 사회보장사무소의 승인하에 자립을 위한 계획의 일환으로 모여진 수입.
(10) 연방정부의 주택 및 이전 보조금.

수혜자의 자산 중에서 다음 항목들은 금액의 제한이 없다.
(1) 살고 있는 집.
(2) 일하러 가는데 사용하거나 또는 적어도 1년에 4번 이상의 학적 치료를 위해 사용하는 차 한대 또는 장애자를 위해 특별한 설비를 갖춘 차.
(3) 결혼 및 약혼반지.
(4) 본인 또는 직계 가족을 위한 장지.

다른 자산들은 다음 기준을 넘어서는 안 된다.
(1) 가정용품 및 개인물품들의 순수가격(Equity Value) : 2천달러.
(2) 일이나 치료를 위해 사용되지 않는 자동차나 장애자를 위해 특별한 설비를 갖춘 자동차가 아닌 경우.
(3) 개인당 장례비용을 위해 비축한 현금과 생명보험의 액면가 : 1천 5백 달러(만약 그 금액이 해약 불가능한 신용기금에

들어가 있다면 1천 8백 달러).
(4) 기타 재산 : 개인당 2천 달러, 부부당 3천 달러(예금, 가정용품 및 살림살이, 가인용품, 자동차, 생명보험, 장례비용 중에서 기준을 초과하는 금액이 포함된다.)

자산이 너무 많으면 정해진 기준을 만족시키기 위해 자산을 써버릴 수 있으며 필요한 것을 사도되며 빚을 갚아도 된다. 재산을 남에게 주거나 실제 가격보다 싸게 처분하더라도 SSI를 받기 위한 자격에 영향을 미치지는 않는다. 그러나 일정 기간어 매디캘을 받을 수 있는 자격에는 영향을 줄 수 있다.

1993년의 최대 급여액은 아래와 같다.
- $620 – 65세 이상의 독신자.
- $620 – 18세 이상의 장애자.
- $689 – 나이에 관계없이 독신인 맹인.
- $1,140 – 양쪽 다 장애자이거나 노인인 부부.
- $1,261 – 한쪽은 맹인이고 다른 쪽은 장애자이거나 노인인 부부.
- $1,333 – 양쪽 다 맹인인 부부.
- $497.40 – 18세 미만의 장애자.
- $736 – 가정 외의 장소에서 비의료적인 보살핌을 받는 자(용돈은 $85).
- $42 – 양로원에 있는 자.
- $490 – 숙식을 무료로 제공 받고 있는 노인이나 장애자
- $944.67 – 숙식을 무료로 제공받고 있는 노인이나 장애자인 부부.

누군가와 함께 살고 있거나 생활비를 혼자 부담하지 않고 있다면 급여액은 감소된다. 음식을 만들 수 없는 곳에서 살고 있는 사람들은 매달 $65를 추가로 받을 수 있다. 보조적 소득보장을 받으면 자동적으로 메디캘을 받을 자격이 있으며 가정보조서비스(In-Home Supportive Service : IHSS)를 받을 수 있다.

자격이 있을 것으로 추정이 되면 신청이 처리되는 중에도 최고 6개월 치의 지불금을 미리 받을 수 있다. 이것을 받기 위해서는 눈이 멀거나, 귀머거리거나, 휠체어로 생활을 하거나, HIV에 감염되었다는 것과 같은 기준을 만족시켜야 한다. 필요하다면 급여가 나오기를 기다리는 동안 복지사무소(Welfare Office)에 일반구조(General Relief)를 신청할 수 있다.

일반적 신청을 다음과 같다.
(1) 사회보장사무실(Social Security Office)에 직접 출두하여 신청하는 것이 가장 좋다. 만약 형편상 그곳에 가는 것이 어렵다면 사회보장사무실에 전화를 해서 직원이 집에 오도록 하면 된다. 신청서는 서면으로 제출하면 된다. 자격이 되면 급여지급은 신청일로부터 계산이 된다. 말로 안 된다고 하는 것에 승복하지 말아야 한다. 필요한 정보를 갖고 오지 않은 경우에는 추가정보나 수정된 정보를 나중에 줄 수 있다.
(2) 출생증명서와 같은 연령을 증명할 수 있는 것, 결혼증명서, 소득과 재산을 증명하는 서류 등을 제출해야 한다.
(3) 일반적으로 맹인이거나 노인이거나 분명한 장애가 있는 사람들은 장애를 증명할 필요가 있는 사람들보다 더 빨리 승인

을 받는다. 장애 상태가 애매하다면 주정부에서 나온 의사가 기록을 검토하고 검진할 것이다. 검사관이 SSI를 받을 만큼 장애가 심하지 않다고 판정을 내리면 이의를 제기할 수 있다. 이의를 제기한 사람들은 종종 이겨서 혜택을 받는다.

(4) 장애자라도 직업 재활훈련이 제공된다면 이에 참여할 것을 동의해야 한다. 술이나 마약에 중독 되어있다면 SSI 장애급여를 받을 자격을 갖기 위해 치료에 참여할 것을 동의해야 한다.

앞서 말한 바와 같이 SSI는 연방적주 복지 프로그램이지만 캘리포니아를 포함한 23개 주에서는 연방정부 SSI 급여금을 보조하는 주정부 부담의 SSI를 같이 합병해서 운영하고 있다.

다시 말해 주정부 SSI보조가 없는 주에서는 같은 수혜요건을 갖춘 사람일지라도 연방정부SSI의 최고 금여금인 4백34달러(독신) 또는 6백52달러(부부)를 넘지 못한다. 이는 캘리포니아의 6백 20달러(독신) 또는 1천 1백 40달러 최대급여액과 큰 차이가 있는데 이 차액이 바로 캘리포니아에서 주정부 일반세금으로 지불하고 있는 보조 금액이다.

그러므로 만약 현재 캘리포니아 SSI수혜자가 다른 주로 이사할 경우 그곳 주정부의 SSI 보조금 프로그램이 있는지, 있으면 얼마인지 알아볼 필요가 있다. 중요한 것은 주다다 SSI 급여액에 많은 차이가 있다는 것이다. 연방정부와 주정부 SSI프로그램은 수혜자에게서 직접 추출한 세금으로 운영한다기보다는 소득세, Sales(판매)세 등과 같은 일반세금으로 재정 충당을 하고 있다. 캘리포니아는 정부 재정 적자를 줄이기 위해 SSI보조금 및 AFDC, GR 같은 공직부조금을 삭감하고 있으므로 이 글이 읽혀질 때는 급여액이 다소 차이가 있을 수도 있다.

(1) 문의사항이 있거나 면담일자를 정하려면 1(800)772-1213으로 전화하면 된다.
(2) 장애자라면 일을 하고 있어도 SSI를 받는 경우가 있다. 이 경우는 고용이 되기 전 동일한 장애로 SSI를 받는 자격이 있었어야 한다. 소득이 최대 급여액 미만이어야 한다. 그렇지 않는 경우라도 자산기준만 해당이 되면 비용을 분담하면서 매디캘과 가정보조서비스(IHSS)를 받을 수 있다.
(3) SSI 받을 자격을 상실한지 12개월 이내에 직업을 잃거나 소득이 없어지면 자동적으로 다시 현금 급여를 받을 자격이 생긴다.
(4) SSI를 신청할 당시에 무료로 숙식을 제공받고 있다가 나중에 숙식비를 지불하기 시작했다면 급여액을 조정받아야 한다.
(5) 65세 이상의 직업이 없는 사람들은 소득이 최대 급여액보다 20달러 이상 넘지 않으면 일반적으로 SSI를 받을 수 있다.
(6) 1977년 이후에 SSI를 받기 시작했는데 현재는 사회보장 급여액의 인상으로 인해 자격을 상실하게 되었다 할지라도 비용부담 없이 메디캘을 받을 수 있다.
(7) SSI나 사회보장급여가 지연되는 경우에, 당장 돈이 필요하다면 사회보장사무소로부터 2백 달러를 즉시 받을 수 있다.
(8) 과다 지불된 경우에는 통보가 올 것이다. 이 경우엔 '과다 지급 철회서'를 제출해야 한다. SSI 수표나 통보서가 잘못되었다고 여겨지면 '재심 청구'를 내야 한다.

(9) 위의 양식 중 하나라도 받지 못했다면 즉시 법률보조 사므소에 신고하고 과다지불액이 보내진 지 30일 이후부터 매달 지불액이 줄어들게 되므로 가능한 한 빨리 위의 양식 중 하나를 제출해야 한다.
(10) 캘리포니아주에서 SSI를 받으면 식품권(Food Stamp)은 받을 수가 없다. 식품권에 해당되는 금액이 이미 SSI에 포함되어 있다. 그러나 SSI의 주정부 보조가 삭감되었기 때문에 이는 앞으로 변경될 가능성이 있다.

12. SSI 및 CAPI
• SSI 및 CAPI 신청

만약 이민자로서 저소득층에 속하면 65세 이상이거나 장애자 또는 맹인인 경우 연방정부 프로그램인 SSI또는 주정부 프로그램인 CAPI를 신청할 수 있다.

이민자로서 SSI혜택을 받기 위한 모든 제반 자격조건을 충족시키는 외에 다음과 같은 경우에 해당된다면 자격이 있다.
o 본인이 이미 1996년 8월 22일 기준으로 합법적으로 체류하면서 SSI를 받고 있었던 경우.
o 시민권자가 된 경우.
o 쿠바 또는 하이티 난민 또는 Amerasian을 포함한 난민, 망명자, 7년 미만인 기간 동안 본국송환이 보류된 사람(만약 7년 이상 본국송환이 보류되고 있다면 CAPI를 신청하라).
o 퇴역군인인 경우이거나 배우자 또는 배우자가 사망한 경우,

또는 자녀(미혼인 경우 18세 미만, 학생인 경우에는 22세 미만).
o 10년(40분기) 이상 일해 온 경우 – 배우자가 일한 분기 또는 본인이 18세 미만일 때 부모가 일한 분기를 합할 수 있다. 하지만 1996년 8월 22일 이후 입국한 경우 일을 전혀 하지 않았다면 SSI혜택을 받을 자격이 없다.
o 1996년 8월22일 또는 그 이후 미국에서 합법적으로 거주해 온 사람으로서 장애자나 맹인인 경우.

만약 본인의 후원자가 있다면 본인의 자격조건을 심사할 때 후원자의 소득과 자산이 합해져 계산된다.

- **CAPI**

이민자를 위한 현금보조프로그램으로서 저소득층으로서 65세 이상이거나 맹인인 경우 또는 장애자로서 SSI 수혜자격이 있지만 이민체류신분 때문에 해당이 되지 않는 경우에 도움을 제공하고 있다.

- **변경사항**

2006년도 캘리포니아 예산안에 따르면 주정부에서 지원하는 웰페어 수혜금액이 감소할 것으로 예상된다고 보도됐다. CAPI의 경우 수혜금액이 SSI보다는 1인당 10달러 정도가 낮은 수준이었다. 따라서 이번 예산축소로 인해 감소되는 수혜액수도 SSI 수혜액수보다는 낮은 수준일 것으로 예상되지만 감소폭은 아직 논의 중인 것으로 알려지고 있다.

13. 부양 아동 가족 원조
(Aid to Families with Dependent Children : AFDC)

이 프로그램은 부양 아동이 있는 가정 또는 임신한 여성이 자립할 수 있을 때까지 원조를 해준다. 기금의 대부분은 연방정부와 주정부에서 지원되며 카운티는 이 프로그램을 운영한다.

(1) 캘리포니아에 거주해야 하며 계속 거주해야간 한다.

(2) 이 프로그램은 불우한 아동들을 돕는데 목적이 있으므로 아래 항목에 해당되어야 AFDC를 받을 수 있다.
  o 부모 중 한쪽 또는 양쪽이 집에 없거나 장애가 있다.
  o 양쪽 부모가 집에 있으나 주 소득자(지난 2년간 더 많이 일했던 아버지나 어머니)가 실직했거나 약간의 소득이 있어도 1달에 1백 시간 이상 일하지 않고 있다(주 소득자인데 AFDC 수혜자격이 있다고 결정된 후 1달에 1백 시간 이상 일하기 시작했다면 다른 수혜 자격 조건이 변화되지 않으면 AFDC 수혜 자격이 있다). 또한 다음 둘 중 하나에 해당되어야 한다.
  o 19세 미만의 자녀가 있어야 한다. 자녀가 18세라면 그 자녀는 고등학교에 재학 중이거나 풀 타임(Full Time)으로 직업훈련 중이어야 하며 19세가 되기 전에 졸업할 예정이어야 한다.
  o 임신 중이어야 한다.

(3) 가족의 월 총소득(과세 및 공제 전)이 아래 기준 미만이어야 수혜 자격이 있다(1993년 기준).
   o 정기적으로 받지 않으며 한달에 총액이 30달러가 넘지 않는 선물 및 소득.
   o 전체 필요량을 충족시키는 무료 식품, 의복, 주택 또는 기타 비현금 항목.

가족수	소득한계
1	$638.00
2	$1,048.00
3	$1,300.00
4	$1,542.00
5	$1,761.00
6	$1,979.00
7	$2,173.00
8	$2,369.00
9	$2,567.00
10	$2,789.00

   o 대학장학금은 면제로 간주된다. 대학원에 재학 중이라 학업비용에 사용한다면 면제로 계산될 수 있다.
   o 하숙인으로부터 받는 돈(하숙인의 지불액 중 90%가 계산되지 않는다).
   o 부모가 법원수탁자(Court Trustee)에 직접 보내는 자녀양육비.

- o 6개월 동안의 학교에 등록된 부양 자녀의 소득.
- o 부양가족보즈금(Earned Income Credit)은 소득으로 계산 되지 않으나 두 달 이내에 써버리지 않으면 자산으로 계산 될 수 있다.
- o 세입자 세금환불(Renter's Credit)

다른 불로소득은 급여액을 감소시킨다. 증여, 사회보장 급여, 연금, 실업수당, 친구와 친척으로부터의 대출금은 1달러에 1달러씩 감해진다(대출을 상환키로 했다면 면제된다.) 보훈금 지급, 상속, 또는 지연된 퇴역군인의 급부와 같은 일괄지급을 받는다면 여러 달 동안 AFDC 급여가 지불 중지될 수도 있다.

약간의 근로소득이 있는 경우에는 가정의 월 총소득이 소득기준을 넘지 않으면 AFDC 급여를 일부 받을 수 있다. 받을 수 있는 일부 급여를 계산하자면 과세 및 공제 전 총소득 아래 항목들을 뺀 잔액을 AFDC 최대급여액에서 차감한 금액이 실제 받을 AFDC 급여액이다.

- 강제적 임금공제(Mandatory Payroll Deductibles)와 본인의 근로기초공제(Work-Related Expenses)로서 90달러와 처음 1년동안 매월 30달러.
- 처음 4개월간 나머지 돈의 3분의 1.
- 아동부양비를 지급하면 1인당 1백75달러(2세 미만인 경우엔 2백달러).

근로소득이나 불로소득 때문에 AFDC 급여액이 낮아져 10달러 미만이 될지라도 AFDC 수혜자가 되면 매디캘 또는 아동탁

아서비스와 같은 혜택을 받게 되므로 신청을 하는 것이 좋다. 또한 부양가족 보조금과 세입자 세금 환불 형태로 정부로부터 추가의 혜택을 받을 자격이 있게 된다.

(4) 계산되는 자산의 총액이 1천 달러가 넘으면 안된다. 아래 항목들은 자산으로 계산되지 않는다.
 - 가격 불문하고 살고 있는 집.
 - 1천 5백 달러 미만의 자동차. 트럭이나 차가 일하는데(출퇴근이 아닌)사용되는 것이라면 1천 5백 달러 이상이어도 계산되지 않는다.
 - 의복, 가구, 기타 개인적 용품.
 - 일하는데 필요한 도구.

(5) AFDC를 받고자 하는 사람들 중 일부는 GAIN(자립을 위한 계획)이라 하는 고용 및 직업 훈련 프로그램에 참가해야 한다. 아래 항목들에 해당되지 않는 사람은 참가해야 한다. GAIN프로그램에 참가하는 동안 참가자는 아동 양육비와 교통비를 받을 권리가 있다.

다음 경우엔 GAIN에 참여하는 것이 면제된다.
 - 16세 미만.
 - 18세 미만이며 고등학교 또는 풀타임으로 직업학교에 재학 중인 사람.
 - 아프고, 장애가 있거나 60세 이상인 사람.
 - GAIN프로그램 실시 기관들로부터 멀리 떨어진 곳에 거주.

- 3세 미만 자녀가 있는 사람(20세 미만의 고등학교를 졸업 못한 부모가 아닌 경우)
- 임신한지 3달 이상인 여성.
- 이미 일주일에 30시간 이상 일을 하고 있는 사람.
- VISTA자원 봉사자.

다음 경우에 해당되면 GAIN에 참가하는 것이 연기된다.
- 풀타임으로 학교에 다니고 있거나 파트타임으로 학교에 다닐 명분이 없다면 가능한 한 빨리 풀타임으로 다니기로 동의 한 사람.
- 마약이나 술이 중독된 사람.
- 참가를 방해하는 정서적 또는 정신적 문제를 가진 사람.
- 참가를 방해하는 법적 문제 또는 법원 출두 문제가 있는 사람.
- 미국에서 일할 법적 의리를 갖지 못한 사람.
- 심각한 가정 위기를 가진 사람.
- 고용을 통제하는 조합의 조합원.
- 분명한 복귀 날짜가 있는 임시 해고된 사람.
- 일주일에 15시간 이상 일하고 있는 사람.
- 아프거나 가족 중 누군가 아픈 사람.
- 임신 3개월 이내에 있는 여성.
  3~5세인 자녀를 양육하고 있는데 GAIN에 참가하도록 요구된다면 요구되는 시간은 일주일에 20시간을 넘지 않는다.

GAIN에 참가 중에도 명분이 있는 아래와 같은 경우에는 GAIN에 참가하는 것을 그만두거나 제공된 일자리를 받아들이지 않아도 된다.
- 병이 났을 때.
- 고용주 또는 직업훈련 프로그램이 보건 및 산업 안전 규칙을 어길 때나 고용주가 산재보상보험을 제공하지 않을 때.
- 최저 임금 이하의 임금을 받을 때.
- AFDC 급여보다 적은 임금을 받을 때.
- 노동조합의 규칙을 어기도록 고용주가 강요할 때.
- 능력이나 훈련받은 것 이상을 요구하는 일일 때.
- 아픈 직계 가족을 돌보아야 할 경우.
- 아이를 맡길 데를 찾을 수 없을 때.
- 교통상의 문제가 있을 때.
- 이미 일자리를 찾아서 받고 있는 훈련을 마칠 수가 없을 때.

14. 일반구조(General Relief : GR)

　일반구조란 현금이 거의 없으며 다른 프로그램의 수혜 자격이 없는 사람들에게 원조를 주기 위해 카운티에서 제공하는 프로그램이다.　연방정부나 주정부의 재정 원조가 전혀 없이 카운티 자체 재정으로 충당하는 프로그램이므로 GR(일반구조)은 주마다 다를 뿐 아니라 캘리포니아 안에서도 카운티마다 많은 차이가 있다.　일반구조는 받기 까다로운 프로그램이라고 할 수 있다. 카운티는 일반구조를 받기 어렵게 만들도록 계속해서 규칙을 바꾸고 있으며 적자 재정을 이유로 계속 급여액을 줄이고 있는 실정이다.

　로스앤젤레스 카운티의 경우, 로스앤젤레스 카운티에 거주해야 하고 앞으로도 계속 살 예정이어야 하며 카운티 밖으로 여행을 하지 말아야 한다. 또한 50불이상의 현금이 없어야 한다. 그러나 다음 자산은 소유할 수 있다.
(1) 1천 5백 달러 미만의 자동차 한 대.
(2) 필수적인 가정용품.
(3) 작업도구.
(4) 살고 있는 3만 4천 달러 미만의 집 또는 살고 있다면 3만 4천 달러 미만의 부동산, 배우자와 함께 사는 경우 배우자가 SSI를 받고 있지 않다면 수혜 자격을 결정하기 위해 배우자의 소득이 계산된다. 고용되어 있다면 한달에 99시간 이상을 일할 수 없으며 일반구조 급여액 이상을 벌어서는 안된다.

현재 직업이 없지만 일할 수 있는 능력이 있는 경우 아래와 같은 사항들이 요구된다.
(1) 일자리를 찾기 위해 일주일에 3개의 직장을 방문했다는 것을 연간 총 24개까지 복지사무소에서 준 서류 양식에 기록하여 제출해야 한다.
(2) 시간당 8달러(지금은 다름)의 연방 최저임금으로 2백 93달러의 월급여액을 갖는다는 의미에서 한 달에 약 8일을 일하도록 요구될 것이다. 만일 어떤 이유로 하루를 결근한다면 다음 달의 취로사업에 결근일이 추가될 것이다. 취로사업과 일자리 탐색은 직업훈련 또는 직업학교, 성인교육반, 또는 ESL에 등록하면 면제될 것이다.
(3) 고용개발국(EDD)에 등록해야 하며, 만약 자격이 있다면 실업보험급여를 신청해야 한다.

장애자라면 근로능력이 없는 것으로 신청할 수 있다. 장애를 증명할 수 있는 주치의가 없을 경우에는 의학적 적격심사를 위해 면담 기회가 주어진다. 심사위원에게 장애에 관한 모든 것을 말해야 한다(약, 처방전, 기타 장애에 관한 증거들을 가져가야 한다). 만일 적격심사 결과에 동의하지 않는다면 복지담당자(welfare worker)에게 이의를 제기할 권리가 있다.

복지 사무소가 장애가 있다고 결정한다면 일자리를 위해 등록하거나 취로사업에 나가거나 일자리 탐색을 할 필요가 없다. 몸이 아파서 일할 수 없어 수혜자격이 있다고 결정된 후에도 일할 수 없다는 것을 입증하기 위해 정기적으로 의사의 진단을 받아야 한다.

진단서가 만기가 되어간다는 통지를 받게 되면, 의료관리 담당자(Medical Control Clerk)에게 의사와의 면담 약속을 하도록 전화한다. 면담 장소에 가서 담당자가 진단서를 받았는지 확인한다.

15. 식품권(Food Stamps : FS)

식품권 프로그램은 저소득 가정의 영양상태를 향상시키기 위하여 식품과 교환할 수 있는 쿠폰을 제공해 준다. 식품권은 세대별로 주어진다. 같이 사는 사람들은 한 식품권 가족에 해당된다. 그러나 같이 살지라도 부모 또는 형제가 60세 이상이거나, 보조적 소득보장, 사회보장, 장애로 인한 퇴역군인 혜택을 받는 이들은 한 식품권 가족에 속하지 않으므로 이 경우를 제외하고는 부모, 형제, 자녀들은 한가족으로 식품권을 신청한다.

식품권 수혜를 위해서는 미국 시민이거나 시민이 아닌 경우는 영주권자, 피난민 임시입국허가자 등과 같은 자격이 있어야 한다. 세대의 총소득과 순소득이 한도액 미만이어야 한다. 문제시되지 않는 (계산되지 않는) 소득은 아래와 같다.
(1) AFDC 홈리스(Homeless) 원조 급여
(2) 적어도 하프 타임(Half-Time)으로 학교에 다니는 18세 미만 아동의 근로소득.
(3) 식품, 탁아, 주택, 건강 보호에 대한 급부.
(4) 일하는 것과 관련된 또는 직업훈련과 관련된 비용의 환불 또는 선불.
(5) 교육비 대출을 포함한 모든 대출.
(6) 정부의 연료보조금.
(7) 도시 재건 또는 고속도로 건설 계획으로 인한 이전비.
(8) 제3자 지급액(vendor payments).
(9) 부양가족 보조금(Earned income Credit)
(10) 위탁 보호 지불액.

순소득을 계산하기 위해 총소득에서 공제되어야(감해져야)하는 액수는 다음과 같다.
(1) 기본공제 1백27달러.
(2) 세금 및 일하는 것과 관련된 비용으로 근로소득의 20%.
(3) 일하러 가거나, 일을 찾거나, 직업훈련이나 교육에 참가하기위해 자녀 또는 부양가족을 맡기는 비용으로 매달 자녀 또는 부양 가족당 1백60 달러까지 허용.
(4) 매달 2백 달러까지 초과된 주거비용(세대원중 하나가 59

세 이상이거나 장애급여를 받고 있다면 초과 주거비 한도액이 없다.)
(5) 59세 이상이거나 장애급여를 받는 사람에 있어 보험, 메디케어 또는 메디캘로 충당되지 않는 매달 35달러를 넘는 대부분 의료비용.

한 식품권 가족의 총소득과 순소득이 아래 기준에 해당되어야 한다. (1993년 기준)

가구원수	총소득	순소득
1	$738.00	$568.00
2	$996.00	$766.00
3	$1,254.00	$965.00
4	$1,512.00	$1,163.00
5	$1,770.00	$1,361.00
6	$2,027.00	$1,560.00
7	$2,285.00	$1,758.00
8	$2,543.00	$1,956.00
비고	한 사람 추가시 $258씩 증액	한 사람 추가시 $199씩 증액

소득 한도액을 충족시키는 외에 자산 총액이 2천 달러를 넘어서는 안 된다. 한 세대원이 59세 이상이면 이 자산 한도액은 3천 달러이다. 계산되지 않는 자산은 아래와 같다.
(1) 살고 있는 집과 붙어 있는 땅.
(2) AFDC 또는 SSI에서 고려되지 않은 자산들.

(3) 세입자 세금환불(Renter's Credit).
(4) 부양가족 보조금(Earned Income Credit).
(5) 생명보험 및 연금 소지금.
(6) 소득을 얻는데 필요한 재산.
(7) 하숙인의 자산과 같은 자기 가구에 속하지 않은 자산.
(8) 지급기간이 변경될 수 없는 신용기금.
(9) 장지.

계산되는 자산은 아래와 같다.
(1) 은행계좌의 잔고, 상속된 현금, 보험-AFDC-사회보장으로부터 일괄적으로 소급된 지불액뿐 아니라 갖고 있는 현금.
(2) 한도액을 넘어서거나 예외 규정에 해당되지 않는 자동차.
(3) 살고 있지 않거나 임대해 준 땅.

아래 경우에 해당되지 않으면 식품권을 받기 위해서는 직업개발국(EDD)에 등록해야만 한다.
(1) 16세 미만 또는 59세 이상.
(2) 장애자 또는 6세 미만 아동을 보살피고 있음.
(3) 장애자.
(4) 적어도 하프 타임으로 등록된 학생.
(5) 승인된 마약 도는 알콜 재활 프로그램에 참가.
(6) AFDC 프로그램을 통해 일자리를 의해 등록중.
(7) 이미 주당 적어도 1백달러 50센트를 벌거나 적어도 30시간을 일하고 있음.
(8) 실업보험 급여를 신청 또는 받고 있기 때문에 이미 등록.

세대내의 주 소득자가 명분 없이 직업을 가져야 하는 요건을 지키지 못하면 전체 가족이 2달 동안 식품권을 받을 수 없다. 주 소득자가 아닌 세대원이 직업을 가져야 하는 요건을 지키지 못하면 당사자만 식품권을 받을 수 없고 다른 가족들은 수혜자격이 있다. 주 소득자가 명분 없이 일자리를 그만두면 전가족이 3개월 동안 식품권을 받을 수 없다. 일자리를 그만둘 수 있는 명분은 병환, 상해, 교통문제 또는 영어를 말하거나 쓸 수 없음을 포함한다.

16. 여성, 유아, 아동을 위한 프로그램(Women, Infants, and Children : WIC)

WIC는 영양 섭취 부족의 위험이 높은 아동과 여성들을 위해 1974년 이래 실시해 온 영양식품 보조 프로그램으로서 임신 중인 여성, 산모, 유아, 그리고 아동들은 WIC프로그램을 통해 식품 상환권을 받을 수 있다.

WIC프로그램을 취급하는 사무실은 보통 모성 보호를 담당하는 진료소, 병원, 커뮤니티 센터에 있다. 의사나 진료소측이 WIC프로그램에 의뢰할 수 있으며 그렇지 않은 경우에는 직접 신청해야 한다.

이 프로그램은 연방정부가 대부분의 재정을 충당하고 농림부(Department of Agriculture)가 전체적 운영을 담당하고 있다. WIC프로그램은 사회보장(Social Security)번호나 영주권을 요구하지 않는다. 그러나 신청자는 반드시 아래에 해당되어야 한다.

(1) 임신 중인 여성, 산모, 또는 모유를 먹이는 여성.
(2) 유아나 5세 미만의 아동.

임신 중이라면 증명서를 가져와야 한다. 그 외에는 신청자나 신청자의 자녀가 더 나은 영양 공급이 필요한 상태에 있어야만 한다. WIC자격여부는 의학적, 영양상의 위험이 근거해 평가된다. 신청자와 신청자의 자녀에 관한 현재의 의학적 정보를 가져가야 한다.

가정의 총소득이 아래에 나타난 금액 이하일 경우만 WIC의 혜택을 받을 수 있다.

가족수	월총소득
1	$1,021.00
2	$1,369.00
3	$1,718.00
4	$2,066.00
5	$2,415.00
6	$2,763.00
7	$3,112.00
8	$3,460.00
9	$3,808.00
9인이 넘을 경우	한 사람 추가시 $349를 더할 것

연방정부의 기금 부족으로 인해 WIC에 가입할 자격이 있는 사람이 모두 혜택을 받는 것은 아니다. 원조가 가장 절실한 사

람들에게 혜택을 주기 위해 우선 순위 기준을 정하는데 그 기준은 아래와 같다.
 (1) 의학적으로 위험한 상태에 있는 임산부나 수유 중인 여성과 유아.
 (2) WIC 수혜자 여성에게서 출생한 6개월 이하의 유아나 임신중에 WIC 수혜자격이 있었던 여성.
 (3) 의학적으로 위험한 상태에 있는 5세 이하의 아동과 산모.
 (4) 부적절한 식사를 하고 있는 임산부나 수유 중인 여성과 유아.
 (5) 부적절한 식사를 하고 있는 5세 이하의 아동.
 (6) 영양상태가 위험한 산후의 여성.

17. 만기 은퇴연령과 은퇴연금의 액수

은퇴 후 본인이 받을 수 있는 금액을 100% 받기 위해서는 적어도 65세 이상 되어야 한다. 만기 은퇴연령은 연차적으로 증가해 2022년까지는 67세가 된다. 하지만 적어도 62세가 되면 일을 하고 있더라고 은퇴연금을 일찍 신청할 수 있다. 이 경우 연금액수가 일정한 비율에 따라 제한된 액수가 지급된다. 매월 지급액은 당사자 및 자격조건을 충족하는 가족 구성원에게 지급된다.

본인이 1938년 이전에 태어났다면 만기은퇴연령은 65세이다. 생존기간이 늘어남에 따라 1938년 이후에 태어난 사람들은 만기은퇴연령이 점점 높아지고 있다. 최초의 은퇴연금은 62세만 되면 받을 수 있지만 매월 수혜액수는 만기 은퇴연령이 시작되면서 받는 액수보다는 적다.

만약 본인이 65세가 되어 사회보장혜택을 받으려고 할 경우 메디케어 의료보험혜택은 자동으로 시작된다. 만약 본인이 은퇴할 준비가 되지 않아 사회보장혜택을 받고 싶지 않다고 할지라도 65세가 가까워지면 메디케어에 등록을 해야한다.

18. 사회복지 연금 문답

(1) 지방자치제 공무원 연금과 사회복지연금

지방공무원이던 57세 남편이 2년 전 뇌출혈로 쓰러져, 지금은 재활치료를 받고있습니다. 남편은 일반기업에서 10년 이상을 일하다가 공무원들로 13년간 일을 하고는 이런 변을 당했습니다. 남편의 공무원 연금 규정에 따르면 5년 근무에 1년 휴가를 주어 그 동안 2년은 매달 $3,200을 받아 왔는데, 이제 2년이 지나면 더 이상 이 돈을 받을 수 없다고 합니다. 그 사이 남편은 지체부자유 판정을 받아 곧 메디케어는 받을 수 있는데, 남편이 사회복지세를 충분하게 납부하지 않았기 때문에 복지연금을 받을 수 없다고 합니다.

우선 남편이 오랫동안 일을 했는데, 사회복지연금을 충분하게 내지 않았다는 이야기를 이해할 수 없습니다. 그리고 남편이 근무했던 직장에서 연금을 60세까지 연기하면 3배를 더 받을 수 있다고 합니다. 그렇다면 3년을 공무원 직장연금 없이 견디어야 하는데 좋은 방법이 없을까요. 참고로 아이는 15살, 22살 둘입니다. 시카고에서.

답) 공무원에 대한 연금은 지난 4월호에 언급되었습니다. 지방공무원은 속한 지방자치단체에 따라 틀리는데, 많은 경우 연방정부에서 실시하는 사회복지제도에 속하지 않으며 사회복지세를 내지 않습니다. 그 대신 사회복지세에 상응하는 금액을 징수하여, 지방자치제가 따로 복지제도를 운영하고 있습니다. 그래서 부인과 가족이 이런 곤란한 처지에 있습니다.

방법으로는 사회보장청에 가서서, 사회복지세를 몇 년 동안 내었고, 또 적립한 크레딧이 몇 점인지를 확인하시기 바랍니다. 사회복지연금을 받기 위해서는 최소 10년간 복지세를 내어, 40점 크레딧을 적립하여야 합니다.

보통 $1,000의 근로소득에 1점이 가산되는데, 일 년에 4점 이상은 적립할 수 없습니다. 일 년에 근로소득 약 $4,000만 보고해도 4점을 적립할 수 있습니다. 부군께서 공무원이 되기 전에 일반기업에서 일하여 복지세를 내었을 것이므로, 만약 1년 혹 2년분이 부족할 것 같으면 지금이라도 이를 채우는 방법은 생각할 수 있습니다.

근로소득이라는 것이 꼭 직장에 취직해야만 하는 것이 아니고, 집에서도 일할 수 있습니다. 지금 재활치료를 받고 있지만, 가진 기술이나 능력을 살려 일 년에 $4,000 정도 근로수입을 올리는 것은 그렇게 힘들지 않으니까 한번 방법을 찾아보시기 바랍니다.

또 지역에 있는 회계사와 의논하면 도움을 줄 것입니다. 미국은 법으로 유지되는 사회이니 적용법을 정확하게 이해하고 그 법이 요구하는 것을 충족시키는 실현 가능한 방법을 찾는 것이 삶의 지혜가 아닐까 합니다.

(2) 미국 사회복지연금 받고 한국에서도 복지 혜택을 받는 길은?

　73세로 처와 아직 학생인 어린 여식 세 식구로, 미국에 온지 12년 되었습니다. 그 동안 조그마한 가게를 운영하며 생계를 유지해왔는데, 지난 해부터 경기가 워낙 좋지않아 가게를 처분하고 정부에서 주는 사회복지연금으로 생활하고 있습니다.

　한국에서도 요즘 복지제도가 개선되어 저소득층 가정에 정부에서 다양한 혜택을 주고 있으므로 한국으로 영주 귀국을 생각하고 있습니다. 특히 한국에 알아본 결과 정부로부터 복지 혜택을 받기 위해서는 미국영주권이나 시민권을 포기해야단 가능하다고 합니다. 그러면, 영주권을 포기하고 한국에 영주 귀국을 하면 현재 받고 있는 복지 연금은 어떻게 됩니까? 한국에서 계속 받을 수 있는 방법은 없는지요? 뉴욕에서 권.

답) 한국에서도 복지제도가 개선되어 이제 이런 방법도 생각할 수 있겠군요. 한국복지제도에 대해서는 정확한 답변을 드릴 수가 없습니다. 다만, 알기로는 요즘 법 개정으로 65세가 넘으면 미국 시민권을 소지하고도 한국에서 내국인과 같이 지낼 수 있는 것으로 알 수 있습니다. 물론 의료보험혜택도 받을 수 있습니다.

　　아마 권 선생님께서 염두에 두시는 것은 극빈층에 제공하는 복지 혜택을 말씀하시는 것 같은데, 이것도 꼭 미국 시민권을 포기하야 가능한지 한국 관련 부서 담당자와 직접 확인하시기 바랍니다.

　　많은 경우 '이렇다고 하더라' 하는 주위의 정보는 실제 시행되고 있는 제도와는 차이가 있는 것을 흔히 경험할 수 있습니다. 특히 65세 이상에 복수 국적을 허용하는 제도는 최근에 신설되어, 그에 따른 많은 세부 시행 법규가 신설되어야 하니 일반적으로 알고 있는 것과는 다를 수 있습니다.

미국사회복지연금은 옛날 한국의 적금과 비슷합니다. 미국에 합법적으로 거주하는 사람이 근로소득의 일정 부분을 정부에 내고, 정부가 정한 은퇴시기에 이르면 그동안 적립된 사회복지세에 미리 정해진 공식을 적용하여, 복지연금이라는 일정 금액을 평생 주는 것입니다.

다시 말해서 내가 낸 돈을 시기가 되어 찾아가는 것입니다. 이는 누가 박탈할 수 없는 사유 재산에 속합니다.

하지만 영주권이나 시민권을 반납하고 한국에 영주 귀국할 시에는 다소의 주의가 필요합니다. 잘 알다시피, 미국 군내의 문제를 미국 밖에서 그것도 미국과는 아무 연관도 없는 외국인이 처리하는 것이 아주 불편하다는 것은 잘 아실 것입니다. 만약 한국에 귀국하여 사는 과정에서 어떤 연유로 사회복지연금의 지급이 중지되면 이를 바로잡는데 많은 어려움을 겪을 수 있습니다.

(이부령 CPA 글에서)

제 7 장 경제와 산업

1. 경제

　미국의 경제를 흔히들 혼합 경제라고 한다. 민간 기업과 더불어 연방 정부 및 주정부가 대규모의 경제 활동을 꾀함으로써 그 세입과 세출을 통해 국민 경제에 크게 영향을 주고 있다. 즉, 미국의 경제 체제는 자유기업 체제를 기초로 하는 경제적 복지 국가 체제이다. 이것은 뉴딜 정책과 제2차 세계 대전 이후에 야기된 일인데, 특히 케네디 전 대통령이 민주당 정부를 성립시킨 이후에 더욱 확실하게 기초를 잡기 시작했다.

　미국에서 자유 기업 체제가 발전되기 시작한 시점은 영국과의 독립전쟁이라고 할 수 있다. 독립혁명의 결과 영국의 하운 독점 정책이며 원료 독점 정책, 식민지 산업 제한 정책 등이 모두 제거되었던 것이다. 즉, 비로소 자유 기업이 자유롭게 발전하는 기틀을 다진 것이다.

　그밖에 자본의 결핍과 노동력의 부족도 문제였으나 역시 독립전쟁 이후 차츰 극복되었다. 아울러 화폐-금융 제도의 정비와 함께 산업계에 대한 통화와 자본 공급의 길이 열렸다. 정세의 호전과 이민 정책 등으로 임금과 노동 문제도 해결되었고, 1840년대 이후에는 근대 자본주의 발전을 위한 기본 조건이 성립되었다.

　남북전쟁이 끝나면서 남부의 노예 세력이 후퇴되었고, 반면 북부의 산업 자본이 미국의 경제를 포괄적으로 지배하는 입장에 서게 되었다. 그 기초 위에 각종 근대 공업이 왕성하게 발전할 수 있었던 것이다. 이후 종래의 목면 공업과 제분업 외에도 석유 공업, 제철업, 기계 공업, 화학 공업 등이 급속하게 발달하였고, 철도-해운 등의 교통 운수 사업도 비약적으로 확장되었다.

이렇듯 광대한 국토와 풍부한 자원, 또한 세계에서 가장 유동적이고 자유로운 노동력을 소유한 미국은 오로지 앞으로 전진하는데에만 전력했다고 할 수 있다. 그 결과 유럽 제국을 뒤따르려던 것이 오히려 그들을 앞서서 세계에서 가장 풍족한 나라가 되었던 것이다. 오늘날에는 인구 1인당 국민 총생산이 다른 나라에 비해 압도적으로 높으며 소비 생활도 매우 풍족하다.

무역은 수출입액으로는 공히 1위로 주요상대국은 캐나다 - 일본 - 멕시코 - 독일 등이다. 주로 기계류와 자동차 - 항공기 - 농산물을 수출해 기계류와 석유 - 자동차 - 의류 - 철강 등을 수입하고 있다. 근래에는 무역수지가 적자가 계속되어 세계 각국에 무역압력을 넣고 있는 상태다. 또한 중국의 급부상으로 신경전을 벌리고 있다.

2. 농업

미국 국토의 47%가 경작지이다. 대략 4억 2,240만 에이커(1억 7,100만 헥타르)의 땅이 농경에 알맞은 땅이며 1억 2,900만 에이커 정도는 영구적인 목초지이다. 경작지 가운데서 약 5,000만 에이커(2,000만 헥타르)는 관개로 이루어진다.

1990년 기준 미국에는 약 214만 개 정도의 농장이 있다.

평균적인 농장 크기는 461에이커(187헥타르)이지만 동부 쪽에 있는 많은 농장들은 이보다 훨씬 더 작고 가족 노동력으로 일을 해 나간다.

지난 50년 동안에 농가인구는 급격히 감소하여 오늘날에 와서는 약 430만 명 정도만이 남아 있다. 그럼에도 불구하고 생산량은 놀라울 정도로 늘어났다. 그 결과 미국은 자국민에게 풍부하게 식량을 공급하고도 몇 년 동안이나 다른 나라에 수백만 킬로그램의 식량을 보내주었다. 주요 작물은 옥수수, 밀, 면화, 담배 그리고 과일이다.

과학적 영농방식, 병에 대한 저항력이 강한 튼튼한 개량종자 개발, 그리고 기계의 사용이 생산량의 증대를 가능케 했다. 트랙터의 이용은 가축의 필요성을 경감시켰기 때문에 가축의 사육에 필요했던 8,000만 에이커의 땅을 다른 작물의 경작에 이용할 수 있게끔 되었다.

서부지역에선 360만 마리의 소, 말, 돼지, 양, 염소를 자연산림지역이 아닌 목초지로 지정된 공유지에 방목하고 있다.

3. 어업과 수자원

1988년 미국에서는 27만 4,000명의 직업적인 어부가 9만 3,000척의 고기잡이배를 이용하여 약 35억 달러 어치의 고기를 잡았다. 그중 반 이상은 식품으로 이용되었고, 그 나머지는 산업용 또는 수출용 어유와 동물사료로 이용되었다.

사람이 먹는 생선의 3분의 1은 신선하게 혹은 냉동되어 판매되었고, 일부는 통조림으로 만들어졌으며 소량은 소금에 절이거나 훈제되었다. 평균적으로 미국인은 1년에 약 5kg의 생선을 먹는다.
  수자원의 이용은 오늘날과 같은 미국의 성장에 중요한 역할을 해왔다. 서부의 사막지대를 제외하곤 풍부한 수자원을 확보하였으며, 미시시피 강, 오하이오 강, 허드슨 강, 콜로라도 강 등과 같은 주요 하천은 관개수로에 의해 수백 킬로에 달하는 계곡의 비옥한 곡창지대에 농업용수를 공급하고 있다. 초기의 번창한 농업과 후기의 산업적 토대의 발전도 풍부한 수자원이 있음으로 해서 가능했다.
  오늘날, 도시와 농촌에 공급되는 물의 63%, 공업에 사용되는 물의 93%, 그리고 수력발전에 사용되는 물의 대부분을 이러한 하천들이 담당하고 있다. 옛부터 하천은 사람과 상품을 수송하는 가장 중요한 교통수단이었으며 여전히 주요 화물 수송로의 역할을 하고 있다. 급증되는 수자원의 수요로 인하여 미 내무성에서는 해수의 염분을 제거하여 변환-이용할 수 있는 방법을 연구해 오고 있으며 염분제거 처리공장이 가동 중에 있다.

4. 삼림자원
  전국토의 3분의 1이 삼림으로 덮여있는 미국은 7억 1,500만 에이커(2억 9,000만 헥타르) 이상의 상업적인 산림지대를 가지고 있다. 잘 정리된 산림이 홍수와 토양침식을 막고 기후상태를 안정시킨다. 그리고 산림지대에서 생산된 자원들은 주요 산업자재로 이용되고 있다. 막대한 삼림자원의 소비에도 불구하고 벌목된 것보다 더 많은 산림이 자라고 있다. 연방 주정부와 각 산업체에서는 대대적으로 식목사업을 벌이고 있으며 1억

9,100만 에이커의 산림지대가 시민들이 이용할 수 있는 '국립산림공원'으로 지정돼 보존되고 있다. 이와 같은 식으로 154개의 산림지대가 시민들에게 넓은 휴식공간을 제공하고 있다.

5. 광물지원

미국은 자국의 기초산업에 필요한 광물자원을 충분히 보유하고 있다. 연간 7,500만 톤의 철을 생산하고 있으며 철을 이용한 20만 종의 상품을 제즈하고 있다. 철광의 4분의 3이 5대호 연안 슈피리오 호 지대에서 생산된다. 질이 좋은 철광석만을 이용한다 하더라도 수세기 동안 쓸 수 있는 충분한 양의 철광이 매장되어 있다. 그리고 구진장 매장된 철광을 제련하는 제련공업이 슈피리오 호 지대에서 이미 발달되었다.

석탄은 천연자원 중에서 매장량이 두 번째인데 앞으로도 충분히 쓸 수 있는 많은 양이 매장되어 있다. 석탄 소비량은 대부분이 전 전력량의 반 이상을 차지하는 호력발전에 쓰이고 있으며 플라스틱과 합성제조를 하는 화학공업에도 많은 양이 쓰여지고 있다.

유전은 연간 27억 배럴의 석유를 생산하고 있으며 가솔린과 오일로 만들어지는 석유 제품의 생산, 제즈, 판매는 미국의 가장 큰 산업의 하나이다. 1977년 준공된 알래스카 송유관은 그 길이가 1,290km나 되며 하루 120만 배럴의 석유를 북부 유전지대에서 남부 연안으로 보내고 있다.

천연가스와 제조가스는 등력의 3분의 1가량을 공급하고 있다. 천연가스는 가스 유전지대로부터 수 천 킬로의 거대한 송우관을 통해 각 가정과 빌딩, 공장으로 보내진다.

이외에도 미국에는 아연, 구리, 은, 비료로 사용할 수 있는 인산염 등을 포한하여 매우 큰 규모의 광맥과 다른 기초금속이 매장되어 있다.

6. 전력

1900년부터 1970년 사이에 미국의 전력 생산량은 10년마다 두 배로 늘었는데, 오직 지난 10년간 만 75%의 증가에 그쳤다. 오늘날 거의 모든 가정에서 전기조명을 가지고 있으며 전국 농장의 99%가 전기를 설치하고 있다.

조명, 동력, 냉난방에 사용되는 전력의 매년 총생산량은 시간당 2조 5,130억kw 이상에 이르고 있다. 전력의 약 반은 산업용으로 쓰여진다. 미국의 가정에는 가사일을 보다 쉽게 할 수 있는 각종 전기기구가 있다.

전력의 대부분은 개인소유 기업이 생산하고 판매한다. 연방정부의 프로젝트인 테네시계곡 개발공사는 남동부의 여러 주에서 사용되는 전기의 대부분을 만들기 위해 수력전기와 화력을 이용했다.

1957년에 원자력이 산업용 전력을 만드는데 최초로 이용되었다. 1980년에는 원자력 발전소에서 생산된 양이 전국 총량의 12.7%에 달했다.

7. 제조업

　기계제조업에 종사하는 200만 이상을 포함하여 1,850만 이상의 미국인이 제조업에 종사하고 있다(전기수송장비 종사자는 제외). 각기 100만 이상의 근로자를 고용하고 있는 업종에는 식품생산과 관련 상품, 의복, 금속제품, 전기기계 나무제품과 가구, 직물, 인쇄, 출판, 종이제품 등이 포함된다. 생선통조림과 재목은 알래스카 제1의 제조상품이고 설탕과 파인애플 통조림은 하와이 제1의 제조상품이다.

　최근 들어 노동력을 절감할 수 있는 기계의 개발과 회사의 주력분야에 대한 연구를 위해 미 산업체에 고용되는 과학자와 기술자의 수가 엄청나게 증가했다. 예를 들면 전자계산기는 인간이 일주일 동안 해야 할 수학적 문제를 단 몇 시간 만에 해결해 내고 있다. 몇몇 석유화학업체의 공장은 거의 완전히 자동조절장치가 되어 있다. 가공처리, 조립, 포장, 분배 등의 과정에 점점 더 많은 기계들이 사용되고 있다.

　미국경제 전체를 보면 1984년에 생산해낸 상품과 서비스의 총액은 3조 7,000억 달러였다. 농업과 산업 이외 분야의 일상적인 임무 수행시의 기계사용 증가는 노동자들이 새로운 일자리를 찾아 이동하게끔 만들었다. 일부는 자동화로 인해 일자리를 잃기도 했지만 대부분은 새로운 산업체나 성장하고 있는 서비스-레저 산업체에 흡수되었다.

　한편 오늘날 산업분야에서의 재투자는 산업의 현대화와 개발로 인해 이익이 많아진 만큼 지난 세기에 비해 두 배가 되었다. 많은 물품에 사용되고 있는 플라스틱 물질의 개발 역시 마찬가지이다. 전기는 100만 명 이상을 고용하고 있는 주요 산업이 되었는데 주요 전기회사가 만들어 낸 생산품의 약 80%가 10년을 지속하지 못한다.

대부분의 미국 산업체는 동부와 중서부에 위치하고 있지만 현재 서부와 남부도 점점 농업 의존에서 전향하고 있다. 그리고 산업체들은 천연자원, 시장 그리고 숙련된 노동력을 보다 원활히 공급받을 수 있는 곳을 찾아 본사로부터 멀리 떨어진 곳에 현대적 시설을 건설하고 있다.

전력원 때문에 시설을 분산시켜야 했던 산업체들은 이제 그것이 가능해졌으며 풍부한 수송시설과 신속한 통신시스템은 주공장과 각 지점시설과의 접촉을 가능하게 만들었다.

8. 수송

자동차는 가장 대중적인 수송수단이다. 1억 6,700만 대 이상의 승용차, 버스, 트럭이 운행되고 있으며 매년 약 4,291억 9,100만 리터의 가솔린이 소비된다. 매년 900만 대 이상의 승용차, 트럭 그리고 버스가 만들어지며 오토바이와 관련제품 생산액은 5,950억 달러에 이른다.

자동차는 미국인의 생활에 많은 변화를 가져왔는데, 예를 들면 지난 25년 사이에 도시근교가 놀라울 만큼 성장한 것 등이다. 도시 지역에서 일하는 많은 사람들은 현재 자동차를 이용한 통근의 편리함과 좋은 도로 덕분에 전원생활을 즐기고 있다.

버스는 대부분의 도시와 마을에서 전차를 대신하고 대중 수송수단으로 이용되고 있다. 도시근교 지역에서는 대개 이웃 마을과의 운송수단으로 버스나 철도를 이용하고 있는데 여행자들은 버스요금이 철도나 비행기 요금보다 싸기 때문에 장거리 여행시엔 종종버스를 이용하기도 한다. 현대적인 버스는 차 안에 화장실을 갖추고 있다.

장거리 여행의 가장 대중적인 수송수단의 하나인 비행기는 일년에 2억 9,300만 명의 승객을 실어 나른다. 98개의 정기편이 1만 5,831군데의 민간비행장에 운항하고 있다. 20개의 지역관제센터에서는 도시간 항공기의 왕래를 지휘하고 있다.

상업용 화물은 고속도로, 수로, 철도 등을 통해 수송되고 있다. 그런데 근년에 와서 콘테이너로 처리하는 새로운 방식이 등장했다. 공장에서는 제품 꾸러미가 거대한 금속 콘테이너 바퀴에 실려서 콘테이너에서 봉인되어 트럭에 실려 거대한 기중기로 화물차나 바지선, 배 등에 선적되게 될 철도역이나 항구로 운반된다.

미시시피 강에는 항상 화물선이 다니고 있다. 1959년 미국과 캐나다에 의해 개통된 세인트로렌스 수로는 중북부 지역의 수상수송에 지대한 공헌을 했다. 거대한 대양어선이 이제는 5대호 건너편 도시로 직접 항해할 수 있게 되었다. 국내의 수상운송의 약 40%가 5대호에서 이루어지고 있다.

제 8 장 관광, 문학, 예술, 종교 및 과학

1. 관광

a. 관광요령

여행하면 우선 관광지를 도는 것이 기본이다. 미국의 경우 그랜드 캐니언, 요세미티, 나이아가라 폭포 등의 웅장한 자연경관을 바라보거나 디즈니랜드, 디즈니 월드 등에서 매력적인 면을 즐기는 것도 여행 목적 중의 하나임에는 틀림이 없다. 그러나 그것만이 여행의 전부가 아니다. 이른바 관광지가 아닌 거리에서도 미국의 참모습을 접할 수 있음을 잊지 않기 바란다. 적나라한 미국을 보기 위해서는 자기 발로 거리를 돌아다니는 것은 무엇보다도 중요하며, 이것이 관광의 기본이다. 일정이 짜여진 패키지 투어는 유명 관광지를 대충 보고 선물 가게에서 쇼핑을 하고 관광객만 가는 레스토랑에서 식사를 하고 돌아오는 패턴을 되풀이한다. 엄밀한 의미에서 이것으로는 그 나라를 보았다고 말할 수 없다.

b. 관광안내소

미국의 중소 도시에는 반드시 공공의 관광안내소 아니면 상공회의소(Chamber of Commerce)가 있어 관광객에게 정보를 제공하고 있다. 관광안내소의 명칭은 Visitor's Information Center, Visitor's Bureau 등 여러 가지로 불린다. 관광 목적지에 도착하면 우선 관광안내소에 들려보자. 시내지도, 버스나 지하철 등의 교통수단의 노선도(보통 필요한 노선만 있음), 그리고 시내, 주변의 명소가 간단히 소개된 팜플렛, 각종 행사나 연예정보지, 호텔, 레스토랑 안내 책자, 투어 정보 등 각종 정보가 가득 비치되어 있다. 대부분 무료로 얻을 수 있으며, 때로는 볼거리 등의 할인 쿠폰도 발행하고 있어 이용하면 많은 득이 된다. 또 모르는 것이 있어 물어보면 친절히 가르쳐 주며, 곳에 따라서는 호텔, 레스토랑 등의 소개도 해준다. 또 대부분의 관광안내소는 시내 중심부에 있으므로 자료를 바탕으로 하여 관광의 출발지점으로 삼아도 좋다.

c. 미국 각 도시의 간단한 소개

캘리포니아 & 서허안

- 샌프란시스코(San Fransisco)

  항구도시로 알려진 샌프란시스코는 아카데믹한 분위기의 시가지가 아름다운 것으로 유명하다.

  대중교통도 발달해서 여행의 출발점으로는 최적의 도시다. 피셔맨스 워프, 골든게이트 브리지 등 볼만한 곳도 많다. 몬터레이-캐멀 등의 근교 도시는 1일 투어에 최적.

- 요세미티 국립공원(Yosemite National Park)

  요세미티 계곡을 중심으로 한 경관의 아름다움은 절로 감탄을 자아낸다. 세계 최대의 화강암으로 유명한 엘 캐피탄도 있다. 봄부터 초여름에 이르는 기간이 요세미티 국립공원을 여행하기에 가장 적합한 시기다.

• 로스엔젤레스(Los Angeles)

　서부 지역의 현관으로 알려졌으며 한국인에게도 친숙한 도시. 영화의 도시 할리우드, 고급주택가 비벌리힐스, 영화와 관련된 어트랙션으로 인기를 얻고 있는 유니버설 스튜디오, 베니스, 산타모니카의 해변 등, 그야말로 남캘리포니아 다운 분위기로 가득 찼다.

• 샌디에이고(San Diego)

　동물원과 씨월드가 세계적으로 유명하다. 근교의 라호야는 세련된 예술과 해변의 도시. 트롤리를 타고 남쪽으로 40분쯤 가서 국경을 넘으면 나오는 멕시코의 작은 도시 티후아나는 관광객에게 많은 인기를 얻고 있다.

　이국적인 분위기를 즐길 수 있는데다가 은제품과 가죽 제품 등 쇼핑하기에도 좋다.

• 포틀랜드(Portland)

　오레건주 최대의 도시. 나무가 울창하며 공원이 많은 것으로도 알려졌다. 소비세가 없는 쇼핑천국!

• 시애틀(Seattle)

　캐나다 국경 바로 앞에 있으면서 자연의 혜택을 받은 도시. 근교에 3개의 국립공원이 있다. 워싱턴호-엘리엇호-운하로 둘러싸인 '물의 도시'이기도 해서 수상 레크리에이션이 발달했다. 도시 규모는 북서부에서 가장 크다.

• 라스베거스(Las Vegas)

메마른 대지에 홀연히 모습을 드러낸 라스베이거스는 카지노와 엔터테인먼트의 도시다.

근래에는 가족 여행객을 유치하기 위하여 테마호텔, 새로운 어트랙션, 대형 호텔이 연이어 등장하면서 급성장하고 있다. 또한 결혼의 도시로도 유명하다.

• 그랜드 캐니언 국립공원(Grand Canyon Naticnal Park)

오랜 세월에 걸쳐 형성된 대자연의 경관이 압권이다. 일생에 한번은 볼만한 조형미. 제대로 즐기고 싶으면 협곡 안으로 들어가는 오솔길을 걸으면 되는데, 이틀은 필요하다.

로키산맥 & 서부

• 덴버(Denver)

해발 약 1마일, 그 때문에 'Mile High City = 해발 1마일의 도시'라는 애칭을 가진 로키산맥 지역의 중심지다.

대자연으로 둘러싸였으며 유명한 로키산들을 방문한다면 이 곳을 출발점으로 하면 된다. 콜로라도 대학이 있는 볼더, 미국 최고의 스키장으로 유명한 아스펜 등, 주변에 매력적인 도시가 많다.

• 휴스턴(Houston)

미국 제4의 도시. 텍사스처럼 넓은 이 도시는 NASA의 우주센터가 있는 곳으로도 유명하다.

- 댈러스 & 포트워스(Dallas & Fort Worth)
 댈러스는 전형적인 상업도시. 각종 회의가 많이 열려 컨벤션 시티로도 알려졌다. 포트워스에는 옛 서부의 분위기가 아직까지 남아 있다. 인기있는 스톡야드에는 서부영화로 친숙해진 자못 '텍사스'적인 느낌을 주는 오래된 시가지가 남아있다.

5대호 주변 & 중서부
- 시카고(Chicago)
 '바람의 도시'라는 별명이 붙을 정도로 바람이 강한 미국 제3의 대도시. 시카고는 도시 자체가 마천루와 건축박물관 같으며, 야경이 일품이다.
 프로스포츠 응원이 열광적이므로 시카고에 가면 반드시 프로스포츠를 관전해보자.

- 밀워키(Milwaukee)
 맥주의 도시로 유명하다. 맥주공장 견학, 시음도 할 수 있다. 독일에서 온 이주민들이 만든 도시이기도 하다.

- 캔자스시티(Kansas City)
 도시 곳곳에 분수가 있으며, 별미인 스페어리브의 본고장이다.

- 인디애나폴리스(Indianapolis)
 매년 5월 개최되는 카레이스 '인디 500마일'에 전세계에서 레이스팬이 모여든다.

- 클리블랜드(Cleveland)

  공업도시로 알려졌는데 근래에 두드러지게 발전했다. 또한 박물관으로는 보기 드문 '로큰롤의 전당'도 오픈했으며, 관광도시로서도 주목받고 있다.

- 피츠버그(Pittsburgh)

  예전에는 철강도시로 알려졌지만 지금 피츠버그는 '가장 살기 좋은 도시 Most Livable City'로 인기가 높다. 도시는 3개의 강으로 둘러싸인 것처럼 자리 잡고 있다.

- 디트로이트(Detroit)

  포드-GM-다임러-크라이슬러 등 미국의 대형 자동차회사의 본사가 있다. 흑인음악을 좋아하는 사람이라면 모타운 박물관만큼은 반드시 보자.

- 나이아가라 폭포(Niagara Falls)

  나이아가라의 폭포는 세계적으로 유명한 관광명소, 화는 듯이 떨어지는 거대한 물살이 압권이다. 주변에는 동굴 투어, 폭포를 체험하는 여러 가지 어트럭션이 있다.

플로리다 & 남부
- 애틀랜타(Atlanta)

  문학팬-영화팬이라면 모르는 사람이 없는 <바람과 함께 사라지다>의 무대가 된 도시다. 남북전쟁 때의 이미지와는 대조적으로 지금의 애틀랜타는 남부를 대표하는 상업도시로 탈바꿈했다.

• 뉴올리언스(New Orleans)

유럽문화의 향기가 남아 있는 도시. 스페인사람이 만든 마을이 발전한 지역인 프렌치 쿼터가 유명하다.

음악팬이라면 재즈의 탄생지역으로서 볼 만한 곳이 정말 많다. 재즈 등의 라이브연주를 즐기고 싶으면 버번 스트리트로 가면 된다.

• 올랜도(Orlando)

플로리다 반도의 중앙에 위치한다. 케네디 우주센터, 디즈니월드, 유니버설 스튜디오, 시월드 등 10개 이상의 테마파크가 모여 있는 도시는 전세계에서 이곳뿐이다.

• 마이애미(Miami)

플로리다주 최대의 도시로, 아름다운 해변이 있는 아름다운 휴양지. 피한지로 인기가 높다.

• 키웨스트(Key West)

헤밍웨이가 사랑한 미국 최남단의 도시. 유명한 세븐 마일 브리지 외에 렌터카나 버스에서 내다보는 차창 풍경이 볼 만하다.

뉴욕 & 동부
• 뉴욕(New York)

굳이 설명할 필요도 없는 비즈니스의 중심이며 문화의 발상지로서, 언제나 세계를 리드해가는 힘찬 대도시. 그냥 지나치지 말고 천천히 음미해볼 만한 도시. 뉴욕이 'Big Apple'이라는 이름으로 알려진 것은 유명한 이야기인데, 이것은 뉴욕에서는 누구나 볼거리-먹을거리를 실컷 즐길 수 있다는 의미 같다.

• 보스턴(Boston)
미국에서 가장 역사가 오래된 도시 가운데 하나로, 미국역사를 말할 때 빼놓을 수 없는 곳이다. 대학이 많은 이곳 시민의 평균연령은 26세.

• 필라델피아(Philadelphia)
보스턴과 함께 '역사의 도시'로 불린다. 미합중국의 독립도 이 도시에서 선언되었다. 녹음이 아름다운 전원도시이면서 미국 제5의 도시라는 현대적인 대도시의 모습도 함께 지니고 있다.

• 워싱턴 디씨(Washington DC)
서해안의 워싱턴주와 혼동하지 않도록 'DC'라고 불릴 때도 있다. 국가기관과 유적, 거대한 박물관과 미술관 등 볼만한 곳이 많으며, 그 대부분이 무료입장이다. 세계정치의 중심이기도한 이 도시는 미국의 50개주 가운데 어느 주에도 속하지 않는 특별자치지구다.

2. 문학과 예술

a. 문학
미국 예술 분야에서 중요한 비중을 차지하고 있는 분야가 문학이다. 초기에는 영국의 영향을 받았으나 세계 대전 이후 미국적인 문학 작품이 활발히 대두되었다. 미국에서 노벨 문학상 수상자를 8명이나 배출한 것만 보아도 현재 미국 문학의 위치를 짐작할 수 있다.

노벨 문학상은 수상한 작가 8명은 싱클레어 루이스(Sinclair Lewis), 유진 오닐(Eugene O'Neill), 펄 벅(Pearl Buck), 윌리엄 포크너(William Faulkner), 어니스트 헤밍웨이(Earnest Hemingway), 존 스타인벡(John Steinbeck), 솔 벨로(Saul Bellow), 아이작 싱어(Isaac Bashevis Singer) 등 이다.

넘쳐나는 오늘날의 미디어 환경에서 미국의 작가들은 다른 나라 작가들처럼 '먹고 살기'위해 분투해야 한다. 그리고 이른바 '위대한 미국 소설'은 단순히 틈새시장을 공략하는 출판수단으로 전락했다. 하지만 많은 사람들이 여전히 책을 읽는다. 미국인들은 1년에 $250억 이상을 도서 구입에 사용한다. 이는 음악과 영화에 투자하는 돈을 합한 것보다 많은 액수이다.

소설들 역시 미국인들의 사랑을 듬뿍 받고 있다. 사람들의 기호가 세분화된 것이 핵심인 듯하다. 재능 있는 소설가들이 매해 등장하고 있으며 그들은 미국인 들이 살아가는 모습을 열정적으로 그리고 있다.

교과서를 포함하여 백만 부의 책이 매일 출판되어 판매되고 있다. 더 많은 독자를 확보하기 위하여 출판업자들은 전기, 역사, 경제, 철학, 종교, 과학과 같은 전문서적을 출판한다. 미국에서 출판된 중요한 책자의 사본이 미국 최대의 도서관인 워싱턴의 국회도서관에 비치된다.

b. 예술

　교육의 눈부신 발달은 아울러 예술 분야에도 영향을 미쳤지만, 아직까지 유럽의 수준은 증가하지 못하고 있는 실정이다. 오랫동안 미국의 예술은 유럽의 영향 하에 있었고, 현재도 유럽과 긴밀한 접촉을 유지하고 있기 때문이다. 따라서 미국 예술의 당면 과제는 어떻게 하면 유럽의 영향권에서 탈피할 수 있을까에 있다고 하겠다.

　과거 20년 동안, 미국인들은 각종 다양한 문화행사에 관심을 쏟아왔다. 대부분의 도시와 대학도시에는 예술센터가 설립되어 연례 예술제를 열고 있다. 1969년 준공된 '세계 최대의 예술 공연장'이라 불리는 뉴욕시의 링컨 센터, 메트로폴리탄 오페라좌, 줄리어드 음악학교 극장과 박물관 등이 건설되었다.

　그 밖의 주요 공연장으로는 워싱턴 시의 존 F. 케네디 센터가 있다. 포토맥 강 언덕에 자리 잡은 아름다운 대리석으로 만들어진 이 극장은 오페라, 무용, 연극, 음악 공연을 위한 곳이며 미국 영화협회, 국립교향악단, 워싱턴 오페라단, 국립극단의 본거지이기도 하다.

c. 미술

　창조적인 작업을 하기 위해서 많은 미국인들이 미술을 공부하고 있는데, 아마추어 화가나 조각가만도 수백만 명에 달한다. 또 다른 이들은 미술을 그들의 평생직업으로 하는 진지한 예술가들이다. 미국 내에는 500개 이상의 미술학교가 있다.

　크기에 관계없이 거의 모든 도시에 한두 개의 화랑과 박물관이 있으며 유명한 미술관으로는 국립박물관, 워싱턴의 허쉬혼 미술관, 뉴욕의 메트로폴리탄 박물관(미국 최대의 규모), 현대 미술관, 구겐하임 박물관과 시카고 미술관, 보스턴 미술관이 있다.

추상표현주의는 미국 본토에서 태동한 최초의 진정한 미술사조로 널리 받아들여지고 있다. 흥미롭게도 미술사가(史家)들은 미국이 이를 냉전체제의 선전도구로 활용했다고 주장했다. 미국식 개인주의와 민주주의를 해외에 알리기 위한 것이었다. 추상주의는 소련의 사실주의적 경향에 대한 대응책으로서의 기능을 했다.

d. 연극

연극의 역사는 17세기까지 거슬러 올라갈 수 있으나, 본격적인 연극 활동은 19세기 무렵부터이다. 당시 대학에도 연극과가 설치되어 있었는데, 하버드대학의 베이커 교수 같은 뛰어난 연극 교육자도 나왔다. 텔레비전의 영향 때문에 극장 사업이 옛날처럼 활발하지는 못하지만, 소극장 운동과 실험 극장 운동이 차츰 민중 속으로 파고들고 있다.

e. 영화

미국은 세계 제1의 영화국이다. 에디슨이 영화의 초보 장치를 발명한 이후 1900년에 이르러 획기적인 발전을 이루었다. 1911년 할리우드에 일군의 영화사가 설립되면서 영화의 물결이 동부에서 서부로 옮겨 갔고, 발전도 가일층 촉진되었다. 텔레비전 때문에 한때는 상당한 타격을 받기도 했지만, 미국 영화는 시네라마, 시네마스코프, 비스터 비전 같은 대형 영화물을 만들어 계속 관객을 끌어들이고 있다.

f. 무용

과거 10년 간 전통발레와 현대무용에 대한 관객의 호응도가 놀라울 정도로 높아졌다. 현재는 거의 모든 도시에 하나 이상의 발레학교가 생겼다.

훌륭한 미국식 발레가 창작되고 있으며, 프랑스와 러시아의 고전발레도 관객들에게 많은 사랑을 받고 있다. 전국적인 TV 프로그램은 모든 형태의 무용을 널리 보급시키기 위해 힘쓰고 있다.

g. 음악

'미국 음악'이란 원래 유럽의 전통적인 음악에다가 미국 인디언과 아프리카 흑인들의 음악을 혼합시켜 형성되었다. 따라서 1920년에 들어서야 미국의 음악이란 말이 자리 잡기 시작했고, 제1차 세계대전이 종결되자 뉴욕은 세계의 음악 연주 도시가 되었다. 이후 작곡가 조합이 결성되어 많은 외국의 음악가를 흡수하면서 미국 음악은 본격적인 발전을 이루게 된 것이다.

미국에서는 모든 장르의 음악이 폭발적인 인기를 얻고 있다. 매년 오페라, 뮤지컬, 대중음악에 10억 달러 이상이 소비되며 고전음악 레코드 제작에만도 1억 달러가 투자된다. 각 라디오 방송국은 최소한 주당 1만 5,000시간의 음악방송을 하고 있다. 오페라, 교향곡연주회, 실내악, 재즈연주회 등은 자주 TV에 방영되어, 대도시에 살거나 입장권을 살 수 있는 이들에게만 감상이 가능했던 것을 전국 각지의 시청자들 모두에게 동연을 생생히 감상할 수 있게 해주고 있다. 아마추어 음악가, 민속음악 연주, 재즈, 고전음악 등도 많은 사람들에게 사랑 받고 있다.

미국 전역에 1,572개의 교향악단이 있으며 로스엔젤레스 시만도 20개의 악단을 후원하고 있다. 뉴욕 필하모니 오케스트라, 보스턴 교향악단, 필라델피아 교향악단, 클리블랜드 관현악단, 시카고 교향악단, 미네소타 교향악단, 워싱턴 교향악단, 등은 세계적으로 손꼽히는 교향악단이다. 매년 교향악단의 연주회에 몰려드는 관객이 2,200만 명에 달한다. 교향악단, 독주가, 오페라단에서는 매년 여름철에 음악회를 여는데 잘 알려진 양대 음악회는 동부 메사추세츠 주의 태클우드와 서부 콜로라도 주의 애스펜에서 열린다.

(1) 오페라

전국에 걸쳐 133개의 오페라단이 있으며 유명한 뉴욕의 메트로폴리탄 오페라단은 40년 이상 오페라 시즌 동안 매주 토요일 오후에 공연을 하고 있는데 미국뿐 아니라 전세계의 음악애호가들을 최고의 오페라로 매료시키고 있다. 소도시에 사는 사람들을 위해서 아마추어 오페라단이 오페라를 공연하고 있다.

(2) 뮤지컬

현대의 미국 극장은 '뮤지컬'이라 불리는 특이한 형태의 무대예술을 완성시켰다. 뮤지컬은 전통적인 수법과 흥미 있는 극적인 이야기의 현대적인 기법에 노래와 춤을 결합시킨 것이다.

(3) 로큰롤

어떤 이들은 빌 헤일리 앤 더 코메츠가 <Rock Around the Clock> 앨범을 발표한 1954년을 로큰롤의 탄생 시점으로 삼는다. 그리고 또 어떤 이들은 같은 해 샘 필립스의 선 스튜디오에서 엘비스 프레슬리가 <That's All Right> 앨범을 녹음한 것을 시초라고 말한다. 엘비스 프레슬리는 1956년 같은 스튜디오에서 녹음한 <Heartbreak Hotel>을 들고 나와 처음으로 공전의 히트를 기록했다.

로큰롤은 사회적 격변을 예견하는 동시에 부채질하기도 하는 매우 복합적인 요소들이 뒤엉켜 있는 음악이었다.

하지만 로큰롤은 종래의 다른 어떤 음악보다 강도 높게 젊은 이들을 겨냥한 음악이었다. 한 세대 전체가 미국 사회의 가치관에 대해 회의를 느끼고 있던 시절, 록 음악이 그 선봉에 서 있었다. 비평가들은 이것을 한때 스쳐 지나가는 유행으로 가볍게 치부했지만, 록 음악은 당시 매우 시급한 시대적 요청으로 떠오른 반문화적 세력을 형성했던 것이다.

힙합이 현대 음악을 이끌어가는 듯 보이지만 록은 여전히 살아 있다.

(4) 힙합

1970년대 초반에 유행하던 뉴욕 브롱스 출신의 DJ들은 펑크, 소울, 라틴, 레게, 로큰롤 음반들의 소리를 서로 혼합해서 사용하기 시작했다. 댄스 무대에 열기를 불어넣기 위한 최초의 시도였다. MC는 다개 마이크를 장착하고 리듬에 맞추어 추임새를 넣으며 춤꾼들(비보이)을 더욱 열광의 도가니로 밀어 넣었다. 힙합이 탄생한 것이다.

오늘날 많은 이들은 힙합을 과도한 상업주의의 볼품없는 배설구로 여기고 있다. 소비주의, 여성혐오, 동성애혐오, 마약 복용 및 기타 다른 많은 사회적 질병을 미화시킨다는 것이다. 하지만 퇴폐적이라고 비난받던 로큰롤이 반체제적인 펑크밴드를 낳은 것처럼 힙합과 DJ문화의 후계자들은 어디에나 존재하며 끊임없이 기존의 통념을 깨고 새롭고 흥미로운 것을 시도하면서 계속 진화하고 있다. 전세계를 음악을 통해 하나로 만들겠다던 Afrika Bambaataa의 꿈이 현실로 이루어질 날도 그리 멀지 않은 듯하다.

(5) 포크 뮤직 & 컨트리 뮤직

미국은 건국 초기 스코틀랜드와 아일랜드, 잉글랜드 출신 이민자들이 자신들의 전통 악기들과 민속음악을 미 대륙으로 들여온 후 시간이 지남에 따라 포크 뮤직이 되고 반면 멀리 인가가 드문 애팔래치아 산맥 부근에서 생겨난 것이 '컨트리'라 불리는 음악이다.

미국 포크 뮤직의 전통은 대공황 시기에 미국 전역을 돌며 가난하고 억압받는 이들을 주제로, 정치의식이 담긴 곡들을 부른 우디 거스리에 의해 결실을 맺었다.

컨트리 음악은 1950년대의 로큰롤 음악에 큰 영향을 주었다. 록 상향이 강한 컨트리 음악은 라커빌리라 부르기도 한다. 1980년대에 컨트리 음악과 웨스턴 뮤직은 가스 브룩스같은 스타들의 등장과 함께 엄청난 인기를 누렸다.

(6) 재즈

형제간이라고 볼 수 있는 블루스와 재즈. 이 두 장르는 같은 음악적 뿌리에서 갈라져 하나는 연주곡으로 하나는 노래로 동시에 발전했다.

　19세기 초반 흑인 노예들이 한데 모여 노래 부르고 춤을 추던 뉴올리언스의 콩고 광장을 재즈의 발상지로 보는 것이 일반적인 시각이지만, 블루스와 마찬가지로 재즈도 실제 기원에 대해서는 여러 설이 분분하다. 하지만 재즈의 성장은 독특한 혼합 문화적 분위기를 가진 뉴올리언스를 중심으로 이루어졌다. 이곳에서 노예 출신의 흑인들은 도시의 크레올 흑인(아프리칸/아프로 - 유럽인의 후예)들이 사용하는 갈대피리와 뿔피리, 현악기들을 재고하는 등, '원시' 아프리카 흑인에게서 자신들의 고유한 음악적 색채를 찾으려 했다.

3. 종교

　모든 미국인은 자유롭게 자신의 양심에 따라 종교를 선택할 권리를 가진다. 미합중국 수정헌법 제 1조는 '합중국 의회는 종교를 수립하거나 종교의 자유로운 행사를 금지하는……법을 제정할 수 없다'고 했으며 모든 주에서 똑같이 종교의 자유가 있다.

　1950년에서 1970년 사이에 급속도로 교인이 증가하였다. 오늘날 미국인은 거의 100명 중 60명 꼴로 교회와 사원(寺院)에 다니고 있으며 단지 9%만이 종교를 갖고 있지 않다.

　전국에 걸쳐있는 219개의 종파는 34만 1,000개 이상의 교회의 집합으로 이루어졌다.

　개신교(약 150종파)는 다른 교에 비해 수적으로 많아 7,680만 명의 교인이 있고 5,200만이 로마 가톨릭, 600(약 2%)만이 몰몬교, 390만이 유태교, 그리스정교는 약 400만 정도이다.

4,5000만 명 이상의 어린이와 어른이 여러 종교단체에서 주최하는 교리 연구반에 참가하고 있다. 법에 의해 교회와 주정부가 분리되어 있기 때문에 종교학습을 위한 공공교육기관은 전혀 없다. 그러나 많은 학교에서 종교의 역사와 그와 관련된 과목을 가르치는 것을 금하지는 않는다. 또는 매주 TV와 라디오를 통해 종교에 관한 프로그램을 다양하게 방송하고 있다. 성경책은 미국 내에서 가장 인기 있는 책이며 매년 900만 부 이상이 판매된다.

  교회와 유태교회 등의 재정은 교인들의 헌금에 의해 지탱된다. 정부는 종교 단체에 대해 직접적인 지원은 전혀 하지 않는다.

  청교도들이 미국 땅을 처음 밟았을 때 이들은 소중하게 챙겨온 짐도 함께 풀었다. 바로 개신교였다. 그리고 그 종교적 감성을 미국의 비옥한 토양 위에 함께 파종했다. 게다가 이들은 정부가 누군가의 종교나 신앙을 침해하는 일을 어떤 경우에도 반대하였다.

  이민자들이 늘고 종교적 선호도가 바뀌면서 개신교는 이제 더 이상 미국의 다수 종교가 아니다. 1993년 이후 개신교도의 수는 꾸준히 감소하였고 반면 다른 종교는 증가세를 나타내고 있다. 가톨릭 신자는 22%를 차지하고 있는데 이는 많은 히스패닉 계열이 이주하면서 비롯된 현상이다.

  흥미로운 점은 가장 급격히 늘어나고 있는 종교는 바로 '무교'라는 사실이다. 아무런 종교를 갖지 않고 있는 사람들의 비율은 1993년 이후 9%에서 14%로 증가했다. 이 광범위한 범주의 일부(5% 정도로 아주 작은)는 종교를 전면적으로 부인한다.

  미국내의 종교적 대립 양상은 무종교와 종교들 간에 존재하는 것이 아니라 각 종교의 근본주의자와 진보주의자 사이에서 벌어진다. 이들이 진실로 관심을 갖는 것은 낙태, 피임, 동성애자들의 인권, 줄기세포 연구, 진화론 교육, 학교에서의 기도회, 정부의 종교적 성향 표명 등과 관련한 쟁점이다. America's Religious Right는 이 장점을 본격화했으며 자신들의 보수적 신앙을 법으로 제정하기 위해 정치력을 이용했다. 이러한 시도는 헌법적으로 보자면 다분히 비미국적인 것이다. 이 나라를 세운 청교도들 역시 자신들이 확립한 정교 분리의 미국적 전통이 오늘날 기독교 근본주의자들에 의해 변질되고 있는 것을 본다면 울분을 표할 것이다.

4. 생활양식

a. 일반적인 생활

1989년에는 2억 4,880만 인구 중 거의 절반이 도시 노동자였다. 미국 가정 소득의 중간은 약 3만 4,200달러. 대부분의 노동자는 정년퇴직을 해도 사회보장연금과 다른 종류의 연금, 개인적인 저축 등으로 생활할 수 있기 때문에 직장을 떠날 때에도 여유를 가질 수 있다. 연세노령자는 연방정부와 주정부의 프로그램에 의해 보조를 받는다. 미국 가정과 개인의 60%가 중류 또는 상류 정도의 수입을 갖고 있다. 그들은 의식주뿐 아니라 현대적인 생활의 편리를 단끽할 수 있는 여유를 가지고 있다.

미국 인구의 약 14% 정도가 연방정부에 의해 극빈자로 규정되었다.

미국인들은 아낌없이 돈을 쓰고 필요하면 신용 카드로 그들이 원하는 물건을 구입하고 있다. 대부분 부채는 매달 일정한 금액으로 상환한다. 많은 돈이 교육, 의료, 서비스, 여행, 여가선용 등에 쓰여지고 있으며 식품, 의복, 그리고 교통수단에 소비되는 비용은 아주 적은 비율을 차지하고 있다.

b. 식생활과 주생활
　미국인은 주로 고기류, 생선, 야채, 빵 또는 과일과 유제품 등 균형잡힌 다양한 식생활을 즐긴다. 식비와 다른 일상용품의 가격이 상승했다 해도 시간당 임금을 따져보면 35년 전에 비해 두 배 이상의 물건을 구입할 수 있다.
　일반 노동자는 6년 또는 7년 정도 일을 하면 자동차 1대를 구입할 수 있다. 대부분의 노동자가 전기세탁기, 가스 혹은 전자 렌지, 진공청소기와 같은 노동력을 절감할 수 있는 장비를 갖추고 있다.
　대다수의 미국인이 전등, 중앙난방 장치, 온수기, 냉수기, 화장실, 내부시설 등이 갖추어져 있는 아파트나 단독주택에 살고 있다.

5. 과학과 기술

　미국은 오랫동안 백열전등, 재봉틀, 조면기에서 전화, TV시설, 컴퓨터, 비행기, 우주선에 이르기까지 첨단 과학시술의 선구자로서의 명성을 지켜왔다. 미국의 과학자들이 기초과학과 응용과학의 연구에 헌신한 것은 단지 과거 40년간임에도 불구하고 오늘날 미국은 양쪽 분야서서 세계의 지도자적인 나라의 하나가 되었다.

 과학과 기술지식의 분야 전체에 대한 기여는 원자보다 작은 입자의 발견, 지진예보, 태양과 행성의 기원과 진화에 대한 실마리를 찾은 것에서부터 심장병을 퇴치할 수 있는 기술의 획기적인 발전, 신체기관의 이식과 교환, 유전에 대한 연구, 그리고 새로운 에너지원에 대한 것 등 다방면에 걸쳐 있다.

1) 에너지

 1974년 이래 '에너지 위기'는 미국에서 일상적인 말이 되었다. 연구가들은 점차 감소되는 화석연료의 공급을 보충하고 종국에 가서는 대치할 수 있는 대체에너지원을 개발하기 위해 광대한 과학기술 분야에서 그들의 노력을 가속시키고 있다. 현재의 계획안은 석유, 천연가스, 석탄과 같은 주요 국내 에너지원의 확장과 보존을 위한 것이다. 냉난방에 필요한 에너지로 지열과 태양열의 사용이 증가하고 있다. 장기간에 걸친 이 계획은 핵융합, 태양열 에너지, 증소로에 대한 연구를 최우선적인 사항으로 하고 있다. 핵에너지의 평화적인 사용이 동력생산 이외의 분야로 확대되었다. 미국은 원자력을 평화적으로 활용하자고 협정에 조인한 40여 개국과 함께 핵연료와 기술을 공유한 것과 같이 다른 나라들과 방사선 동위원소를 공유하고 있다.

2) 지구과학

 지난 몇 년간 미국의 과학자들은 지구와 우주 양쪽에서 사용할 수 있는 새로운 기재들이 다양한 천연지원과 지구환경 연구의 중요한 지표가 되는 지구표면의 모습을 살펴보기 위하여 개발되었다. 또한 농작물의 상태와 수량, 수질오염 관찰, 평야지역의 홍수에 대한 판단, 육지와 해상의 활용계획, 건축에 필요한 여러 가지 다양한 자료를 제공한다. 1948년 이래 해양학자들은 바다 밑 탐사에 쓰이는 장비물품의 계속적인 확장에 힘입어 해류운동, 대륙의 이동, 지구의 기후대와 이러한 기후의 기권, 지구온도의 역사 등에 대한 여러 가지 이론들의 타당성의 관련된 판단이 가능하게 되었다. 1968년 이후로 과학자들은 624군데의 바다 밑바닥에 1,092개의 구멍을 뚫었으며, 새로운 해양천공계획이 시작되었다. 이와 같은 심해탐사결과, 해양학자들은 지구가 계속해서 활동하고 있는 행성이라는 새로운 생각을 굳힐 수 있는 자료를 얻게 되었다.

3) 우주과학

1958년 첫 번째 인공위성이 발사된 이후에 미 항공 우주국(NASA)은 유인 또는 무인우주선을 수없이 발사하였다. 어떤 것은 지구를, 다른 것은 우주를 탐사, 그리고 나머지 다른 것들은 목성이나 토성과 같은 원거리 천체의 크기를 가까이서 측정하기 위해 지금도 날고 있다. 이 같은 시도의 결과, 기초과학과 응용과학 기술에 대해 새로운 장이 열리게 되었다. 역사적인 아폴로의 달 착륙으로 다른 천체에 대한 탐사가 시작되었다. 미국 우주인들은 이 탐험에서 달 표면을 측정하기 위하여 여섯 가지 지질학적인 탐사를 하였고 달의 암석과 물체를 8백 파운드(360kg) 이상 채집하였다. 다른 행성탐사선인 무인우주선 매리너 10호는 태양에 가장 근접한 수성을 세 번 비행하였고 지구와 달에서 볼 수 있는 유사점을 발견하였다. 매리너 9호는 거의 1년 동안 화성탐사 비행을 했으며 1976년 화성 착륙에 성공한 두 개의 바이킹 호를 제작하기 위한 방안을 모색하였다. 바이킹 호는 화성표면을 찍은 생생한 사진뿐 아니라 지구의 환경을 더 잘 이해하는 데 도움이 되는 기상학적, 지질학적 자료를 제공하였다. 1973년과 74년에는 파이오니아 10호와 11호가 최초로 목성을 가까이에서 사진 촬영했다. 파이오니아 11호가 1979년 9월 토성의 고리에 도착할 동안 파이오니아 10호는 계속해서 태양계를 넘어 비행하였다. 1978년 12월 두 대의 파이오니아가 발사되어 연초에 금성에 도착하였다. 첫 번째 우주선은 금성의 궤도에 진입하였고 탐사를 위해 아직도 궤도 안에 남아 있다. 두 번째 우주선은 금성 대기권 내에 진입하여 표면에 착륙하여 5단계의 탐사가 실행되었다. 1973년 5월부터 1974년 2월까지 9명의 우주인이 3명씩 교대로 지구궤도 우주정거장 스카이랩에서 탐사를 하였다. 스카이랩은 1970년대 가장 성공적인 과학기술 계획이었고 전자공학, 지구과학, 태양 물리학, 의학, 생태학 등의 지식에 많은 발전을 가져왔다. 보이저 1호가 1980년 11월 토성의 궤도에 진입했을 때, 토성에는 세 개의 위성이 있고 수천 개 이상의 신비스러운 고리가 그 주위를 둘러싸고 있다는 사실이 발견되어 많은 과학자들을 놀라게 했다. 보이저 2호는 토성을 비행하며 많은 새로운 사실을 발견했으며 생생한 토성 사진을 찍었고, 1986년에는 천왕성을 탐사했다. 미국의 최근의 주요 우주과학 계획은 국제적인 협력을 통해 빈번한 우주 임무를 보다 경제적으로 수행하도록 우주선을 재사용하여 우주를 왕복하는 것이다. 캐나다 사람이 제작한 기계 팔을 부착한 왕복선은 우주궤도상에서 잃어버린 인공위성을 회수하고 수리하며 위성을 지상에서 더 높이 띄우기 위한 작업을 하고 있다. 우주왕복선의 화물칸은 유럽항공 우주국(European Space Agency)에서 생산한, 연속적으로 기압을 일정하게 조절할 수 있는 우주실험실을 싣고 가도록 설계되어 있다. 유럽항공우주국에는 각 나라에서 모인 과학자들이 천문학이나 생명과학, 물질과정 등에 관한 실험을 시도하고 있다. 우주왕복선은 최초의 콜롬비아, 챌린저, 디스커버리, 아틀란티스 등의 우주선으로 편성되어 있다.

4) 의학

최근 미국 의학계의 획기적인 발전에는 우주와 관련한 연구 결과도 포함된다. '신진대사 분석기'라든가 '저혈압 고안기'와 같은 기재는 스카이랩의 우주인들의 신진대사나 심장혈관 조직을 살펴보기 위해 개발된 것으로 환자 치료나 회복에 효과적으로 사용되고 있다. 그리고 심장과 순환기 계통의 병을 치료할 수 있는 중대한 성과를 거두었다. 이후 미국에서 심장마비로 인한 사망률은 감소하였고 예방책, 처방책, 치료기술 등이 점점 발전해 가고 있다. 미국 의료연구 노력 중 가장 두드러진 것은 연방정부의 후원으로 전국적으로 확산된 국립 암 연구소의 활동이다. 1980년대 초반까지 200만이 넘는 미국인이 암으로부터 보호되었으며 병으로 고통 받는 세 사람 중에 한사람은 치료 후 5년 이상은 생명을 연장시킬 수 있었다.

제 9 장 미국의 헌법과 삼권 분립제도

1. 합중국의 삼권분립

　행정부의 우두머리인 미대통령은 국가원수이며 육-해-공, 해병 4군의 최고 사령관으로서 군의 통수권을 갖고 있으며 또 외교권이 있고 행정협정의 형태로 실질적으로 조약을 맺을 수가 있다. 　대통령은 국가원수와 수상, 양자의 성격을 함께 하고 있으며 세계 최강의 군사력의 최고 책임자이기도하기 때문에 세계에서 가장 권력 있는 정치적 지위라 할 수 있다. 　대통령은 내각의 장관을 임명하는데 각료는 입법부의 의원을 겸직할 수 없다. 대통령은 4년마다 선거에 의해서 선출된다. 　선출된 대통령은 이듬해 1월에 정식으로 취임한다. 　임기는 4년이며 재선은 가능 하지만 3선은 수정헌법 22조로 금지하고 있다. 동시에 선출되는 부통령은 대통령이 사망했을 경우에 그 직을 계승한다.

　입법부로서의 미국의회는 상원과 하원의 양원제이다. 　상원의원(통칭 Senator)은 각 주에서 2명씩 선출되고 임기는 6년, 2년마다 3분의 1이 개선된다. 　상원의원장에는 부통령이 취임한다. 하원의원(통칭 Congressman)은 각주에서의 인구비례 대표제이며 정원은 435명이다. 　임기는 2년이고 개선은 동시에 행해진다. 　상원은 조약안이나 각료에 대한 임명부결권을 갖고 있으며 하원보다 격이 높다. 　입법은 모두 의원입법이다.

　각 주는 연방정부와는 독립한 헌법이 있고 독립국에 가까운 존재로 광범위한 지방자치권을 가지고 있다.

　세금의 종류와 세율은 주에 따라 다르며 음주연령 제한도 주의 법률에 따라 각양각색이다.

정당은 민주당과 공화당의 2대 정당이다. 정당은 이데올로기나 확고한 강령에 바탕을 둔 견고한 조직이 아니라 이해관계를 기초로 조성된 지방정당의 연합체같은 성격. 경제단체-노동조합-농민-의사 등의 각종 단체가 조직과 자금을 동원해 정치에 관여하고, 의원을 그들의 지배하에 두고 영향을 미치는 일이 많다.

사법부는 합중국 대법원, 순회항소법원, 연방지방법원, 그밖에 특별법원으로 이루어진다. 연방대법관은 상원의 동의를 얻어 대통령에 의해 임명되고 종신직이다.

2. 헌법 (Constitution)

미국의 13개 주가 뭉쳐 영국의 식민지로부터 독립을 선언하고, 헌법을 만들어 공화국을 건설하였다. 1781년에 이 헌법을 연방계획안(Articles of Confederation)이라고 했다.

이 연방계획안에는 정부의 형태에 대한 규정이 너무 미약하였으며, 각 주들은 자유로이 탈퇴할 수도 있었다.

그런 결함을 보충하기 위해 13주의 대표가 Philadelphia에 모여 전술한 바와 같이 1787년에 현재의 헌법을 만들어 2년 후에 비준 발표되었으며, 그 후 오늘날까지 27개조의 수정 헌법 조항이 추가되었다.

'우리 미국 국민은 더운 굳건히 단결하여 정의를 확립하고, 국내의 안녕을 보존하고, 공동의 방비를 준비하고, 일반적인 행복을 증진시키고, 우리와 우리의 자손에게 자유의 축복을 보증하기 위해 여기 미합중국의 헌법을 만든다.'

헌법 본문에는 다음과 같은 내용이 포함되어 있다.
 (1) 헙법 본문
 A. 각 주(州)는 평등하다.
 B. 정부(政府)는 삼부(三部), 즉 입법(立法)-행정(行政)-사법(司法)으로 되어 있다.
 C. 시민은 평등하다.
 D. 정부는 이 헌법의 기초 위에 세워지고, 가인은 헌법을 움직일 수 없다.
 E. 시민은 헌법 개정에 의해서만 정부의 권위를 변경시킬 수 있다.
 F. 헌법, 국회(의회) 제정의 법률 및 의국과의 조약은 미국의 최고의 법률로서 주(州)의 법률은 그 위에 있을 수 없다.
 G. 연방계획안에 의한 중앙정부는 각 주(州)의 연합에 불과하였으나, 이 헌법에 의한 새로운 중앙정부는 국민과 주(州)와의 합친 한 몸의 중앙집권이라는 것을 강조하고 있다.

 (2) 수정헌법 (修正憲法: The Amendments)
 현행 헌법 중 27개조의 수정 헌법이 나와 있는데, 그 중 최초로 통과된 것은 10개조이며, 이것을 인권옹호법(人權擁護法 : Bill of Rights) 또는 권리의 장이라고 한다.
 미국 헌법은 미국 최고의 법률로서 수정할 필요성은 별로 없었으나, 그래도 수정이 필요하여 보충 수정한 것을 수정 헌법이라고 한다.
 수정헌법을 만들려만 상하 양원 (上下兩院)의 3분의 2 이상 찬성으로 통과되고, 다시 미국 각 주의 으회를 거쳐 4분의 3 이상의 주의회(州議會)를 통과하지 않으면 안 된다. 이들 수정 헌법의 중요한 것을 보면 대략 다음과 같다.

제1조
　1) 언론의 자유(言論의 自由 : Freedom of Speech).
　2) 신앙의 자유(信仰의 自由 : Freedom of Religion).
　3) 출판의 자유(出版의 自由 : Freedom of Press).
제2조 ~ 제 10조
　1) 공평한 재판을 받을 권리.
　2) 배심재판(陪審裁判)을 받을 권리.
　3) 무기 휴대에 관한 건.
　4) 군인의 야영에 관한 건.
　5) 보석금(Bail)을 적립(積立)할 권리.
　6) 결혼-교육 등과 인권 존중에 관한 권리.
　7) 주거와 재산에 대한 권리.
　8) 평화로운 집회(集會)의 권리.
　9) 법률 개정 청구의 권리.
제11조 미국 사법(司法)의 권한의 규정과 국가를 상대로 하는 소송에 대한 규정.
제12조 대통령 선거법.
제13조 노예제도의 금지.
제14조 지금까지 노예로 있던 자에게 시민권 부여.
제15조 노예였던 사람 및 그 자손에게 선거권 부여.
제16조 소득세를 과하는 권리를 의회에 준다.
제17조 상원의원을 각 주(州)의 주민(州民)이 투표.

제18조 전국에 금주법(禁酒法) 설정.
제19조 여성에게 참정권(參政權) 부여.
제20조 미국 대통령의 취임식을 1월 20일에 거행하고, 국회 가회는 1월3일에 한다.
제21조 전국 금주법의 폐지.
제22조 대통령의 임기를 2회 또는 10년 이내로 규정
제23조 수도 워싱턴의 주민에게도 대통령의 선거권 부여.
제24조 미국의 국민은 주민세를 내지 못했어도 대통령-부통령 선거 가능.
제25조 대통령과 부통령의 보선 방법.
제26조 18세 이상의 투표권 부여.
제27조 상원, 하원의 보수에 관환 규정

3. 정부(Government)

미국의 정부는 입법부(立法附 : Legislative Branch), 행정부(行政附 : Executive Branch), 사법부(司法附 : Judicial Branch) 세 개의 부문으로 나누어지는데,

(1) 입법부란 상원(上院 : Senate)과 하원(夏院 : House of Representatives)의 국회로서 법률을 만드는 곳이고,
(2) 행정부는 법률을 집행하는 부로서 대통령과 내각의 각 장관 및 그 밑의 부문이며,
(3) 사법부는 법률을 해석하는 곳으로 대심원(大審院) 및 각 재판소를 관할한다.

이 삼부를 삼권분립(三權分立)이라고 하고, 법률을 만드는 입법부와 국민에게 법을 실행하는 행정부와 법률을 해석하는 사법부 등 국가의 권력을 삼권(三權)으로 분리시켜 세 개의 부문은 서로 자기들의 분야에서만 일한다.

이렇게 정치를 원만하게 행하도록 서로 억제하며, 균형을 보지(保持)하는 것을 Check and Balance라고 한다.

4. 입법부(立法附 : Legislative Branch)

입법부(Legislativve)를 의회(議會 : Congress) 라 하며, 의회는 상원(上院 : Senate)과 하원(下院 : House of Representatives)의 이원제(二院制)이다.

상원의원(上院議員 : Senator)은 전국에서 100명(각 주에서 2명씩 선출)이며, 임기는 6년으로 전 의원수의 3분의 1을 2년마다 다시 선출한다. 상원의원이 될 자격은 만 30세 이상으로 귀화한 시민으로서 9년 이상, 선출되는 그 주에 거주하여야 한다. 상원의장은 부통령이 취임한다.

하원의원(下院議員 : Representative)은 인구 비례로 선출한다. 그러나 적어도 주(州)에서 1명은 선출할 수 있다. 그 외는 인구 35만 명에 1인 꼴로 선출한다. 현재 하원 의원수는 435명이며, 하원의원이 될 수 있는 자격은 25세 이상으로 귀화 시민인 경우에는 만 7년 이상 미국에 체재해야 된다. 하원의장은 하원의원들의 선거에 의해서 결정되고, 대통령 및 부통령이 부재시에는 하원의장이 그 직을 대행한다.

상하의원은 국민에 의하서 선출되므로 의회의 권한은 국민으로부터 부여된다. 의회의 권한은,
  (1) 의회에 선전포고(宣戰布告)의 권한이 있고, 대통령은 전쟁 개시를 권고할 수 있다.
  (2) 의회가 이민(移民)에 관한 법률을 만든다.
  (3) 우체국의 설치, 통제에 관한 법률을 작성한다.
  (4) 의회는 필요에 따라 법정(法廷)을 설치할 수 있다.
  (5) 화폐(貨幣)의 주조(鑄造)를 제정할 수 있다.
  (6) 특허권(特許權)이나 판권(版權)을 줄 수 있다.
  (7) 외국으로부터 수입하는 물품이나 국내생산품 등에 과세(課稅)함으로써 정부의 경상비를 염출할 수 있다.
  (8) 의회는 콜럼비아 지구(District of Columbia)에 관한 법을 제정할 수 있다. 콜럼비아 지구란 버지니아주와 메릴란드주와의 중간에 있는 약7평방마일의 지구인데, 수도 워싱턴의 소재지로 자치제(自治制)이다.

미국의 고위관리는 대통령이 임명하지만 상원의 동의를 얻어야한다. 각 장관, 차관, 기타 미국의 법정에 속하는 각 재판관, 대사(大使), 공사(公使), 층영사(總嶺事)도 대통령이 임명하지만 상원의 동의가 있어야 한다. 외국과의 조약도 대통령이 체결하지만 역시 상원의 비준을 얻어야 유효하다. 세금, 관세 등 국고수납에 관한 예산안은 전부 하원으로부터 제출되어 상원은 찬-반 투표만 한다. 왜냐하면 하원의원이 직접 국민을 대표하기 때문에 세금에 대해서는 건저 진언할 권한이 부여되어 있기 때문이다.

정부의 고위관리를 탄핵할 수 있으며, 이것은 하원에서 고발하고 상원에서 이 사건을 심의한다. 만일 대통령이 탄핵될 때에는 상원의장인 부통령이 이 투표시의 의장이 안되고, 대심원장 (大審院長)이 의장이 된다.

미국에서 만드는 법률은 헌법의 정신과 일치되게 만들어진다. 법률은 상원 및 하원이 같이 움직여 만드는 것이고, 어느 한 쪽만에 의해서 만들어지지 못한다.

법률(法律 : Law)로 되기 위해 의회에 제안되는 것을 법안(法案 : Bill)이라 하는데, 이 법안이 법률로 되려면 다음의 세 가지 방법이 있다.

(1) 법안이 상원 및 하원에서 과반수로 통과되고 대통령이 서명할 때.
(2) 상하양원(上下兩院)이 과반수로 통과시켰으나 대통령이 거부(拒否 : Veto)했을 경우, 다시 상하양원에서 3분의 2 이상의 투표수로 통과되면 대통령의 서명 없이도 법률이 된다.
(3) 만일 법안이 상하양원에서 과반수로 통과되었는데도 대통령이 서명하지 않고 10일간(일요일 및 공휴일 제외) 방치하면 대통령의 서명 없이도 법률로서 효력을 발생한다.

5. 행정부(行政府 : Executive Branch)

(1) 대통령(大統領)

미국의 초대 대통령은 조오지 워싱턴(George Washington, 1789~1797)이었다. 임기는 4년으로 워싱턴은 2회 계속 취임하였고, 3회 때는 입후보하는 것을 거절했다.
 그 후 어떤 대통령이나 2회 이상 취임을 거부했다. 3회 이상 재임(再任)한 대통령은 최근 제2차 세계대전시 프랭클린 디 루우스벨트(Franklin D. Roosevelt) 대통령의 4회 계속 연임이 처음이었다.
 그 후 수정 헌법(修正憲法) 22조가 나오고, 대통령은 2회 이상 재임할 수 없게 되었다(만일 부통령이 대통령의 사망으로 후계자가 되었을 때도 그 임기는 10년 이상 초과할 수 없다).
 대통령은 미국에 있어서 행정부의 수반이다. 대통령의 임기는 4년이고, 대통령이 될 자격은 미국 태생의 시민으로 당선시에 연령이 35세 이상이어야 한다. 그러므로 귀화 시민은 대통령이나 부통령이 될 수 없다. 그러나 그 밖의 고위관리에는 귀화 시민도 될 수 있는 자격이 있다.
 대통령이 사망시에는 부통령이 취임하며 은퇴시에도 같다. 만일 대통령이나 부통령이 동시에 취임할 수 없을 때에는 하원의장이, 다음은 상원 임시 의장이 대통령이 된다. 그 다음 순서는 국무, 재부장관으로 그 이하 장관이 선차순으로 되어 있다.
 대통령은 많은 권한과 의무를 갖고 있다. 대통령은 항상 법률의 실시가 잘 되고 있는지 감독한다. 의회로부터 통과된 법안에 서명하고, 또한 육해공군의 총사령판도 되며, 국법을 어긴 자에 대하여 특별사면(特別赦免)을 할 수도 있다.
 대통령은 또 의회의 개회시에는 교서(敎書 : Annual Message)를 보내고, 그의 의견을 말할 수 있다. 필요시에는 특별회의(Special Session)를 소집할 수 있다.
 미국의 대통령 선거는 복식선거법(復式選擧法)이라 하여 국민이 직접 대통령을 선거하는 것이 아니라 각 주(州)의 대의원(代議員 : Electors)을 선출하고, 그 대의원이 워싱턴에 모여 대통령을 선거한다.

각 주(州)의 대의원수는 그 주의 상하 양원의 합한 수와 같다. 캘리포니아주의 경우 하원의원 52명, 상원의원은 2명이므로 대의원은 54명이다. 대통령 선거는 4년마다 있으므로 그 선거일은 그 해의 11월의 첫 월요일의 다음날, 즉 화요일에 실시한다.

그 선거일을 앞두고 민주당과 공화당은 7월에 당 대회를 개최하고, 대통령 및 부통령 후보자를 결정한다. 11월의 상기 선거일에 각 주(州)의 시민은 이 양당이 추천한 후보자 중에서 어느 한쪽을 선택하느냐를 투표한다.

예를 들면 공화당이 선출한 대통령 후보를 캘리포니아 주민의 대다수가 투표하였다고 하면 이 대통령을 투표할 54명은 12월 제2의 수요일에 수도 워싱턴에 모여 각 주의 대의원과 함께 그 곳에서 정식 투표를 행한다.

상하 양원 의장 입회하에 이것을 개표하고, 그 결과를 의회 및 합중국의 재판소 판사에게 보고한다. 당선된 대통령의 취임식은 다음해 1월 20일에 거행한다.

(2) 내각(內閣 : Cabinet)

내각은 대통령의 행정 업무를 보좌(補佐)하며, 상담역으로 각 부장관으로 구성된다. 장관들은 대통령이 상원의 동의를 얻어 임명한다. 미국의 행정부는 11부로 되어 있고, 그 밑에 몇 개의 국이 있다. 각 장관들의 주요 사무는 다음과 같다.

a. 국무장관(國務長官 : Secretary of State)
　외국과의 국교(國交)를 관할한다.　외국 여권 대사, 공사, 총영사, 영사 등에 관계되는 일.

b. 재무장관(財務長官 : Secretary of Treasury)
　미국 정부의 회계 전반 취급, 미국 화폐의 주조, 소득세 및 기타 국고 수입을 취급.

c. 국방장관(國防長官 : Secretary of National Defense)
　육-해-공군을 포함한 국방 사무 전체를 관장한다.

d. 법무장관(法務長官 : Attorney General)
　미국 정부의 법률 사무 취급, 감옥, 이민 및 귀화에 관한 것.

e. 체신장관(遞信長官 : Postmaster General)
　우체국과 우편 사항 취급(11부에는 포함 안됨).

f. 내무장관(內務長官 : Secretary of Interior)
　국내 및 알레스카, 하와이에 관한 주된 사항을 관리하며, 그 중에는 광산국(鑛山局), 인디언국(局), 국립공원사무, 수렵어(狩獵漁) 등에 관한 것도 취급.

g. 농무장관(農務長官 : Secretary of Agriculture)
　농업의 향상, 토양국, 생산 판매의 통제, 산림 보호, 낙농 등의 사무 취급.

h. 상무장관(商務長官 : Secretary of Labor)
국내 상거래 및 외국과의 통상관계.

i. 노동장관(勞動長官 : Secretary of Labor)
노동에 관한 각종 사무, 노동통계국 및 재향군인의 취업 문제.

j. 보건-교육-후생장관(保建-敎育-厚生長官 : Secretary of health, Education and Welfare)
사회보장법, 공중보건, 교육 등 기타 아동국, 부인국 등.

k. 가옥건설장관(Secretary of Housing and Urban Development)
가옥관계.

l. 교통장관(Secretary of Transportation)
고속도로, 철도, 운송관계.

6. 사법부(司法府 : Judicial Branch)

사법부는 법률을 해석하는 곳이고, 연방정부에 속하는 모든 법정이 포함된다. 헌법에는 제일 먼저 미국 최고재판소의 설치를 규정하고, 기타 법정에 대해서는 필요에 따라 의회가 이것을 설치할 수 있도록 규정하고 있다.

연방재판소 중 최고로 높은 곳을 최고재판소(Supreme Court)라 하고, 그곳에는 9명의 판사(Judges)가 있다. 그 판사 중 수석 판사를 대법원장(Chief Justice)이라고 하며, 그 밖의 판사를 배심판사(Associate Justice)라고 한다. 이들 판사는 상원의 동의를 얻어 대통령이 임명한다. 그리고 이들 판사의 임기는 특별한 과실이 없는 한 종신이다.

최고재판소의 재판은 워싱턴 D.C의 최고재판소 건물에서 거정되며, 중대한 사건 이외에는 취급하지 않는다.

현재 9명의 대법관 중에 한명이 경원됨으로 엘레나 케이건 여성 대법관이 112번째 대법관으로 등장했다. 이분은 유태계 진보주의자로 알려져 있다. 샌드라 데이 오코너 전 대법관의 사임으로 2명의 여성 대법관인 루스 베이더 긴즈버그 대법관과 소니아 소토마오 대법관에 이은 여성으로 현재 9명중 3명이 여성이여서 여풍을 일으킬 수 있다.

7. 주정부(州政府)

주도 입법(立法)-행정(行政)-사법(司法)으로 나누어져 있다.

(1) 주(州)의 입법부(立法府)

각 주에는 의회가 있는데, 이 의회가 즉 입법부이다. 주의회(州議會)는 그 주의 수도(首都 : Capital)에 두고, 주의 법률을 제정한다.

주 의회(州議會)도 미합중국의 의회와 거의 비슷하며, 상원(上院 : Senate)과 하원(下院 : Assembly)이 있다.

주(州)의 상원의원은 40명, 하원의원은 80명이고, 상하 양원 모두 각 지구로부터 선출되고, 대개 그 지구에 사는 사람들이다.

모든 법안(法案)은 상하 양원을 통과한 후 지사(知事)의 서명을 거쳐 법률이 성립된다. 만일 지사가 이를 거부(Veto)했을 때에는 양원은 3분의 2 이상의 찬성으로 이것을 법률로 성립시킬 수 있다. 또한 지사는 통과된 법안을 의회가 폐회한 후 30일 이내에 서명하면 법률로 되도록 되어 있다.

주 상원의장(州 上院議長)은 부지사가 되며, 하원의장(下院議長)은 다수당(多數黨)에서 선출된 사람이 된다.

(2) 주(州)의 행정부(行政府)

주(州) 행정부의 장은 지사(知事)이다.

지사는 주민의 투표로 선출되고 임기는 4년이며, 직권과 책임은 대통령과도 맞먹는다. 지사의 임무는 첫째로 주(州)의 법률이 실제로 이행되는가의 여부를 감시하고, 주(州) 의회를 통과한 법안에 서명하거나 또는 거부하며, 주관리의 임명, 죄수의 특사(特赦), 관리의 파면 및 경질(更迭)등의 임무도 있다.

지사는 특별회의를 소집할 수 있고, 주에 속하는 국방군의 사령관이기도 하다.

부지사(副知事)는 부통령의 직권과 비슷하며, 임기는 4년으로 주(州)의 상원의장이며, 필요시에는 지사의 대리도 된다.

(3) 주(州)의 사법부(司法府)

주(州)의 사법부에는 그 주에 속하는 재판소, 군(郡) 재판소 및 시의 재판소가 있다.

재판소 중 최고위에 해당하는 곳이 주 최고재판소(州最高裁判所 : State Supreme Court)로 그곳에는 최고재판소장(Chief Justice)과 6명의 배심판사(Associate Justice)가 있다.

이들 판사들은 주민에 의해 선출되고 임기는 12년이다. 또이 재판소는 주의 법률에 의한 재판 사건의 최고기관도 되어 하급지방 재판소로부터 올라오는 사건도 취급한다.

주 최고재판소 밑에 공소법원(控訴法院 : District Court of Appeal)이 있고, 이 공소법원은 그 밑에 있는 상급재판소(Superior Court)로부터 올라오는 사건을 재판한다.

대개 각 군에는 상급재판소가 있다. 이것을 군(郡) 재판소(County Court)라 한다. 인구가 많은 군에서는 상급 재판소 안에 여러 개의 부문이 있다.

상급 재판소의 판사도 주민에 의해 선출되고 그 임기는 6년이다. 이 상급 재판소에서 취급하는 주요 사건은 토지, 기타 재산을 포함한 이혼 재판, 강도, 공급 횡령, 살해, 협박 사건 등이다.

지방 재판소 제도에는 큰 도시와 여러 개의 작은 도시를 합병해서 시 재판소(市裁判所 : Municipal Court)를 갖게 되었다.

작은 읍 면(邑面)에는 지구재판소(地區裁判所 : Justice Court)가 있다. 이들 재판소들은 작은 사건, 즉 질서 문란, 과음 고성, 절도, 교통 위반, 지구 규칙 위반(地區規則違反), 소액(少額)의 청구 소송 등을 취급한다.

8. 군 및 시 정치

1) 군(郡 : County)

각 주(州)는 여러 군(郡)으로 나누어져 있고, County라고 부른다. 군(郡)의 정치를 하는 군소재지가 있고, 군(郡)도 국가나 주(州)와 같이 입법-행정-사법의 3부가 있다.
 군청의 관리도 군의 군민에 의해서 선출되며, 그 임기는 4년이다. 군 직원은 다음과 같은 일꾼으로 구성되어 있다.

(1) 군서기(郡書記 : County Clerk)
결혼 허가서, 귀화 증명서 등의 발급, 선거의 투표 결과 관리.

(2) 군회계(郡會計 : County Treasurer)
군의 회계, 출납.

(3) 군세무(郡稅務 : County Tax Collector)
군의 세금을 징수.

(4) 군세액평정인(郡稅額評定人 : County Assessor)
필요에 따라서 과세 결정.

(5) 군 기록계(郡記錄係 : County Recorder)
토지의 소유권, 담보매매계약.

(6) 군 회계 감사역(郡會計監査役 : County Auditor)
군 회계에 관한 서류 감사.

(7) 군 교육 감독관(County Superintendent of Schools)
학교 교원의 면허장 발급, 군내 학교에 관한 문제.

(8) 군 측량사(郡測量士 : County Surveyor)
군의 경계 측량.

(9) 군 검시관(郡檢屍官 : County Corner)
참사자 및 살해 혐의의 시체 검안.

(10) 군 재산 관리인(郡財産管理人 : Public Administrator)
후계자가 없는 유산관리(遺産管理).

(11) 지방검사(地方檢事 : District Attorney)
군의 법률 사항 취급, 군 대표로 범인을 고발.

2) 시 정(市政)

　캘리포니아의 경우 주 안의 도시를 인구 비례에 따라 6급으로 나눈다. 제1급은 인구 50만 이상의 도시, 제6급은 인구 6,000명 이하의 도시로, 제2·3·4·5급은 그 중간이다. 이들 도시들의 중추적 행정기관원을 시의원(市議員 - Councilman)이라 한다.
　시 헌법을 시조례(市條例 : Charter)라 하며, 시의 최고 행정장을 시장(市長 : Mayor)이라고 한다.
　시 입법부(市立法府)는 시의원 또는 시 참사원이라 하며 사법부는 시 재판소 및 시 경찰 법정 등으로 되어 있다.
　시 직원에는 회계사, 수입담당원(收入擔當員), 세액평정원(稅額評定員), 회계감사, 위생관(衛生官), 서기, 기사(技師), 경찰서장, 소방서장, 기타 직원이 있다. 이들 직원은 대부분 선거에 의해 선출되지만 그 안에는 시장의 임명도 있다.

시 조례(市條例 : Charter)에는 자동차의 교통 규칙, 자전차, 우유배달, 개 또는 고양이 및 가축에 관한 규정, 건축물 규정, 위생 규칙 등이 포함된다.

9. 국적 취득 문제

많은 나라들은 다음의 세 가지 방법으로 자국민(自國民)을 만들고 있다.

첫째, 속인주의(屬人主義), 또는 혈통주의(血統主義)를 택하는 나라다. 어느 나라에서 태어났느냐에 상관없이 부모의 혈통에 따라 국적을 이어받는 제도로 대륙법 계통의 나라에서 택하고 있다. 예를 들면, 일본, 한국, 독일 불란서 같은 나라가 여기에 속한다.

둘째, 속지주의(屬地主義), 또는 출생지주의를 택하는 나라, 부모의 국적에 상관없이 자녀가 출생한 국가의 국적을 갖게 되는 제도로 국적에 상관없이 자녀가 출생한 국가의 국적을 갖게 되는 제도로 영미법(英美法)체재의 국가인 미국, 영국 같은 나라.

셋째, 귀화 과정을 통한 국적 취득 등이 있다.

한국은 혈통주의를 원칙으로 하고 예외적으로 출생주의를 취하고 있다.

속지주의를 선택하고 있는 미국민들 사이에 갈수록 반이민 정서가 확산되고 있어 우려가 커지고 있다.

미 전국을 뜨겁게 달궜던 애리조나주 이민단속법 논란에 이어 이번에는 불법 이민자 자녀에 대한 자동시민권 부여 금지 논란이 가열되면서 이민에 대한 부정적인 정서가 커지고 있다.

이민 및 오바마 행정부에 대한 미 국민들의 여론조사 결과 불체자 자녀에 대한 자동시민권 부여 조항에 대해 미국민들은 부정적인 견해를 많이 가지고 있는 것으로 나타났다.

또한 원정출산에 의한 미시민권 취득 문제도 미국인들은 곱게 보지 않고 있다. 이 문제는 한국 국내 시선도 위화감을 조성한다고 일반 서민들은 부정적인 시각을 갖고 있다.

이런 저런 이유로 미국의 속지주의에 의한 시민권 취득 문제를 폐기해야 한다는 목소리가 높아지고 있다. 이를 위해 헌법을 수정할 필요가 있다는 주장도 대두되고 있다.

제 10 장 보험

1. 자동차 보험

1) 자동차 보험의 가입요령

여러 종류의 보험 중 우리에게 가장 밀접한 보험은 역시 자동차 보험이라 할 수 있다. 자동차 보험을 올바르게 가입하는 요령과 보험료를 절감할 수 있는 요소들에 대해 알아보도록 하자.

자동차 보험을 가입하고자 할 때 우선 생각나는 것이 보험회사 그리고 대리인 브로커 일 것이다. 브로커는 여러 보험사와의 계약을 맺고 여러 보험사의 상품을 권할 수 있으며, 그리고 에이전트나 브로커 없이 고객들에게 직접 보험을 판매하는 회사들도 있다.

문제는 어떤 보험회사의 보험료가 가장 저렴한가 인데, 보험사도 전 지역에서 보험료가 가장 저렴할 수 없다는 사실에 주목해야 한다. 보험회사를 통해 직접 보험에 가입하는 경우보다 에이전트 또는 브로커를 통해 가입하는 경우 보험료가 더욱 저렴하게 나오는 경우가 비일비재 하다. 또 자동차 보험을 가입하고자 할 때 보험료만 싸다고 가입하는 것은 바람직하지 않다. 자동차 보험료, 가입하는 보험회사의 지명도, 보험회사의 클레임 서비스, 보험보상 조건, 추가보험보상조건, 에이전트 혹은 브로커의 서비스 등을 전체적으로 고려해야 한다.

2) 개인 자동차 보험

미국내 생활에서 자동차는 가장 많은 이들이 소유하고 있는 재산의 한 부분이다. 또한 사용하는 순간부터 초래되는 경제적인 손실의 하나이기도 하다. 자동차 소유자로서 또는 자동차를 사용하는 입장에서 자동차는 여러 분야의 손실을 일으키는 원인이 되기도 한다. 사람에게 부상 또는 사망을 초래하며 의료비용의 발생, 인컴의 손실은 물론, 제 삼자에게 신체적인 부상, 재산 상의 피해로 인한 법적인 의무를 갖게 되며, 자동차 자체는 완전 폐차, 부분 파손 또는 도난을 당할 수도 있다.

많은 한인 가입자들이 낮은 보험료를 우선적으로 선호하고 있으나 회사의 신용도, 클레임 처리 능력, 적절한 보상범위의 선택, 자신의 가계 상태 및 재산 상태와 연계된 보험 가입조건, 적절한 보험료 등을 선택하는 노력이 짜임새 있는 생활을 이룩코자 하는 한인들에게 필요로 하게 되었다.

교통사고 시나 교통위반, 또 매년 차량등록증을 갱신할 때에는 반드시 보험증서를 제시, 또는 첨부해야 하며, 경찰은 어떠한 상황에서도 보험증서의 유무를 지적할 수 있게 되어있다. 보험 가입은 되었으나 증명 서류가 없을 때에는 정해진 기간 안에 법원에 보험증서를 제시해야만 하고, 위반 시에는 차량 관리국(DMV)으로부터 운전면허를 단기간 정지당할 수 있다. 이 경우 DMV에서 요구하는 액수의 보험에 가입하고 벌금을 지불해야단 운전면허를 원상으로 복구시킬 수 있다. 무보험 상태에서 사고가 났거나 음주운전으로 적발되었을 때에는 SR22(DMV제출서류) 혹은 SR-1P(DMV제출서류)라는 서류를 접수해야 하며 3년 동안 DMV의 감독 하에 있게 된다.

자동차 보험 조항

1. Bodily Injury (BI) - 가입자의 과실로 상대방에게 입힌 신체에 대한 보상.
2. Property Damage (PD) - 가입자의 과실로 인한 상대방 재산에 대한 보상.
3. Medical Payment - 상대방 운전자 및 동승자에 대한 치료비 보상 .
4. Uninsured Motorist (UM)
   • Uninsured Motorist Bodily Injury (UMBI) - 무보험자에 의한 보험 가입인과 동승자에 대한 신체적 피해.
   • Uninsured Motorist Property Damage (UMPD) - 무보험자에 의한 재산상의 피해.
5. Collision - 사고시 본인 부담액 (Deductible)을 초과하는 수리비용 또는 현재 시가에 대한 보상, 그 외에 towing, rent car 커버리지가 있다.
6. Comprehensive - 화재 또는 도난의 경우 본인 부담액 (Deductible)을 초과하는 피해액 또는 현재 자동차 시세에 대한 보상.

3) 개인 자동차 주정부 보험 (California Automobile Assigned Risk)

각 보험사들은 Good Driver를 위한 각종 우대 프로그램과 그 이외의 Good Driver 기준에 달하는 운전자들을 위한 프로그램이 있다. 그러나 보험료의 큰 차이로 가주내의 좋은 운전자들이 편법으로 주정부 보험에 가입을 한다. 가주내에서 자동차 보험을 판매하는 모든 보험사가 반드시 참여해야 하는 Pool System으로 할당량은 각 보험사의 보험 판매 실적과 비례하여 책정된다. 보험 조항은 차량 관리국에서 요구하는 최소한의 책임보험 (Liability Limit)과 $1,000의 의료비 배상 조항, 손해배상 책임보험(Liability Coverage)과 같은 금액의 Uninsured Motorist Coverage도 포함할 수 있다. 보험료는 보험국에서 결정하여 모든 회사가 동일한 보상 범위와 같은 보험료를 적용해야한다. 차체 보험(Physical Coverage)은 취급하지 않으므로 필요한 경우는 차체보험만을 따로 가입해야 한다. Good Driver는 주정부 보험에 가입할 수 없으며 한 회사에서 3년까지 갱신할 수 있다.

차량 소유의 차이에 따른 보험가입 내용의 다른 점

1. Purchase(구입) - 자동차 소유주는 본인이므로 차량 관리국에서 요구하는 최소한의 보험(Standard Coverage)만을 가입 할 수 있다. 단, 은행에서 차를 담보로 융자를 받았을 경우에는 차체보험을 반드시 가입해야 하며, 은행의 이름을 보험증서에 Lien Holder로 명시해야 한다. 위반시에는 은행에서 강제보험을 가질할 권리가 있으며 고액의 강제 보험료가 융자금액의 밸런스에 합산된다.

2. Lease(리스) - 리스 자동차에 발생된 경비에 대한 세금 공제 혜택을 얻을 수 있어서 비지니스를 하는 많은 한인들이 이용하는 자동차 구입 방법이다. 자동차 소유주는 리스 회사이기 때문에 상대방 인명피해 보상보험(Bodily Injury)의 최소 보상금액이 한 사람당 십 만불($100,000.00), 사건당 3

십 만불($300,000.00)이 지불되는 보험금액에 가입해야 된다. 상대방 재산상 피해보험 금액도 (Property Damage) 최소한 5만 불($50,000.00)이고 차체보험도 반드시 요구하며, 대부분의 리스회사들이 본인 부담액(Deductible)도 5백 불 미만으로 계약 설정을 요구한다. 위반시에는 리스 회사도 역시 융자를 해주는 은행과 동일한 권리를 갖고 강제적인 보험을 설정할 수 있다.

4) 자동차 사고시와 클레임 할 때
　차량에는 항상 유효한 차량등록증과 보험카드 그리고 운전면허증을 반드시 지참하고 있어야 된다는 것은 모두가 잘 알고 있는 상식일 것이다. 그것은 불의의 사고시 잘잘못을 막론하고 서로의 정보를 교환하는데 필요로 할뿐만 아니라 사고 현장에서 경찰이 리포트를 작성할 때 유효한 보험카드를 제시 못하면 교통법 위반티켓을 받으며 법원에도 출두하여 최고 1,600달러이상의 벌금을 낼 수도 있기 때문이다.

인명피해가 없는 경미한 사고에는 :
1. 서로의 보험정보, 운전면호 번호, 차량정보 등을 교환
2. 보험회사에 보고
　인명피해가 발생한 사고에는:
1. 사고 현장에 경찰이 직접 와서 조사
2. 경찰에게 사고 정황에 관해 자세히 설명
3. 보험회사에 보고

- 가능하면 주변의 목격자들을 확보하여 목격자들의 이름과 전화번호를 받아놓으면 좋다.
- 나의 잘못이 아닌 경우 가해자의 보험회사로 직접 보상 신청을 하는 것이 나중에 번거로움을 피할 수 있다.

클레임 할 때
1. 자동차 사고시 보험 에이전트가 할 수 있는 역할이 극히 제한적이다. 왜냐하면 보험회사는 사고 운전자로부터 직접 사고에 대한 설명을 듣기 원하기 때문이다. 그러나 요즘은 대부분의 보험회사에 한국어 서비스가 있기 때문에 걱정할 필요는 없다.
2. 클레임이 신속하게 처리되지 않을 때나 가해자 보험회사로부터 보상신청을 받고도 늑장 부리거나 잘못을 인정하지 않을 때는 먼저 본인보험으로 보상을 받고 본인의 보험회사와 가해자 보험회사간의 배상책임을 따지도록 하면 된다.
3. 물론 상대방의 잘못으로 판명되면 보험회사로부터 본인이 부담한 디덕터블은 다시 돌려받을 수 있다.
4. 렌터카 빌리는 시점 : 보험회사에서 나온 클레임 담당 직원과 자동차 바디샵과의 보상 견적이 나온 뒤 렌터카 보상이 적용 된다.

물론 운전시 안전운전은 필수이나 사고시 당황하지 않도록 위의 내용을 항상 숙지하면 많은 도움이 될 것이다.

보험증서에 표시된 내용을 보면

Bodily Injury - 운전자의 잘못으로 피해자의 신체에 대한 상해 및 상해로 인한 손해배상을 말하며 한 사람당과 한 사건 당으로 명시됨.

Property Damage - 운전자의 잘못으로 인한 사고에 대한 재산상의 손실을 보상하여 주는 조항.

Medical Payment - 운전자의 잘못으로 인한 본인 및 탑승자의 부상에 대한 진료비를 말하면 공제액 없이 한 사람당으로 명시됨.

Uninsured Motorist (UMBI/UMPD) - 증상에는 U.M. 이라고 기재되어 있으며 보험이 없는 차량이 가입자에게 신체 상해 및 재산상의 손실을 주었을 때 가입자 회사가 보상해 주는 것을 말하며 한 사람당, 한 사건 당으로 명시됨.

Collision - 운전자의 잘못으로 충돌사고나 뒤집혀 졌을 때 본인의 기본 공제액(deductible)을 제하고 가입자 회사에서 부담하는 내용.

Comprehensive - 화재, 도난, 파괴 행위 등으로 인한 차량의 파손에 대한 본인의 기본 공제액(deductible)을 제하고 전액을 회사가 부담하는 내용.

그 외에도 Rental과 Towing Coverage가 있다.

5) 음주 운전 위반 시의 현행 법
첫 번째 적발 시
① 96 시간 - 6개월 까지 수감 될 수 있다(혈중 알콜 농도와 적발시 사고 유무에 따라 결정).

② 벌금은 $390 - $1,000 까지 부과 될 수 있다.
③ 6개월 간 운전면허 정지. SR-22 와 음주 운전 교육 등록증 지참시 30일 후 제약적 운전 면허증(Restricted License)을 D.M.V. 에서 발급 받을 수 있다.
④ 3년간 SR-22 Filing을 꼭 해야 됨. SR-22 는 보험 가입시 보험회사에서 발급함.
⑤ Ignition Interlock Device(시동 잠금장치)를 운전하는 차량에 부착해야 할 수도 있다(법원 판결에 따라 다르나 일반적으로 처음 적발시는 부착 안 해도 될 확률이 높음).
⑥ 6개월간의 음주 교육 프로그램에 등록해야 하고 등록비용은 학원 마다 다를 수 있다.
⑦ 6회의 단주 모임에 참석해야 함.

두 번째 적발시
① 90일간 수감 될 수 있다(판사의 판결에 따라 달라질 수 있다).
② 벌금은 $390 - $1,000 까지 부과 될 수 있다.
③ 3년간 운전면허 정지. SR-22 와 음주 운전 교육 수료증 지참시 1년 후 제약적 운전 면허증(Restricted License)을 D.M.V.에서 발급 받을 수 있다.
④ 3년간 SR-22 Filing을 꼭 해야 된다.
⑤ Ignition Interlock Device(시동 잠금장치)를 운전 하는 차량에 부착해야 된다.
⑥ 1년간의 음주 교육 프로그램에 등록해야 하고 등록비용은 학원 마다 다를 수 있다.
⑦ 12회의 단주 모임에 참석해야 함.

세번째 적발시
① 1년간 수감될 수 있다.
② 벌금은 $390-$1,000(혹은 그 이상) 까지 부과 될 수 있다.
③ 3년간 운전면허 정지.
④ Ignition Interlock Device(시동 잠금장치)를 운전하는 차량에 부착해야 된다.
⑤ 18개월 또는 그 이상의 음주 교육 프로그램에 등록해야 됨.

기타 주의 사항
21세 미만 적발 자는 혈중 알콜 농도가 0.01 만 되도 음주운전으로 간주함.
상업용 차량 운전면허 소지자는 혈중 알콜 농도가 0.04 면 음주 운전으로 간주함.

2. 생명 보험

1) 생명보험 가입의 건강검진 필요성

생명보험 가입 때 거쳐야하는 건강검사는 병원에서 받는 기초 건강검진과 별 차이가 없으면서도 검사비를 부담하지 않아도 되고, 집이나 직장 등 편리한 장소에서 받을 수 있다는 장점이 있다.
이 검사는 혈압측정과 혈액검사, 소변검사 등으로 이뤄지며 보험금 액수가 높거나 고령일 경우는 심전도 검사도 추가된다.
검사는 보험회사에서 지정한 검사기관이 전담하며 결과는 보험사로 직접 통보된다.

각 보험사들은 나름대로의 평가기준을 정해놓고 건강등급을 책정한다. 등급의 이름도 천차만별이지만, 대체로 비흡연자와 흡연자 2가지로 나눈 후 각각 4-5등급으로 세분화하고 있다.

담배를 피우지 않고 건강에 이상이 없으면 대부분 비흡연자의 1등급 2등급을 받게 되며 보험료가 가장 낮게 책정된다.

비록 병원에서는 약 복용이나 치료를 권하지 않는 정도의 검사 수치만으로도 2등급의 건강등급을 받을 수 있는 것이 생명보험이며 이는 각 보험회사가 정해 놓은 건강기준치에 따른 것임을 이해해야 한다.

당뇨나 혈압이 있어 약을 복용해야 하는 경우, 3-4등급을 받을 수도 있고, 정도가 심하면 특별등급으로 분류돼 보험료가 몇 배씩 오르는 경우도 있다. 물론 보험 신청자가 보험회사의 결정을 받아들이지 않거나 보험료가 너무 올라 부담스러우면 신청 자체를 취소 할 수 있고 경우에 따라서 일체의 비용 부담이 없다.

흡연자의 경우 기본적으로 건강상태가 양호해도 비흡연자보다 최소한 2배 이상의 보험료를 내야한다. 처음 보험에 가입할 때 흡연자로 분류됐어도 일정한 기간이 지나고 담배를 완전히 끊었을 경우에는 다시 검사를 받아 비흡연자 등급으로 재조정해 보험료를 낮출 수 있다.

3. 비즈니스 보험

1) 종업원 상해 보험

종업원이 근무 중에 발생된 부상, 직업병 또는 사망에 대해

보험회사가 고용주를 대신해 치료비, 인컴 및 유가족에게 보상금을 지급해 주는 보험으로, 캘리포니아를 비롯한 대부분의 주법이 1명 이상의 종업원을 고용한 업체는 반드시 가입해야 하는 강제성을 가진 보험이다. 만일 이 보험에 가입되지 않은 상태로 사고가 발생되거나 적발될 경우 벌금, 경고, 종업원 고용금지, 영업 정지 등의 법적 제재를 받게 된다. 그러므로 상품제조 또는 서비스 마련에 해당되는 비용(Cost)에 이 보험의 보험료가 포함이 될 수 있도록 종업원 상해 보험규정에는 명시하고 있다. 가장 근본적인 이 규정의 목적은 복잡하고 막대한 경비를 초래할 수 있는 법정 소송을 피하고, 청구에 소요되는 비용 또한 최소한으로 줄이고, 피해를 당한 종업원에게 효과적이고 최단시일 내에 피해 보상을 마련하기 위함이다.

종업원 상해 보험 법령의 기본 원칙

① 종업원의 부주의는 책임의 한계에 포함이 안 된다.
  일반적인 책임과 관련된 타인에 끼친 상해는 관련인의 부주의 또는 실책으로 책임을 논할 수 있다. 그러나 종업원 상해보험의 법령에는 이런 원칙이 예외가 된다. 즉, 근무 중에 비롯된 원인 및 잘잘못을 가리지 않은 상태에서 종업원의 상해, 부상 또는 사망의 경우는 고용인 또는 고용 회사의 책임으로 돌린다. 따라서 상해의 정도, 기간에 따라 종업원에게 부여되는 보상 내용은 그대로 받아들여야 한다.

② 보상금은 부분적인 보상금이며 최종 합의 사항이다.
　피해를 입은 종업원에게 지급되는 보상금은 법적 소송을 통해서 얻을 수 있는 보상금에 비해 상당히 적을 수 있음으로 부분적인 보상금이라 할 수 있다. 그러나 상해보험에서 받는 보상금은 발생된 모든 내용에 최종 합의되는 사항으로 처리가 됨으로, 종업원은 이 보상금을 받은 후에는 또 다른 법적 소송의 권한을 포기하게 된다.
③ 정기적인 보상금 지불
　보상금을 받는 종업원의 혜택을 가능한 오랜 기간에 걸쳐 받게 하기 위해 일반적으로 보상금은 일시불이 아닌 장기간에 걸쳐 지불하는 정기적인 보상금의 형태로 지불된다. 이는 피해를 입은 종업원의 무분별한 또는 무책임한 낭비로 인해 비롯될 수 있는 폐단을 미연에 방지하기 위함이기도 하다.
④ 상해보험의 경비는 제조 경비에 포함된다.
　다른 여느 책임보험의 경비 산출 방식과 달리, 종업원 상해보험에 소요되는 경비는 종업원에게 따로 부과가 되지 않는다. 고용주 측에선 반드시 보험료를 지불하여야 하고, 법령화된 내용대로 보상금을 지불하여야 한다. 그러므로 고용주의 입장에서는 이에 소요되는 경비를 기리 추정하여 상품 제조비용에 일부로 감안하여 또는 서비스업에 적용되는 경비에 일부로 포함하여 소비자 또는 고객에게 이 비용을 부담케 할 수 있다고 본다.
⑤ 종업원 상해 보험은 의무적이다.
　모든 고용주 또는 비지니스 운영주는 종업원을 고용하는 한, 의무적으로 종업원 상해 보험에 가입하여야 한다. 만일 이런 의무 사항을 불이행하였을 경우, 현재 44개 주에서는 벌금 (25

불에서 5만불까지), 구금 또는 양쪽의 내용이 모두 적용된다. 일부 주에서는 법적으로 영업을 중지 또는 금지할 수 있다.

2) 비지니스상 책임 보상 보험

일반적인 책임 보상 한계
① Premises and Operations(지정된 장소 및 운영상 발생하는 문제)

　모든 기업이나 업소는 비지니스 현장(business premises) 안에서 발생하는 문제에 대한 모든 책임을 져야한다. 가장 기본적인 사항으로 인명상의 상해와 재산상의 피해에 대한 책임을 우선으로 한다. 사람이 신체상의 피해를 입거나 넘어지거나 쓰러지는 건물 또는 기타 물건으로 인해 다치는 경우를 들 수 있다. 이런 책임 보상 보험은 모든 건물주, 가게 주인, 전문인, 공사주 또는 하청 업자들에게 절대적으로 필요한 보험이다. 이런 업체나 건물 안에서 넘어져 다친 고객 또는 제 삼자에게 반드시 보상을 해야 한다. 결국 업주나 주인의 과실 또는 부주의한 탓으로 책임을 돌려 주인을 상대로 청구된 변상문제를 책임져야 한다. 그러나 같은 상황에서 다친 상대가 종업원일 경우는 따로 종업원 상해보험이라는 보험 혜택이 있기 때문에 별도로 처리된다. 이 보상 한계에는 차별대우, 성희롱, 부당해고는 해당되지 않는다.

② Personal and Advertising Injury Liability
- Personal Injury : 첫째, 이 조항은 불법체포, 구류, 감금으로 비롯된 피해를 말한다. 업체에서 종종 발생하는 문제로서, 예를

들어 가게 들치기로 인해 문제가 발생하면 실지로 업주가 현장을 목격하였다 하더라도 업주는 이 문제로부터 피해를 볼 수도 있다. 가게 들치기꾼이 가게를 떠날 때 쯤 훔친 물건을 동업자에게 넘겨주고 보험보상을 받기 위한 계략으로 불법감금이나 구속, 구류를 조장할 수 있기 때문이다. 둘째, 고의적인 소송으로 인한 피해를 들 수 있다. 이 조항은 어떤 이유에서든 어느 누구도 기소 당할 수 있다는 말로 들린다. 물론 사실은 아니지만 이 문제가 발생하면 사실이든 아니든 소송결과에 관계없이 최소한의 변호비용은 발생하기 때문이다. 셋째, 영업장소에 불법침입이나 부당한 추방에 대한 보상 문제도 이에 속하며 중상모략으로 인한 인권유린, 구두나 사진문서에 의한 사생활 침해로 인한 책임보상 문제도 이 조항에 속한다.

- Advertising Injury Liability : 이 조항은 상품, 서비스 혹은 상대방의 개인적인 또는 사업적인 명예 실추 또는 비방이나 중상모략하기 위해 출판물이나 구도로 피해를 입힌 보상관계를 말한다. 아울러 이미 존재하는 광고 아이디어, 비지니스 스타일 저작권 및 기타 소유권 무단 복사 및 침해도 이 규정에 포함이 된다. 그러나 몇 가지 극단적인 예외에 해당되는 규정도 있다. 광고회사나 방송, 출판, 텔레비전 방송 업체들에게는 본 조항의 보험가입이 안된다는 점이다. 또한 광고 상품의 질이나 가격으로 인해 발생하는 문제도 보상이 안된다. 그리고 본 규정의 보험 계약이 실시되기 이전에 발생된 피해도 물론 보상의 범위에서 제외된다.

- Fire Legal Liability : 건물에 세를 들고 있는 입주자의 부주의로 인한 화재에 건물의 손실을 건물 주인에게 보상해주는 제

도이며, 건물이 전소가 되어 건물 계약이 해약이 되었을 때라도 건물주가 다른 입주자를 맞을 수 있는 시기까지 피해 보상을 해준다.

- Medical Payments Coverage : 건물에서 발생된 사고, 피해로 발생된 책임 한계와 무관한 가운데 비롯된 의료비용을 보상하여 준다. 이때 의료비용의 발생은 사고일로부터 3년 이내의 기한을 두고 있다.

3) 배상보험과 상해보험의 차이점

사업체에 필요로 하는 보험은 크게 4가지로 나누는데 우선 사업체 배상보험과 화재보험, 종업원상해보험, 상업용 자동차보험 그리고 최근에 많이 가입하는 EPLI(Employee Practice Liability Insurance) 등이 있다. 먼저 손해배상 보험과 화재 및 자산보험은 흔히 하나의 보험플랜에 묶어 패키지로 가입하게 되며, 손해배상보험은 비즈니스를 하면서 일어날 수 있는 각종 배상책임을 커버해주는 보험으로 일반 배상보험과 특별 배상조항 등이 있을 수 있다.

예를 들어 사업체 안에 들어온 손님이 영업장 안에서 미끄러져 허리를 다쳤다면 그것은 사업주의 장소 관리 부주의로 간주되어 가입하고 있는 사업체보험에서 보상을 해주게 되고, 청구 정도에 따라 보험사의 법무 전문가가 처음부터 손님을 대신해 변호하게 되며, 보상범위와 시기에 대해 손해 보험사가 책임을 지고 일을 처리하게 된다. 이때 가입자의 협조가 반드시 필요하며, 보험회사에서 배상을 해주기 때문에 직접적인 금전 피해가 없으며, 보험사에서 오는 질문서나 협조공문을 무시하는 경우가 많은데 이는 극히 위험한 행동이 아닐 수 없다. 그 이유는 대부분이 보험 증권에 계약자의 협조가 의무화 되 있으며, 배상금액이 가입되어진 보험계약 금액보다 더 많을 경우엔 가입자의 부담으로 떠넘겨지기 때문이다.

보험사가 무조건 가입자의 실수로 인한 상대편의 피해를 배상해주는 것이 아니라 클레임 의 발생 요인이 우연인지 아니면 계획성이나 고의성이 있는 실수인지를 먼저 가리고 난 다음 배상을 해주게 되는데, 만약 고의성이 있는 클레임일 경우, 보험회사에서는 클레임 접수 후 초기 법적대응과 행정비용을 부담하게 되나 고의성의 사실 여부가 가려진 후에는 비상이 거부된다. 또한 형사적인 책임이나 다른 보험법 위반 때에는 보험사 내의 특별수사반으로 보내져 조사를 받을 수 있다. 보험은 유사 때 본인의 의도가 아닌 재해나 사고로 타인에게 손해를 입혔을 경우, 보험보상이 이루어지게 됨을 잊지 말고, 사업체 배상보험과 종업원 상해보험의 내용에 대해 혼동하는 경우가 흔히 있는데 배상보험은 직원이 아닌 타인의 피해를 보상하는 것이고, 상해보험은 종업원들의 피해를 보상한다는 차이점을 인지할 필요가 있다.

4) 상업용 재산보험(Commerical Property) / 사업체보험

Building & Personal Property : 건물 및 개인재산을 소유하고 있는 건물과 사업에 필요한 시설물, 장비, 상품 등 모든 내용물(Contents)이 보상의 범위에 포함된다.

Actual Cash Value(감가상각을 한 실제가격)
Replacement Cost Value(대체보상가격)

어떠한 경우에 손실 보상을 받을 수 있나?

Basic Form인 경우
화재, 번개, 폭박, 폭풍우 또는 우박, 연기, 항공기나 자동차, 폭동, 내란, 파괴, 만행, 소화 장치 누수, 공간의 함몰, 화산활동에 의한 피해가 있을 경우에만 보상이 가능하며

Broad Form인 경우
Basic Form에 의한 원인 외에 유리파손, 낙하물체에 의한 피해, 눈, 얼음 진눈개비의 무게, 돌발적인 물의 방출로 인한 피해, 건물의 붕괴 등에 의한 피해도 보상이 된다.

Special Form인 경우는 이러이러한 것은 안된다고 제외(Exclusion)된 조항 외 에는 모두 보상 받을 수 있는 조건이므로, Basic Form, Broad Form에서 Cover되는 내용은 물론 도난도 포함된다.

일반적으로 Special Form에서Cover 되지 않는(Exclusion)조항은 지진, 정부조치, 전쟁, 보일러 폭발, 핵위험물, 정전, 홍수, 진흙사태에 의한 피해 등이다.

4. 주택 보험 (Home Owner's Insurance)

　주택보험은 주거지에서 필요로 한 재산(property)과 배상책임(Liability)을 포함하는 계약이며, 주택의 소유주가 거주하는 경우 및 거주하지 않고 제3자에게 임대하는 경우에 따라 보상내용이 달라진다. 소유자가 거주하는경우(Owner's Occupied) 본인이 직접거주 함으로서 단순한 주택의 소유주로써의 건물에 대한 재산 피해방지 및 배상책임보험만 가입하게 되고 제3자에게 임대할 경우(Tenate's Occupied)에 가입되는 보상과 함께 직접 거주함에 따라 가재도구 등에 대한 손실을 사고시 혜택을 받는 대책도 필요로 한다. 이러한 경우에 가입하는 보험을 Home Owner's Insurance 라고 하는데, 그 내용은 아래와 같다.

　보험가입 대상은 주택, 부속건물, 수목, 관목, 식물 및 잔디 그리고 가재도구로 구분되며 보험가입자(The Insured)는 보험계약자는 물론 배우자, 친가족, 그리고 21세 미만의 부양자 및 보험계약자의 법정대리인이 포함되며 다음과 같은 원인에 의해 손해가 발생되는 경우 보상이 된다. : 화재, 번개, 도난, 폭풍, 우박, 민간인소용, 항공기, 차량, 연기, 폭발, 만행, 항공기소음, 낙하물, 얼음.

　가정전기제품 등으로부터의 설비 및 배선의 돌발적인 사고 등으로 인한 손실이 보상되나 법령, 지각의 변동, 홍수, 거주지 밖에서 발생한 정전, 가입자의 태만, 전쟁의 핵물질 등에 의한 피해는 보상되지 아니한다.

일반적인 주택보험증서에는 다음과 같은 혜택이 주어진다.
A) Dwelling : 거주를 목적으로 한 건물 및 이에 부착되어 있는 건축물 그리고 건축수리를 위한 재료 등도 포함된다.

B) Other Structure : 주거지에 있는 본체건물과는 분리되어 있는 건축물에 해당하며 보상한도는 주택건물의 10%이다.
C) Personal Property : 가재도구에 해당되며, 가입한도는 일반적으로 주택건물 보상액의 50%이다(단 거주지가 아닌 곳에서의 손실에 대한 보상한도는 상기보상액의 10%이다.). 그러나 현금(cash), 유가증권, 고급시계, 보석류, 모피류, 원고, 총기, 우표, 금, 은제그릇 등의 보상에는 보험회사마다 일정한 한계가 있으며(예 : 보석은 $1,000까지, 현찰은 $1,500까지)약간의 추가 보험료(Premium)를 지급함으로써 그 한도를 증가시킬 수 있다. 가재도구 중에는 동물, 조류, 어류, 항공기, 기숙자의 재산, 사업용재산은 보상범위에서 제외된다.
D) Living Expense : 사고 발생으로 입주불능이 되어 호텔 같은 곳으로 임시 거주함으로서 소요되는 추가생활비나 잔존물의 제거비, 소화비용 등을 보상해주는 혜택이다. 보상한도는 주택건물한도액은 20%이다
E) Personal Liability : 보험계약자에게 법적인 보상책임이 있는 경우에 보험회사에 대신하여 지급을 하며 그 지급액은 제3자의 대한 인명, 재산피해액 및 법적비용도 포함된다.
F) Medical Payment : 사고가 가입자의 주거지에서 발생한 경우 및 가입자 또는 고용인에 의한 경우, 그리고 가입자 소유 또는 관리하에 있는 동물에 의한 경우에 지급되는 의료비이다 보상한도는 일반적으로 개인당 $500, 사고당 $25,000로 되어있다.
　예) 애완용 개가 지나가는 행인을 물은 경우

기타 특별히 주택보험에서 알아두어야 할 내용

A. 보험이 무효가 되는 경우
건물이 계속하여 60일 이상 사용되지 않는 경우.
손해의 발생전 또는 발생후 보험회사에 대해서 중요한 사실을 숨기거나, 허위의 신고를 하였을 경우, 사고 발생후 더 이상의 손해가 발생하지 않도록 조취를 취하지 않는 경우에는 보험이 무효가 될 수 있다.

B. 사고 발생시의 통지
가입자는 사고 발생시, 지체 없이 서면으로 회사에 통지하여야 하며, 60일 이내에 손실에 대한 수량, 원가, 시가 및 청구액을 제시하여야한다.
사고발생시 보험대리인(Agent) 그리고 Broker에게 통보하는 것으로 모든 것이 해결된 것으로 보는 경우는 어리석은 판단이다. 통보이후 준비하는 모든 것은 가입자가 스스로 얼마만큼 빨리 손실에 대한 준비를 하는 것이 쉽게 보상을 보험회사로부터 받는 방법임을 강조한다.
손해액에 대해 보험회사와 분쟁이 있을 경우에는 독립된 사정인 (Independent Adjuster)에게 중재를 의뢰할 수 있으며, 손실의 발생이 누군가 다른 사람의 과실에 의해 발생하였을 경우, 보험회사는 지불된 금액에 대해 그것을 반환받기 위해 제3자를 법적인 고소를 할 권리를 갖는다.

C. 보험의 해약
보험은 당사자간의 계약이므로 보험가입자든지, 보험회사든지, 어느 쪽이든지 언제든지 해약이 가능하다.

보험이 해약되는 경우에는 보험료는 가입되어있던 기간이 정산되어 반환된다. 그러나 보험회사 측에서 보험을 해약하는 경우에는 최소한 5일전에는 서면으로 가입자에게 통지하여야하며, 모든 통지는 보험회사에서 가입자에게 서면으로 하게 된다.

1) 주택보험에서 알아두어야 할 다섯 가지

주택 소유주 보험은 흔히 줄여서 주택보험이라고도 불리는데 화재, 도난, 또는 주택에서 발생하는 신체적 피해 등에 대비해 가입하는 보험이다. 예를 들어 화재 보상의 경우 방화를 제외한 화재로 인한 건물 및 재산 피해를 보상 받을 수 있다. 뿐만 아니라 화재 발생 후 건물 수리 또는 재건축 때 발생하는 숙박 비용에 대해서도 보상되기 때문에 주택보험은 주택 소유주에게 반드시 필요한 보험이다.

이처럼 주택보험은 주택 소유주라면 누구나 가입하는 가장 흔한 보험중 하나이지만 내용을 모른체 가입하는 경우가 많다. 보험료가 보험회사에 따라 최고 2배까지 차이가 나기도 하고 주택 내 시설에 따라 보험료가 정해지기도 한다. 주택보험에 대해 알아둘 점 5가지에 대해 알아보자.

(1) 섣불리 갱신 하지 않는다.

해마다 주택보험 계약기간 만료일 전이 되면 갱신을 통보하는 서류가 재깍 우송된다. 이때 가입자들이 혹시 있을지도 모르는 보험 내용 및 보험료 변동사항을 제대로 확인하지도 않고 갱신하기 쉽다. 하지만 보험 계약갱신 관련서류가 도착하면 보험료 부문을 포함, 기타 사항을 반드시 확인해야 한다. 또 계약기간 만료 전 타 보험사의 보험료와 비교해 보고 보상내용과 보험료 조건이 유리한 회사로 보험계약을 이전하는 것도 좋은 방법이다.

(2) 과다한 보상범위는 삭제한다.

보험계약 갱신 때 보상범위를 다시 한번해 보고 불필요 하다고 판단되는 내용은 과감히 삭제해 보험료를 낮춘다. 주택보험 보상 내용 중 최근 가장 불필요하게 여겨지는 것이 인플레이션에 대비한 보상내용이다 만약 주택 가치가 계속 상승하는 반면 피해보상 한도액은 주택가치 상승과 무관하게 일정수준을 계속 유지한다면 피해 발생 때 가치 상승분에 대한 보상을 받을 수 없게 된다. 특히, 주택가격이 가파르게 상승하던 시기에 주택보험을 가입한 대부분의 계약자들이 이 같은 내용을 보험 계약에 포함하고 있는 경우가 많다.

(3) 보험기록을 관리한다.

은행에서 주택 융자를 발급받기 전 고객의 크레딧 기록을 점검하듯 보험사도 보험 신청인의 과거 보험가입 기록을 점검한다. 과거 주택보험과 관련 피해보상 신청 유무와 신청한 피해보상의 형태 등을 확인한 뒤 보험가입여부와 보험료 등을 결정한다. 대부분의 보험회사들은 전국적인 데이터망을 구축하고 있는데 리포트를 통해 과거 보험 클레임 기록을 확인한다. 하지만 크레딧 리포트 상에 오류가 종종 발견되듯 이를 정정하지 않고 가입을 신청했다간 거절당하거나 높은 보험료를 적용 받을 수 있다. 보험 가입 신청전 리포트 사본을 발급받아 오류가 있는지 확인하고 오류가 발견되면 정정작업을 해야 한다.

(4) 사소한 피해보상은 삼가함이 좋다.

사소한 피해까지 주택보험을 통해 보상을 신청하면 보험료가 인상되니 주의해야 한다. 창문파손, 수도관파열 등의 피해를 일일이 보험사를 통해 보상받다 보면 보험료가 10-15% 오른다고 한다.

(5) 주택 과거 기록도 따진다.

만약 홍수나 산불이 자주 발생했던 지역에 주택을 구입한다면 주택보험 클레임 기록을 더욱 철저히 확인해야 한다. 만약 과거 클레임 기록이 빈번하거나 금액이 크다면 보험료 인상이 확실시 되므로 주택구입 전 셀러와 주택 판매가격을 다시 협상해야 원치않는 보험료 인상에 대한 보상을 받을 수 있다.

5. 본드(Bonds)

본드는 우리가 흔히 접하는 분야는 아니지만 전문업종이나 특별한 경우에 요구되는 보험 상품으로 보증회사와 principal(제3자를 위해 본드를 필요로 하는 개인이나 회사), obligee(본드의 혜택을 보는 제3자), 그리고 indemnitor(보증회사의 손실과 그에 대한 비용을 변증하기로 보증하는 개인이나 회사; 항상 요구되는 것은 아님)의 밀접한 관계로 이루어져 있다. 즉, 본드는 제3자 에게 principal이 지불해야 할 금액을 보험회사가 대신 지불하기로 약속하는 것을 말한다. 본드는 많은 종류가 있으며 본드를 발행하기 위해서는 특정한 서류들이 필요하다.

1) 본드의 종류
(1) License and Permit Bond

개인들이 필요한 라이센스나 영업허가서를 받아서 영업을 할 때 발생하는 사고로 인해 시 또는 카운티, 그리고 주정부를 상대로 들어오는 클레임을 대비하기 위한 본드를 말한다. 예를 들어, 면허 업종은 컨트랙터의 영업 허가서, 이발소, 세탁소, 보험 대리인, 일반인을 위한 공증사의 면허, 허가업종은 판매세, 개인주택의 driveway의 포장 또는 보수 공사를 할 때 받는 공사 허가서 따위가 본드에 해당된다. 본드의 금액은 작게는 천불부터 5천불이 대부분이었으나, 몇 년 전부터 license bond는 업종에 따라 2천 5백불 또는 만불까지 준비하도록 개정되었다. 본드는 license나 permit을 부당하게 사용하여 재정적으로 피해를 받는 사람이 청구를 하게 된다.

(2) Court Fiduciary Bonds

개인이 재산권, 보호자, 수취인, 보관인의 관리자나 유언 집행자로서 임무를 수행할 때 돈과 재산을 취급하도록 허가를 받을 때 요구된다.

(3) Judical Bond

법원에서 요구되는 본드로써 원고 본드, 피고인 본드의 종류가 있으며, 원그나 피그는 법원의 판정에 따라 법정비용과 그 손실을 지불해야만 된다. 이런 경우를 대비하여 법원에서는 본드를 요구하게 된다. 본드를 구입해야 할 원고나 피고는 경험이나 평판 또는 법정 상황에 따라 좋은 재정 상황을 갖추고 있어야 구입할 수 있으므로 발행 받기 힘든 본드 중의 하나이다.

(4) Contract Bond

건축 공사자가 공사를 하기 위한 합의금액을 지키지 못할 때 책임을 지어주어야 하기 때문에 요구되어지는 것이다. 즉, 건축 공사자가 공사를 수주받은 뒤 공사를 맡긴 측에서는 공사가 공정기간에 끝날 수 있는지 또는 견적을 잘못하여 실제보다 적게 작성을 하였다는 사실을 알게 되었을 때 그 차액의 비용을 지불하지 않을 것이다. 이런 상황 하에서 공사자는 공사를 계속할 수 없게 되므로 부분적으로 공사가 끝나지 않게 되는 경우를 초래하게 된다. 이 때 본드가 부대비용으로 지불하게 되며, 본드 한계액까지 지불함으로써 공사를 맡긴 시공자를 보호하게 된다. 실제로 시공자가 원하는 본드는 2개이나 종종 한 가지 본드만으로도 같이 묶어서 발행되기도 한다. 두 가지 중 첫째는 performance bond로 이는 공사자측이 계약서에 명시된 대로 그 일을 완수하겠다는 약속을 보증하는 본드이고, 또 하나는 payment bond로써 공사자 임금, 원자재비용, 하청업자의 임금과 기타 관련비용 모두를 지불할 것을 보증하는 본드이다.

(5) Bid Bond

대부분의 건축업은 유자격 공사자가 공사를 수주 받기를 바라며 공개 입찰을 할 경우, 가장 낮은 가격으로 제시하는 사람이나 업체에 낙찰되게 된다. 일반적으로 공개 입찰을 하는 경우 특정한 날짜와 공사금액의 5%부터 20% 사이 금액으로 특정 퍼센트, 대개는 10%에 해당되는 금액이나 입찰 액수 중 가장 낮은 가격에 낙찰이 된다. 이 때 이 금액을 보증하는 본드를 말한다.

(6) Fidelity Bond
　종업원의 부정직한 행동으로 인해 발생된 손실을 고용주에게 보상하는 본드이다.

2) 본드 구입 위한 서류와 자격 요건
a. Application
b. Financial Statement(5천불 미만의 본드, license 본드에는 필요치 않음)
c. 추가 비용 – 비지니스 경력과 학력, 전문성, 현재 진행 중인 비지니스 내용 또는 공사 수주 현황, 과거에 끝마친 일, 은행 기록, 거래처 기록
d. 담보물
　　i. 은행 세이빙 구좌 저당권
　　ii. 연방정부나 주정부에서 발행한 채권
　　iii. 우수회사의 증권이나 채권
　　iv. 신용장(Letter of Credit)
　　v. 생명보험하의 캐쉬밸류 또는 보험금
　　vi. 집, 건물 문서(Trust Deeds on Property)

6. 유언(Will)장과 트러스트(Trust)

1) 유언장

고대 로마인들도 유언장을 써왔으며, 그 이전의 시대에도 유언장에 비유할 기록들을 가지고 있다. 현대 서구사회에서는 취소가능 생전 신탁(Revocable Living Trust)과 유언장(Will)을 통해 상속 계획을 추구하고 있다.

유언은 18세 이상의 정신상태가 건강하고 자신의 재산 상태나 가족관계에 관한 건전하고 일반적인 상식이 있는 성년이면 누구나 남길 수 있다.

유언에는 특별한 약식이 없지만 대부분의 주에서는 이 유언에 증인 두 명이 서명을 하도록 하고 있다. 그러나 미국법에서는 홀로그래픽(Holographic)이라고 하지만 타자기나 컴퓨터를 쓰지 않고 완전히 손으로 쓰는 유언은 증인이 없어도 무방하다.

그러나 증인이 없는 유언은 나중에 유언의 내용에 시비를 다투는 사람이 생길 가능성이 크기 때문에 가급적 증인이 서명을 하는 유언을 남기는 것이 좋다.

미국에서는 변호사를 찾아가서 유언을 남기는 사람들이 많은데 이것은 유언과 관련하여 세금, 연금, 보험 등등 여러 가지 법률문제가 따르기 때문이다.

자기만 알 수 있는 곳에 유언을 감추어 두고 사람이 죽어버리면 이것도 유언을 무효화 시킬 의도로 감춘 것으로 간주되어 마치 유언이 없었던 것처럼 상속 등이 집행된다. 따라서 유언은 절대 혼자서만 아는 곳에 두어서는 안되고 가급적이면 사본을 만들어서 변호사, 은행, 혹은 믿을 수 있는 사람에게 사본을 맡겨 두는 것이 안전하다.

　한국에서 작성된 유언도 미국에서 효력을 가질 수 있지만 이것은 주마다 차이가 있다. 그러나 일반 원칙은 한국이 그 주에서 작성된 유언에 효력을 부여하면 그 주도 한국에서 작성된 유언에 효력을 부여하는 것이다. 국제법에서는 상호주의 (reciprocity) 의 원칙이라는 용어를 쓰고 있다.

　만일 유언을 남기신 분이 이미 돌아가셨고 유언의 내용이나 재산 분배에 대해 다툼이 생긴 경우에는 당사자들이 모여서 일단 화해를 시도해 보고 만일 이것이 안되면 변호사나 제3자를 통해 중재를 한번 시도해 보고 그것도 안되면 법정에 가서 소송으로 재산 분배에 대한 처리를 해야 한다.

　지금 미국인들은 유언을 남기는 것에 대해 회의를 느끼는 사람들이 많다. 그 이유를 들면 다음과 같다.

　첫째, 미국에서 유언은 반드시 공식기록이 남도록 되어 있다. 즉 유언의 내용은 누구든지 알고 싶으면 열람을 할 수 있도록 되어있다. 따라서 가족관계나 누가 얼마의 돈을 상속했다는 내용 등을 일반사람들이 알게 되는, 그렇게 달갑지 못한 결과가 기다리고 있는 것이다.

　둘째로 이 유언에는 상당한 금액의 변호사 비용이 따른다. 참고로 캘리포니아 같은 주에서는 유언에 나와 있는 금액의 일정 퍼센트를 변호사가 받을 수 있도록 하고 있다. 캘리포니아 석유 부호인 폴 게티가 죽으면서 변호사 비용만 $27,000,000를 지불한 것은 유명한 일화이다.

　셋째로 이 유언의 집행은 시간이 많이 걸린다. 현재 미국에서 유언을 집행하는 데 걸리는 시간의 평균은 1년에서 2년 정도다. 경우에 따라서는 수년이 걸릴 수도 있다.

넷째로 이 유언의 작성 및 집행은 재산이 있는 곳에서 가능하다. 즉, 시카고에 사는 분이 뉴욕의 재산에 대해서 유언을 남기면 두 곳에서 유언을 남기든지 아니면 시카고에서 남긴 유언을 뉴욕으로 들고 가서 다시 효력을 인정받아야 되는 번거로움이 있다.

다섯째, 유언은 사람이 운명하기 전에는 효력을 발생하지 않는다. 따라서 유언을 남기는 사람이 저 세상으로 떠나면 그때부터 유언의 내용을 둘러싸고 자식들 혹은 친척 사이에 다툼이 생길 확률이 높다.

여섯째, 유언에 의한 상속은 상당한 양의 연방세금이 따른다. (올(2010) 한해만 상속세는 없고 2011년부터는 미 의회가 다시 정하지 않는다면 $1,000,000(백만불)로 공제금액이 2002년 수준으로 돌아가게 된다.)

사람들이 대개 자신의 재산이 정확히 얼마인지 모르고 죽는 경우가 많기 때문에 세금의 된서리를 맞는 지름길이 될 수 있다. 대개 재산의 양에 따라 세금이 정해지기는 하지만 과거 미국인들이 내는 상속세는 상속되는 재산의 약 37%에서 55%에 이르고 있다.

배우자가 아직 살아 있을 경우에는 유언에 의한 재산상속에 배우자 몫은 과세를 하지 않는다. 이것을 결혼 면세 (Marital Deduction)라고 한다.

따라서 세금을 안 내거나 덜 내려면 배우자에게 고스란히 재산을 물려주면 될 것처럼 보이지만 배우자가 곧 세상을 떠날 확률은 현재 미국에서는 7년 이내이다.

따라서 이 배우자가 세상을 떠나게 되면 이 배우자 몫의 재산이 자식들에게 상속이 되면서 면세가 일정 한도가 넘는 부분에 대해서는 연방 정부로부터 세금고지서가 날아 올 것을 각오해야 한다.

2) 트러스트

현재 미국에서는 특히 60만 달러 이상의 재산을 가진 부자들이 유언의 대안으로 '트러스트'를 선호하고 있다.

한국에서는 트러스트는 소위 '신탁'이라는 은행 형태의 사업을 통칭하고 있다지만 미국에서 트러스트는 은행사업이 아닌 유언의 대안, 특히 상속에 따른 세금을 절약할 수 있는 제도적 장치로 사람들에게 인기를 끌고 있다.

트러스트란 자신의 재산을 제3자에게 맡기면서 그 원금이나 이자를 자식이나 지정된 사람 혹은 기관이 지불받을 수 있도록 하는 제도이다.

예를 들어 3년이라는 시한부 인생을 사는 A가 열두살 된 딸과 열살 된 아들 앞으로 재산을 남기는 방법으로는 아무런 대책 없이 세상을 떠나는 방법, 유언을 남기는 방법, 그리고 트러스트를 작성하는 방법 세 가지가 있다.

이 중 무대책과 유언을 남기는 방법은 세금 납부, 유언 집행 등 여러 가지 법적인 문제가 따를 뿐 아니라 나이 어린 꼬마들이 재산을 제대로 운용할 수 없을 것이란 심각한 문제가 따른다. 비공식적으로 친구에게 아이들과 돈을 부탁 할 수 도 있지만 이는 인간의 마음이 언제 어떻게 변할지 모른다는 불안한 구석이 존재한다.

이런 경우 혹은 나이 든 자식이라도 재산관리능력이 없다 싶으면 Living Trust를 살아생전에 만들어 놓는다.

Living Trust는 크게 두 가지로 구분할 수 있는데, 취소가능생전 트러스트(Revocable Living Trust)와 취소불가능 생전 트러스트(Irrevocable Living Trust)이다.

취소가능생전 트러스트는 다시 수정할 수 있고, 폐기처분도 할 수 있으나, 취소불가능트러스트는 한번 만들면 없앨 수가 없다.

예를 들면 생명보험은 사망시 소득세는 안내지만 재산상속시 유산으로 간주되어 상속세금은 내게 된다. 이를 방지하기 위해 따로 인슈런스 트러스트를 만들어 그 안에 생명보험을 넣어두면 보험 금액에 상속세가 부과되지 않아, 그 금액으로 생존가족들이 내야할 상속세 납부 및 기타 용도로 쓸 수가 있다. 이런 Insurance Trust는 취소불가능 생전 트러스트이다.

트러스트의 이점은 다음과 같다.

첫째, 유언과 함께 Trust서류를 작성해 놓는다. 특히 재산이 많은 분들은 사유재산이 타인에게 공식적으로 알려지는 것을 꺼리는데 이때 트러스트가 도움이 될 것이다.

둘째, 자신의 직계가족에게 국한시켜 재산을 남길 수 있다. 유언을 남기지 않고 죽어버리면 평소 아무런 관련도 없었던 사람들이 갑자기 친척이라는 이유하나만으로 재산분배에 관계하기 시작하는 경우가 생기고 유언을 남길 경우에도 유언의 내용에 불만을 가진 사람들이 유언을 남긴 사람이 이미 죽었다고 그 내용에 대해 마음 놓고 이의를 제기할 가능성이 있는 데 반해, 트러스트는 생전에 만들어서 언제든지 생전에 운용하고 그 내용을 수정할 수도 있기 때문에 앞서의 여러 가지 문제점들을 극복할 수 있다.

셋째, 재산관리능력이 없는 자식들을 위해 우수한 제도이다. 비록 나이가 들었더라도 소견이 모자란 이런 자식들을 위해서는 원금을 보호하고 자식의 생활비도 보조할 겸 트러스트를 이용하는 게 좋다. 또 그 원금은 여러 가지 형태로 사회에 재투자될 수도 있으니 트러스트는 사회전체의 효용을 증가시키는 효과를 가진다고도 할 수 있다.

넷째, 유언의 집행(Provate)에 따르는 시간적 - 금전적 손실을 막을 수 있다.

다섯째, 유언을 만드는 것은 생전(生前)이지만 그 효력은 죽는 순간부터 발효되는 데 비해 트러스트는 만드는 것도 운용하는 것도 모두 생전이어서, 유언자가 자기 재산에 대해 훨씬 탄력적인 영향력을 행사할 수 있다.

물론 트러스트는 누구를 수탁자(trustee)로 지정할 것인가가 문제가 된다. 재산을 남기는 사람 스스로가 자기 재산의 수탁자가 될 수도 있지만 트러스트는 자기가 죽었을 경우를 대비하는 것이므로 그렇게 하는 것은 현명한 선택이 아니다.

따라서 가장 신뢰할 수 있는 사람인 가족이나 가까운 친구, 친척, 변호사, 회계사 혹은 은행이나 기타 금융기관 등을 수탁자로 지정하면 되는데 지리적으로 가까이 있는 사람일수록 적합하다.

영주권자가 아닌 외국인(non Resident Aliens)이 미국내 재산(부동산, 동산)을 소유할 시 상당한 주의를 해야 한다.

사망시 미국 시민권자들과 마찬가지로 상속세와 증여세를 내야 하는데 시민권자들과 확연히 다른 강력한 세금 추징을 하게 된다. 평생 면세금액에서 엄청난 차이가 있기 때문에 상속 전문변호사와 상담을 하는 것이 중요하다.

특히나 한국과 미국간에는 상속세 협정이 없는 관계로 요즘 같은 국제화시대에 미국내 여러 이유로 재산을 취득할 경우 상당한 유의를 요한다.

미국에 온 한인 이민 1세들은 고생해서 돈을 모으기만 했지 이를 어떻게 운용할 것인가에 대해 생각해 보지 못한 것 같다.

하지만 이제는 투자나 상속도 눈여겨 볼일이다. 은행이나 보험회사들은 트러스트에 대해 무료로, 언제든지 상담할 준비가 되어 있으니 현재 가진 재산 상태를 잘 파악하여 어떤 방법이 인력과 시간과 경제면을 고려하여 가장 효과적인 방법인지 그들과 혹은 이 분야에 경험 있는 변호사나 회계사들과 함께 상의해 보자.

AXA Advisor 차상석
문의 : 213-368-5725

제 11 장 이민과 자녀 교육

1. 미국이민

1) 미국의 무비자 시대

한국을 포함한 체코와 에스토니아 등 3개국을 비자 면제 프로그램에 포함시키는 법안이 미국 상하원을 통과한 후, 부시 대통령이 2007년 8월 3일 한국을 비자 면제 프로그램에 확대 포함하는 방안인 9.11위원회 권고사항 이행법안에 서명함으로써 한국인도 비자 없이 관광과 비즈니스 목적의 미국 입국이 가능해졌다.

현재 비자 면제 프로그램에 가입된 국가 등은 안도라(Andorra), 오스트레일리아(Austrailia), 오스트리아(Austria), 벨기에(Belgium), 브루나이(Brunei), 덴마크(Denmark), 핀란드(Finland), 프랑스(France), 독일(Germany), 아이슬란드(Iceland), 아일랜드(Ireland), 이탈리아(Italy), 일본(Japan), 리히텐슈타인(Liechtenstein), 룩셈부르크(Luxembourg), 모나코(Monaco), 네덜란드(the Netherlands), 뉴질랜드(New Zealand), 노르웨이(Norway), 포르투갈(Portugal), 산마리노(San Marino), 싱가포르(Singapore), 슬로베니아(Slovenia), 스페인(Spain), 스웨덴(Sweden), 스위스(Swiss), 영국(England)의 27개국 외에 위의 3개국이 추가되었다.

2) 이민 비자와 비이민 비자

미국 이민은 크게 이민 비자와 비이민 비자의 둘로 나누어진다. 이민 비자는 주로 가족이민이나 취업이민의 형태로 이민 비자를 발급받아 이민자의 신분을 취득하게 된다. 비이민 비자는 관광, 유학 및 여행, 사업, 외교 등의 목적으로 단기간의 미국을 방문하고자하는 사람들에게 주어진다.

미국 국토안보부는 이미 미국에 입국하는 모든 외국인에 대하여 지문과 사진 촬영을 하고 있다. 이로 인하여 앞으로 미국 입국은 점점 어려워질 전망이다. 테러로부터 미국의 안전을 보장하기 위한 조치이지만 순수한 관광객들과 외국인들도 공항에서 사진과 지문을 찍기 위해 줄을 서는 불편을 감수해야 한다.

2007년 1월의 영주권 문호를 보면 가족이민의 경우 1순위인 시민권자의 성인 미혼 자녀가 약 4년 반을 기다리고, 2순위인 영주권자의 배우자 및 21세 미만 미혼 자녀는 7년을, 같은 2순위인 영주권자의 21세 이상 미혼 자녀는 약 10년, 3순위인 시민권자의 기혼 자녀는 8년을 기다리고, 4 순위인 시민권자의 형제자매는 미국에 오기 위하여 약 13-14년을 기다려야 한다. 이처럼 연고자 초청에 의해 미국에 오는 것도 갈수록 체증이 심해지고 있다.

그동안 미국은 연고자 초청에 의한 이민이 대부분이었다. 연고가 없는 사람들이 이민갈 수 있는 방법은 투자이민과 취업이민이다. 하지만 투자 이민은 100만 달러의 투자금 때문에, 취업이민은 7-8년의 오랜 수속기간에도 불구하고 후원이 갈리는 등 불확실성 때문에 소수의 한인들만이 신청하여 영주권을 받고 있다.

이에 비하여 E를 통한 투자 비자가 인기를 끌고 있다. 비이민 비자이지만 일단 $200,000-$300,000의 미국 내 투자로 비자를 받을 수 있기 때문이다. 또한 미국 내에 일단 B-2(방문)

비자로 들어온 후 신분 변경을 통해 투자 신분으로 변경하는 E-1 & E-2가 가장 많다. 신분 변경을 통한 E-1 & E-2는 미국 내에서만 체류해야 하는 체류상의 불편함과 제한에도 불구하고 일단 $100,000내외의 투자를 통해 가족이 미국에 합법적으로 체류하는 장점 때문에 미국 정착을 꿈꾸는 한인들에게 가장 인기가 높다.

취업이민도 각 분야마다 쿼터가 있지만 1순위부터 5순위까지 전부 닫혀있는 상태이다. 취업이민 1순위는 특수한 능력을 지닌 유명 교수와 연구원, 다국적 기업의 임원들을 말한다. 2순위는 과학, 예술, 경영 분야의 특출한 재능을 지닌 사람을 대상으로 하고 있다. 3순위는 2년의 경험이 있는 숙련공과 비숙련공이 해당된다. 4순위는 성직자 및 종교 관련 종사자에게 주는 쿼타가 있다. 5순위인 투자이민도 쿼터가 있다. 투자이민은 높은 투자금 때문에 극히 소수의 한인들이 활용하고 있는 실정이다.

3) 무비자 시대와 종교 비자 (R-1)

무비자시대가 되면 일단 B-1(관광)이나 B-2(상용방문)비자로 들어와 신분 변경을 통해 R-1(종교 신분)을 받는 것이 어렵게 된다.

대체적으로 종교 비자를 통해 영주권을 받는 것이 취업 비자나 취업이민보다 훨씬 빠르다.

종교 비자는 영주권을 쉽게 받을 수 있기 때문에 한인들만이 아니고 소수 이민자들에 의해 남용되어 왔다. 후원 종교단체와 신청자의 자격이 확실하고 세금 보고만 잘 준비하면 사역 후 2년 뒤에 영주권을 받을 확률이 50% 이상이다. 종교단체에서 사역자로서의 안수증과 종교대학 졸업장이 필수이므로 사전에 준비하고, 종교단체장의 추천서 같은 것들도 준비해서 미국에 입국하는 것이 좋다. 대형 교회에서 후원할수록 영구권을 받을 확률이 높아진다.

R-1 비자나 신분은 종교직에 종사하는 사람들을 위한 것으로 목사, 부목사, 협동목사, 및 음악 목사들이 이에 해당한다. 또한 종교학을 가르치는 교수나 교사 및 기독교신문 편집인과 전임강사들도 가능하다. 마지막으로 선교사, 부흥강사, 기독교 방송인 및 기독교 출판에 관련된 전문직 종사자들도 신청할 수 있다. 그러나 중요한 것은 종교직에 관련된 것을 증명할 수 있는 안수증, 학위 및 경력증명서와 교단증명서 등이 있어야 한다.

4) 취업 비자 (H-lb)

취업 비자(H-1b : 전문직 임시고용)는 주로 전문 직종을 가진 외국인에게 단기적으로 미국에서 일할 수 있도록 허가해주는 비자이다. 특히 취업 비자는 미국에서 학생 비자(F-1)로 공부한 사람들이 졸업 후 1년간의 옵션 기간 이후 일을 하면서 미국에 체류할 수 있는 좋은 방법이 된다.

취업 비자를 받기 위한 기본조건은 주로 학사나 석사학위를 가진 전문 직종이어야 한다. 주로 전문의, 회계사, 한의사, 컴퓨터 프로그래머, 엔지니어, 패션 디자이너, 마케팅 매니저, 그래픽 디자이너, 호텔 매니저, 목회자, 약사, 소셜 워커, 소프트웨어 디자이너, 웹 디자이너 등이다. 취업을 후원해주는 회사는 재정적으로 든든해야 하며, 또한 왜 전문 직종의 종사자를 구하는지 요구되는 업무 설명을 해야 한다. 취업 비자는 장차 영주권까지 받을 수 있는 아주 좋은 기회이다.
  또한 후원은 적정보수를 지급하겠다는 약속을 해야 하며, 일할 외국인은 대학 학위와 성적표 및 신청서류를 작성해 보내야 한다. 취업 비자는 3년씩 주어지며, 최고 6년까지 미국에 체류할 수 있다.

5) 취업 이민 (EB-3)
  한국인들에게 가장 적합한 것은 취업 3순위인 숙련공과 비숙련공, 그리고 취업 5순위인 투자이민이다. 이 중에서 먼저 취업 3순위를 보고자 한다.
  취업3순위는 두 가지가 있다. 첫째는 학사학위 이상 취득자로 전문직 또는 2년 이상 경력의 비전문직 숙련공이 대상이다. 실상 숙련직이 가능한 직종은 후원에 따라 많이 달라진다. 둘째는 학위를 불문한 비전문직 비숙련공이 대상이다.
  취업3순위에 있어 숙련공(2년의 경력자)과 비숙련공의 차이는 쿼터만을 보았을 때는 4만 명(숙련공)과 1만 명(비숙련공)의 차이로 4배이다. 또한 지난 10년의 통계를 보면 신청부터 비자 인터뷰까지 걸리는 시간은 비숙련공이 2-3배의 시간을 더 요구한다. 숙련공은 주로 서류를 처리하는 과정으로 2-3년의 기간이 걸렸지만 비숙련공은 쿼터가 적어 인터뷰 날짜를 기다리는데 6-7년이 걸렸다. 마지막으로 숙련공은 후원하는 회사를 찾기가 용이하다. 하지만 비숙련공은 후원할 회사를 찾기가 쉽지도 않고, 서류수속 중 기대치 않은 돌발사태가 발생할 염려가 숙련공보다 많다. 그러므로 취업3순위로 이민을 신청하려는 사람들은 2년의 경험이 있는 숙련공으로 이민신청을 하는 것이 현명한 방법이다.

6) E 비자

　E비자는 크게 E-1(무역투자)과 E-2)비자로 나누어진다. E-1은 한국과 미국의 무역거래에 종사하는 소유주나 중요 종업원들에게 허락되는 비자이며, E-2는 소액투자자나 그 사업체의 중요 종업원들에게 허락되는 비자이다. 후원하는 업체만 다를 뿐 E-1과 E-2는 거의 90% 이상이 동일한 절차와 방법으로 비자가 진행된다.

　합법적인 미국 영주권 취득이 점차 어려워짐에 따라 미국 정착의 대안으로 한인들에게 E-2비자가 각광받고 있다.

　미국 국토안보부(DHS : Department of Homeland & Security)의 비이민 통계에 의하면 E-1전체 비자중 일부분이 약 80%를 점유하고 비자를 받았다. 한인 E-1 발급자 들은 2006년에 8%에서 매년 약 10-12% 추세로 증가하고 있는 것으로 추정된다.

2. 서류미비 신분자의 교육

1) 불법체류신분과 자녀 교육

　무비자로 미국에 들어와 90일이 지나도 한국으로 돌아가지 않으면 서류 미비 신분이 되며, 서류 미비자가 된다. 조금만 소홀히 하면 무비자시대 전보다 더 빨리 서류 미비 신분이 된다. 무비자시대 전에는 보통 체류기간을 6개월 주었기 때문이다. 해가 갈수록 서류 미비자들의 생활은 불이익을 당하고 있다. 2000년 이전에만 해도 신분을 따지지 않고 소셜 시큐리티 번호를 받는 경우가 많았는데, 매년 이민정책이 강화되면서 이제는 합법적으로 일할 수 있는 신분이 아니면 소셜시큐리티 번호를 받을 수 없다.

 아이들이 서류 미비자가 되면 일단 소셜 시큐리티 번호가 없고, 세금 보고를 할 때도 개인납세자번호(ITIN: Individual Tax Identification Number, 필요할 서류를 작성하여 미국 연방국세청(IRS: Internal Revenue Service)에서 받는다)를 받은 후 세금 보고를 하는 등 여러 불이익을 감수해야 한다. 아이들이 초등학교부터 고등학교를 졸업하기까지는 합법적인 거주자와 차이가 없지만 대학에 들어갈 때는 많은 차이가 있다. 즉 소셜 시큐리티 번호가 없으면 대학에서 일반적으로 받는 FAFSA(Free Application for Federal Student Aid;미국 정부에서 주는 대학생 자녀들의 학비보조금)라는 주정부와 연방정부의 교육비보조를 전혀 받지 못한다. 또한 각종 장학금을 받는 데도 불이익을 당한다. 미국의 대학등록금이 만만치 않은데, 4년간 비싼 학비를 다 내고 다니려면 큰 걱정이다.

 불법체류 신분이 되면 당사자만 경제적, 사회적 불이익을 당하는 것이 아니고 아이들도 여러 면에서 불이익을 당한다. 대학들마다 서류 미비자들에 대한 등록금 정책이 다르기 때문에 아이들이 AB540(캘리포니아주의 경우 서류 미비자 자녀들에게 일정한 자격을 충족시키면 캘리포니아주 거주자로 대학등록금을 낼 수 있도록 제정된 법안)을 잘 모르면 외국인과 동일하게 높은 등록금을 내게 된다. AB540은 서류 미비자로서 미국에서 3년제 고등학교를 졸업했으면 대학 입학시 등록금을 영주권자와 동일한 혜택을 받을 수 있는 법령이다. 이 법령이 통과된 지는 거의 10년이 다 되어 가는데 실제적으로 대학에서 활용되지 않아 학교 재정 담당자들조차도 모르는 경우가 있기 때문이다.
　또한 대학 졸업 후에도 특별히 공부를 잘해 전문직에 취업하려 해도 서류 미비자는 연방 공무원이나 의사가 되는 것은 거의 불가능하다.
　신분관계로 공립 고등학교에 등록이 어려우면 다음과 같은 몇 가지 선택을 할 수 있는데, 첫째, 2년제 대학(Community College)에서 제공하는 외국인을 위한 영어반(ESL)이나 이민자들을 위한 성인 영어교육기관(Adult School)이 있다. 수시입학이 가능한 곳들이 많고, 비용이 저렴하며, 파트타임이나 풀타임으로 선택할 수 있는 곳들도 있다. 둘째, 영어학원에 다닐 수 있다. 수강료는 지역마다 많은 차이가 있지만 미국인이 운영하는 영어학원보다 한인이 운영하는 영어학원이 다소 저렴하며, 월 수업료는 $600정도이다. 셋째, 사립학교에 잠시 보낸다. 지역마다 많은 사립 중고등학교들이 있다. 상대적으로 공립학교보다는 좋지만 사립학교라고 안전한 곳은 아니다. 등록금은 월 $600내외이다.

2) 서류미비자 자녀의 대학교육
(1) 커뮤니티 칼리지(Community College : 2년제 대학)
　2007년 말 캘리포니아주의 서류 미비자 아이들이 소셜 시큐리티 번호에 상관없이 거주지 주변의 커뮤니티 칼리지에 다니려고 하면 AB540법에 의하여 고등학교 졸업장이 있는 학생 등은 캘리포니아주의 거주자(Resident)와 같은 등록금을 낸다. 한 유닛(Unit)당 $20내고 거의 무료로 다니면 된다. 약2년 동안 60학점을 이수하고 자신의 대학 성적평점과 학습능력에 따라

CSU(California State Univesity : 4년제 캘리포니아 주립대학. 직장인들이 많이 다닌다.)나 UC(University of California : 4년제 캘리포니아 주립대학. 순수학문을 추구하는 학생들이 많다.) 계통으로 편입할 수 있다. 미국의 각 주에는 주정부에서 운영하는 두 종류의 4년제 주립대학들이 있다.

대부분의 커뮤니티 칼리지들은 교과과정이 그다지 어렵지 않다. 그러므로 본인이 공부를 하려고만 하면 3.00이상의 평점을 받는 것은 어렵지 않다. 경제적으로 어려우면 일하면서도 커뮤니티 칼리지는 충분히 다닐 수 있고, 성적도 높은 평점을 받을 수 있다. 성적평점이 3.00이고, 또한 우수반(Honors) 학과목들을 이수할 수 있으면 UCLA나 UC 버클리 같은 명문대학들도 편입할 수 있다.

(2) CSU(California State University: 4년제 종합대학)

캘리포니아주 지역에만 23개가 있는 4년제 종합대학이다. 22개의 대학들에는 박사과정이 없고 대부분 석사학위까지 수여한다. 약41만7,000명의 학생들이 등록해서 다니고 있으며 4만6,000명의 교직원과 교수들이 있다. 고등학교 성적이 상위 40%안에 들어 있으면 고등학교 졸업 후 바로 입학할 수 있다. 하지만 고등학교 때 성적이 너무 낮거나 낙제과목이 있는 경우는 일단 커뮤니티 칼리지에 가서 편입에 필요한 과목들을 공부하면서 고등학교 대 낙제했거나 이수 못한 과목들을 공부하면 된다. 평점 2.00이상이고 60학점을 이수했으면 일단 CSU로 편입해갈 수 있는 자격이 된다. 중요한 것은 반드시 학교 내 전학 상담가와 지속적인 상담을 통해 CSU편입에 필요한 요구조

선들을 충족시켜야 한다.

CSU 계통의 대학등록금은 커뮤니티 칼리지(2년제 단과대학)에 비해 훨씬 비싸지만 그래도 UC계통보다는 40%의 저렴한 수준이다. 6학점 미만을 공부하는 경우는 2007년 가을학기에 $1,000 미만이고, 7학점 이상을 공부하는 경우는 $1,600이다. 그리고 매년 학비가 약 5%씩 증가한다. www.calstate.edu에 들어가면 캘리포니아주에 위치한 23개의 CSU계통 대학들의 캠퍼스, 학과 과정, 등록절차, 편입절차 및 모든 정보들을 입수할 수 있다. CSU를 평점 B이상으로 졸업하면 취업하는데 큰 어려움은 없다. 또한 대학원 진학을 원하는 경우는 UC계통의 대학원들도 진학할 수 있고, 동부나 중부의 대학원들을 진학하는데 별로 어려움이 없다.

(3) UC(University of California : 4년제 종합대학)

캘리포니아주에 있는 10개 대학에서 약 21만 4,000명이 공부하고 있으며, 약 17만 명의 교수와 교직원들이 있다. 우선 UC계통의 대학들은 학업성적이 상위 15%안에 속하는 비교적 우수한 학생들이 진학한다. 하지만 UCLA와 UC버클리를 제외한 나머지 8개의 학교들은 상대적으로 입학하기가 수월하다. 2007년의 경우 약 7,000명의 한인학생들이 진학했다.

UC계통의 대학에 입학하기 위해서는 학교 성적이 상위권에 있어야 하며, 필요한 AP class(Advanced Placement : 대학교 교과과정)와 우수반(Honor Class)에 속한 학과목들도 대학이 원하는 대로 공부해야 한다. 또한 활동사항도 9학년부터 미리 준비해야 한다. 고등학교 서클 활동이나 학교 밖의 과외봉사활동 등을 잘 해야 한다.

UC대학들의 등록금은 캘리포니아주 거주자라도 2008년의 경우 학비만 약 $10,000이상으로 예상되며, 약 $10,000-$12,000 정도의 기숙사 비용이 필요하다. 최소 $20,000-$22,000의 교육비용이 들어가기 때문에 서류 미비자들은 아이들이 UC계열 대학에 들어가도 재정 부담이 크다. 이에 비해 영주권자나 시민권자들은 FAFSA라는 정부의 대학교 학비보조 프로그램을 통해 대학 교육비의 70-75%이상을 무상 보조받는다. 하지만 서류 미비자 부모들은 서류 미비자 아이들이 좋은 대학에서 열심히 공부하도록 밀어주어야 한다. 좋은 대학을 졸업하면 좋은 대학원이나 좋은 직장을 잡을 수 있는 확률이 높아지고 그럴수록 여러 모양으로 영주권을 받을 수 있는 확률이 높아진다. 그러므로 힘들어도 아이들이 좋은 대학에 갈 수 있도록 밀어주는데 그것은 돈만으로도 안 된다. UC대학들에 관한 제반 정보는 www.ucop.edu에 들어가면 10개의 UC캠퍼스와 바로 연결되며 원하는 대학의 웹사이트에 들어가 대학의 입학 요구사항들을 확인해볼 수 있다. 매년 등록금은 상승되고 있다.

3) DREAM(Development Relief and Education for Alien Minors) 법안

주로 고등학교 미만의 아이들과 대학에 입학한 30세 미만의 청소년이 대상이다. 대학에 입학한 학생이거나 아니면 군복무를 조건으로 영주권을 주자는 두 개의 내용이 있다. 16세 전에 미국에 왔고, 5년 이상 거주한 청소년들에게 범죄 등 특별사유가 없는 경우 고등학교를 졸업, 또는 GED(고등학교 검정고시:

문의 1-800-331-6316)를 통과하거나 2년제 대학에 입학했을 경우에 조건부 영주권을 부여하는 내용이다. 서류 미비자 아이들에게만 제한적으로 영주권이 허락되는 것이다.

또한 군복무를 조건으로 청소년들에게 영주권을 주자는 법안이 계속 지연되고 있다. 만일 통과되면 약130만 명에 달하는 18세 미만의 청소년들이 혜택을 입을 전망이다. 그러나 아직 이 법안의 통과 가능성은 불투명하다.

※본장은 송문수저 「미국 무비자 시대 반드시 성공하는 미국 이민」에서 발췌한 것이다.

제 12 장 미국 시민권 취득 절차

1. 시민권 취득 요건

최근 들어 교포 가운데에서 미국 시민권을 신청하는 사람들이 많아지고 있다. 어차피 미국에서 살기로 작정하고 이민을 온 사람이라면 시민권을 취득하여 미국인과 똑같은 권리와 혜택을 누리면서 보다 풍요롭게 살아가는 것이 오히려 바람직할 것이다. 개중에는 시민권자가 됨으로써 조국을 등진다는 일종의 죄의식 같은 것을 느끼는 사람도 있지만 그것은 생각하기 나름인 듯하다. 미국시민이 되려는 이유가 생활의 편의를 찾고자 함에 있지 결코 조국을 버리겠다는 의사표시는 아니기 때문이다. 그리고 요즘은 고국에 있는 형제자매 등 친척을 초청하기 위한 방편으로서 시민권을 취득하는 경우도 많다.

미국 시민권자가 되고자 하는 사람들은 누구나 다 몇 가지의 기본적인 요건들을 갖추어야 한다. 그 요건들은 거주기간, 연령, 그리고 지식과 교육 정도의 세 가지 주요 범주로 구분된다.

1) 거주기간

A. 시민권 신청자는 영주권 소지 후 적어도 5년 동안 미국에 거주해야 한다. 그 5년 동안에 2년 반 이상 미국내에 신체적으로 체류해야 한다.
B. 시민권 신청자는 신청서가 접수된 날짜까지 최소한 6개월 동안 계속해서 신청서가 접수된 주내에서 거주했어야 한다.
C. 미국시민과 결혼한 시민권 신청자나 미국군대 복무자로 시민

권을 신청할 경우에는 거주기간 요건이 이보다 짧다.

2) 연령
A. 시민권 신청자는 18세 이상이어야 한다.
B. 미국 시민인 부모나 시민권을 신청하는 부모는 18세 이하의 자녀를 대신하여 신청할 수 있다.

3) 지식과 교육 정도
A. 신청자는 신체적인 장애가 없는 한 간단한 영어를 읽고 쓰고 말할 수 있어야 한다. 단 50세 이상으로 20년 이상 연주권자로서 살아온 사람인 경우에는 모국어로 면접에 응할 수 있다.
B. 신청자는 미국역사와 정부에 대한 기본적인 지식을 가져야 한다.
C. 신청자는 영어로 자기의 이름을 싸인할 수 있어야 한다.

4) 기타 요건
A. 신청자는 법적으로 정신이 건강한 사람이어야 한다.
B. 미국에 충성해야 한다.
C. 기꺼이 병역에 복무해야 한다(종교적 신념이 다른 경우에는 비전투적 임무).
D. 훌륭한 도덕적 성품을 지녀야 한다(예를 들면 요구받을 경우 자녀 양육비를 조달하고, 면접시 과거 5년 동안 큰 범죄로 유죄판결을 받은 적이 없어야 한다).

5) 신청서 입수방법

귀화시험을 치를 준비가 된 사람은 다음과 같은 서식의 편지를 이민 귀화국에 보내면 귀화에 필요한 안내책자(Naturalization Requirements and General Information)와 신청서류를 입수할 수 있다. 이민귀화국이 가까운 곳에 있으면 직접 가서 얻어올 수도 있고 또 전화로 서류를 보내달라고 해도 된다.

한편 전화로 서류를 신청할 때는 다음과 같이 말하고 주소와 성명을 대면 우송해 준다.

I am going to apply for U.S. Citizenship. Could you please send the application forms?(미국 시민권을 신청하고자 합니다. 신청서류를 보내주십시오)

편지를 하든 전화를 하든 서류를 요청할 때는 필요한 숫자만큼 보내달라고 해야 한다. 즉 부부가 동시에 신청할 경우에는 두 장, 그리고 자녀와 함께 신청할 경우에는 자녀의 수 만큼 신청서가 필요하다.

그러면 이민귀화국에서는 서식 N-400과 G-325, 그리고 지문차트(Fingerprint Chart) 등 필요한 서류를 보내준다.

서식 기재요령은 별책 '각종 서식집'을 참고하기 바란다.

6) 서식과 비용

신청에 관련된 모든 서식은 이민귀화국 사무소에서 얻을 수 있다. 그리고 몇몇 서식은 미국시민이 되고자 하는 사람들에게 도움을 주는 기관에서도 얻을 수 있다. 모든 비용은 송금환(Money Order)이나 수표로 지불해야 한다.

* 미국의 법무장관은 규정에 따라 비용을 변경할 권한을 가지고

있다. 신청서를 제출할 때엔 정확한 비용을 알아보도록 한다.

2. 시민권(귀화) 신청

 가장 먼저 해야 하는 것은 신청서를 제출하는 일이다. 앞서 언급한 방법을 이용, 신청서류를 입수하면 그에 나와있는 지시사항(Instructions)을 잘 읽고 정확하게 사실대로 기재하도록 한다. 모든 질문사항에 답을 기재하지 않는 신청서는 반환되므로 유의해야 한다. 따라서 영어를 잘 모르거나 이해가 되지 않는 부분이 있을 경우에는 변호사나 법률 사무소에 상담을 구하는 것이 바람직하다.

 신청서를 제출할 때에는 지문차트와 사진을 함께 내야 한다. 지문차트에는 법원이나 이민귀화국내의 지문 날인 장소에 가서 약간의 수수료를 내고 지문을 찍는다. 그리고 사진은 신청서 제출 한 달 이내에 찍은 것으로 가로, 세로 각각 2인치 크기 세 장을 준비하면 되는데 사진 뒷면에 연필로 자신의 영주권 번호를 쓰도록 한다.

 신청서와 지문차트, 그리고 사진이 모두 준비되면 직접 이민귀화국에 가서 제출하거나 혹은 우편으로 보내도 된다. 서류를 접수시킨 후 약 한 달쯤 지나면 서류가 접수됐다는 통지가 온다 (지방에 따라 다를 수도 있다). 그리고 일반적으로 6개월 정도가 지나면 면접시험을 받으라는 통지서를 보내오는데 면접날짜까지는 약 3주간의 여유를 두는 것이 보통이다. 물론 각 지역에 따라 1년 이상 걸리는 곳도 있다. 대기기간 등 그밖에 의문

사항이 있을 경우엔 이민귀화국 지역사무소에 문의한다.

한편 신청자는 자신이 제출한 모든 서류의 사본과 제출 확인증을 보관하는 것이 좋다. 제출에 드는 비용은 없다. 우편으로 제출할 경우에는 배달증명서를 받아 둔다.

3. 면접시험

면접시험은 신청자가 미국시민이 될 자격이 있는지를 결정하는 시험이다. 면접 지정날짜에 이민귀화국에 출두하면 우선 사실대로 말하겠다는 선서를 하게 된다. 면접시에는 신청자가 앞서 제출한 신청서에 기재한 내용에 근거하여 질문을 행한다. 그러므로 앞서 말했듯이 미리 제출 서류의 사본을 보관하고 있다가 그 내용을 잘 익혀두어야 한다. 서류에 기재된 내용과 틀린 답변을 하게 되면 문제가 생기기 때문이다. 특히 영어에 자신이 없는 사람은 미리 서식 N-400을 보고 열심히 공부해 놓도록 한다.

면접시에는 또한 미국의 역사와 정부의 원리, 형태에 관한 질문을 한다. 질문은 영어로 행해지므로 영어 지식이 필요하다. 그리고 영어를 잘 하는 사람도 미리 공부해 놓지 않으면 대답하기가 까다로우므로 별책 '각종 시험 예상문제집'을 가지고 공부해 놓기 바란다. 단 50세 이상자로서 미국에 20년 이상 영주한 자는 자신의 모국어로 대답할 수 있다. 면접이 끝나면 그 즉시 합격여부를 알려 준다.

만약 면접에 통과하면 별정의 서기를 통해 정식 귀화신청서를 제출 하게 된다.

그때 수수료를 내야 하므로 면접을 보러 갈 때는 돈을 가지고 간다. 그 후에는 집에 돌아와 시민선서식에 나오라는 통지서가 올 때까지 기다리면 된다. 보통 4개월쯤 후에 통지서가 온다.

만약 면접에서 신청이 거부되었을 때는 적합한 변론과 증거서류를 청문회에 제출할 수 있다. 신청자가 지식부족으로 불합격되었을 경우에는 재시험을 치를 수 있는 기회가 주어진다.

시민이 되기 위한 마지막 단계는 최종청문(선서식)이다. 연방판사 앞에서 다른 신청자와 함께 미국에 대한 충성을 맹세한 후 시민권 증명서(Certificate of Citizenship)를 받게 된다. 청문회 건물 밖에서 유권자로 등록하는 것을 잊지 않도록 한다.

한편 귀화시민(naturalized citizen)은 본국태생시민(born citizen)과는 달리 후에 중대한 범죄사실이나 시민권 신청서에 기재한 사실이 허위임이 밝혀지면 시민권을 취소당할 수도 있다. 그리고 귀화시민은 대통령이 될 수 없음을 헌법에 명시하고 있다.

4. 시민권의 잇점

1) 미국시민은 반역죄나 시민권을 취득할 때 부정행위를 저질렀을 경우를 제외하고는 외국으로 추방당하지 않는다.
2) 시민권자는 큰 어려움 없이 외국을 왕래할 수 있다.
3) 시민권자는 영주권 소지자에 비하여 그들의 자녀 또는 배우자를 초청하는 데 우선권을 가지고 있고 대기 기간도 매우 짧다.
4) 시민권자의 배우자로서 영주권을 갖지 못한 사람은 그것을

신청할 동안 거주가 허락된다.
5) 시민권자만이 결혼을 한 부모, 형제, 자매, 또는 자녀들의 이민신청을 할 수 있다.
6) 영주권자가 시민권자가 되면 18세 미만의 자녀는 일정 조건 하에서 동시에 시민권자가 될 수 있다.
7) 시민권자는 지역, 주, 그리고 국가의 투표권을 가지게 된다. 투표권이란 선거로 선출된 관공리들을 통해서 퍼시픽 아시안 공동체의 필요점들을 정치적으로 표현할 권리다.
8) 시민권자에게는 더 많은 경제적 기회가 부여된다. 보안허가가 필요한 특정한 정부관계 일을 하려면 시민권자이어야만 한다.
9) 시민권자는 해외로 여행을 하고자 할 때 여권을 쉽게 얻을 수 있다.

5. 영주권자의 불리한 점

1) 비도덕적인 행위 또는 범죄사실이 있을 경우에 이민귀화국에 의해 영주권을 박탈당할 우려가 있다.
2) 영주권자가 외국에 6개월 또는 1년 이상 거주할 때는 영주권이 무효화될 수 있다.
3) 영주권자는 미국에 재입국할 때 질문을 받게 되거나 경우에 따라 영주권을 박탈당할 수 있다.
4) 영주권자가 비자를 분실 혹은 도난당했을 경우에는 일반적으로 재발급을 받을 때까지 출국이 불가능하며 입국이 어렵다. 재발급을 받기까지 3년 정도 걸릴 수도 있다.

5) 영주권자의 배우자가 이민귀화국에 의해서 불법체류자로 간주될 경우 추방당할 수 있다.
6) 영주권자는 미국 재입국시 SSI(Social Supplemental Income)와 같은 국가보조를 받고 있음을 인정할 경우 영주자로서의 지위를 상실할 수 있다.
7) 영주권자는 부모나 재매, 형제에 대한 이민신청을 할 수 없다. 영주권자는 배우자나 미혼자녀에 대해서만 이민신청을 할 수 있다.

6. 귀화 법정

이민국의 시험관이 그 출원자의 조사를 전부 끝내고 귀화권을 좋다고 인정되었을 때, 이때부터 약1개월 후 귀화 법정에 언제 출두하라는 통지가 온다.

대체로 이 때 법정에 출원자가 나타났을 때는 재조사하는 경우는 거의 없다. 그 동안 주소 변경 등 서류 제출 당시와 달라진 것만 알고 있으면 된다.

법정에서는 간단한 재판이 진행된다. 이때 법정판사는 충성 선서를 받고, 출원자가 적을 때는 시민권을 그때 직접 주지만 출원자가 많을 땐 차후에 집으로 발송해 준다.

Immigration & Naturalization Service에서 귀화를 거부한다고 결정했을 때는 법정에 출두하기 전에 청원자 본인에게 직접 이런 내용의 통지가 오게 된다. 이런 통지를 받았을 때는 본인이 법정에 나가 자기의 의견을 진술할 수 있다.

귀화권을 허용 받으면 그 사람은 자기가 출생한 국가의 국민(시민)권, 즉 국적을 이탈하고 미국 시민으로서의 권리를 수리하는 서약을 해야 한다.

미국 시민이 되면 출생극의 국적을 포기한다는 보고를 출생국 공관에 하는 것이 원칙이다.

제 13 장 시민권 시험을 위한 문답

1. 시민권 시험을 위한 기본 대화
U.S. Citizenship N-400(1st Exam)

1) How you today?
   안녕하십니까?
   Fine, thank you. And you?
   좋습니다. 감사합니다. 당신도 안녕하신지요?

2) How is the weather today?
   오늘 날씨가 어떻습니까?
   It's beautiful.
   날씨가 좋습니다.
   It's rainy.
   비가 오는군요.
   It's cold.
   오늘 날씨가 춥습니다.
   It's hot.
   오늘 날씨가 덥습니다.
   It's windy.
   바람이 많이 봅니다.

3) Why are you here today?
   당신은 오늘 이곳에 왜 오셨습니까?
   For my citizenship interview.
   시민권 면접시험을 보러 왔습니다.

4) How did you get here today?
   당신은 오늘 여기에 어떻게 오셨습니까?
   By car. By my son's car.
   차로 왔습니다. 아들 차를 타고 왔습니다.

5) Do you go to school to study English?
   당신은 영어 배우러 학교에 다니십니까?

Yes, I do.
네.

6) Where do you learn English?
당신은 영어를 어디에서 배웁니까?
At my school.
학교에서요.

7) What's the name of the school?
(학교 이름을 말한다.)

8) Please stand up.
잠깐 일어서세요.

9) Please raise your right hand.
오른 손을 드세요.

10) What did I just as you to do?
내가 방금 어떻게 하르-고 했지요?

11) "Please raise your right hand."
오른 손을 들라고 했습니다.

12) Can you swear to tell the truth today?
당신은 오늘 정직한 말만 하도록 맹세할 수 있습니까?
Yes.
네.

13) What's the "truth"?
진실이란 두슨 뜻입니까?
Not to lie.
거짓말을 하지 않는다는 뜻입니다.

14) What's a "lie"?
거짓같이란 무슨 뜻입니까?
Not to tell the truth.
진실을 말하지 않는 것입니다.

15) Are you going to tell me the truth today?

당신은 오늘 나에게 진실만을 말씀하시겠습니까?
Yes.
네.

16) Is it good to lie?
    거짓말을 하는 것은 좋은 일입니까?
    No, it's bad.
    아니오, 나쁩니다.

17) When were you born?
    언제 태어나셨습니까?
    (자신의 생년월일을 말한다.)

18) How old are you?
    현재 당신의 연세는 어떻게 되십니까?
    (자신의 나이를 말한다.)

19) Where were you born?
    당신은 어디서 태어나셨습니까?
    In Korea.
    한국에서 태어났습니다.

20) What is your current address?
    당신의 현 주소는 무엇입니까?
    (자신의 현 주소를 말한다.)

21) Where do you live now?
    당신은 현재 어디에 사십니까?
    (자신의 현재 사는 주소를 말한다.)

22) How long have you been living at that address?
    당신은 현 주소에서 얼마나 오래 사셨는지요?
    About one year. About two years.
    약 일년. 약 이년.(이런 식으로 대답한다.)

23) When did you move to this address?
    언제 이 주소로 이사하셨

습니까?
About one year ago.
About two years ago.
약 일년 전에. 약 ㅇ 년 전에.(이런 식으로 대답한다.)

24) What was your previous address?
당신의 전주소는 어디였습니까?
(자신의 전주소를 말한다.)
(만약 영주권 받을 때 주소와 똑같은 주소든, "the same"이라고 함.)

25) How long did you live there?
당신은 전주소에서 얼마나 사셨습니까?
(먼저 주소에서 산 기간을 말한다.)

26) Are you married?
당신은 결혼하셨습니까?
Yes. / 네.

No, single, I was divorced.
이혼한 독신입니다.
No, single, my husband (wife) passed away.
제 배우자는 돌아가셨습니다.

27) How many times have you been married?
당신은 결혼을 몇 번 하셨습니까?
Just one time.
단지 한번이요.

28) How many times has your husband (wife) been married?
당신의 남편(아내)는 몇 번 결혼 하셨습니까?
Just one time.
단지 한번이요.

29) What is your gender?

263

당신의 성별은 무엇입니까?
Male (Female)
남성(여성)

30) What is your height?
당신의 키는 얼마입니까?
(자신의 키를 말한다.)

31) How tall are you?
당신의 신장은 얼마입니까?
(자신의 신장을 말한다.)

32) What is your weight?
당신의 몸무게는 얼마입니까?
(자신의 무게를 말한다.)

33) Have you taken any trips outside the United States?
당신의 해외로 여행을 하신 적이 있습니까?
Have you been out of the United States?
당신은 미국 밖으로 여행한 적이 있습니까?

Have you been absent from the United States?
당신은 미국을 비우고 해외로 여행한 적이 있습니까?
(Yes '예' 아니면 No '아니오'로 대답한다.)

34) How many trips have you taken outside the United States?
몇 번이나 해외로 여행하셨습니까?
One time. (한번) Two times. (두번) Ten times. (열번)

35) When was your last trip?
가장 최근의 여행은 언제 하셨습니까?
From June 5, 2007 to August 7, 2007.
(여행 기간을 말해준다.)

36) Were any of your trips for more than 6 months?

6개월 이상 여행한 적이
있습니까?
Yes, about 8 months.
네, 약 8개월이요.
No, never.
아니요, 한번도 없습니다.

37) How man times have you traveled for the last 5 years?
지난 5년 동안 모두 몇 번이나 여행했습니까?
7 times.
일곱번이요.(솔직히 대답한다.)

38) How many days have you traveled outside the United States since you became a permanent resident?
당신이 영주권자가 돈 이래로 며칠이나 해외로 여행을 했습니까?
One hundred twenty five days.

125일 정도 입니다.
(솔직히 대답한다.)

39) Do you work?
일을 하고 계십니까?
Yes. / 네.
No, but I go to school to study English. After getting my citizenship I wil get a job.
아니요, 그러나 영어를 배우러 학교에 다닙니다. 시민권을 받은 후에 일을 할 것 입니다.

40) Where do you work?
어디에서 일을 하시나요?
At a market.
식료품가게에서요.(솔직히 대답한다.)

41) What do you do there?
그 곳에서 무슨 일을 하십니까?

265

Cashier.
현금출납원.(솔직히 대답한다.)

42) If you don't work, who supports you?
일을 안 하면 누가 생활비를 도와줍니까?
I live on SSI.
SSI을 받습니다.
My daughter (son) supports me.
나의 딸(아들) 이 도와줍니다.
My children support me.
나의 아이들이 도와줍니다.

43) When did you start receiving SSI?
언제부터 SSI를 받기 시작했습니까?
October, 2007.
2007년 10월부터 입니다.

44) How did you support yourself before you started receiving SSI?
SSI를 받기 전에는 누가 도와주었습니까?
My son (daughter) supported me.
내 아들 (딸) 이 도와주었습니다.

45) Why can't your son (daughter) support you now?
왜 당신의 아들 (딸) 이 지금은 못 도와주나요?
He (She) has no money.
지금 내 아들 (딸)은 돈이 없습니다.

46) How many children do you have?
자녀를 모두 몇 분이나 두셨습니까?
Three.
셋이요.(솔직히 대답한다.)

47) Where do they live?
그들은 어디에서 삽니까?
Two of my children live in the United States and the other one lives in Korea.
둘은 미국에서 살고 또 하나는 한국에서 삽니다.

48) How many grandchildren do you have?
손주들은 모두 몇 명입니까?
Nine. / 아홉 명.

49) Have you ever been a member of the Communist Party?
공산당원이었던 적이 있습니까?
Never.
전혀 없었습니다.

50) What is the Communist Party?
공산당이란 무엇입니까?
Countries where there is no freedom.
자유가 없는 나라입니다.

51) Give me an example of a Communist Party.
공산주의를 지금도 실행하는 나라는요?
North Korea, China, Vietnam, and Cuba.
북한, 중국, 베트남, 그리고 쿠바.

52) Have you ever been a member of the Nazi Party?
나치당원이었던 적이 있습니까?
Never.
전혀 없습니다.

53) What is "Nazi Party"?
나치당이란 무엇입니까?
German Hitler's Party.
독일의 히틀러가 만든 당.

54) Were you ever in the armed forces of the United States?
미국군대에 나간 적이 있습니까?
No. / 아니오.

55) Do you pay your taxes every year?
당신은 세금을 매년 내십니까?
Yes. / 네.
I never worked in this country.
이 나라에서 일한 적이 없습니다.
I am retired.
나는 이미 정년퇴직을 했습니다.

56) Did you bring the copies of your tax return for the last 5 years?
지난 5년간 내신 세금보고서를 가지고 왔습니까?
Yes, here.
네, 여기 있습니다.

57) What are taxes?
세금이란 무엇입니까?
Money paid to the government.
정부에다 내는 돈입니다.

58) Do you owe any money to the government?
정부에 빚진 것이 있습니까?
No.
없습니다.

59) Have you ever been deported?
추방당한 적이 있습니까?
Never.
한번도 없습니다.

60) What is deportation?
추방이란 무엇입니까?
USCIS sends me back to my country.
이민국이 나를 내 나라로 돌려보내는 것 입니다.

61) How many times have you been deported?
추방은 몇 번 당하셨습니까?
Never.
한 번도 없었습니다.

62) Have you ever told a lie to immigration officers?
이민국직원에게 거짓말 한 적이 있습니까?
No. / 아니요.

63) Have you ever had any problems with immigration (USCIS)?
이민국과 문제가 있었습니까?
No. / 아니요.

64) Have you ever claimed to be a United States citizen?
미국 시민이라고 주장한 적이 있습니까?
No. / 없습니다.

65) Have you ever told anyone that you are an American citizen?
미국 시민이라고 그 누구에게라도 한 적이 있습니까?
No. / 없습니다.

66) Have you ever had any problems with alcohol or drugs?
알콜이나 마약으로 문제를 가진 적이 있나요?
Never. / 없습니다.

67) What does "Drugs" mean?
마약이란 말은 무슨 뜻입니까?

Marijuana and Cocaine.
마리화나와 코케인을 말합니다.

68) Have you ever been a habitual drunkard?
당신은 습관적인 음주자였던 적이 있습니까?
No. / 없습니다.

69) What is a "habitual drunkard"?
습관적인 음주자는 무엇을 뜻하나요?
Someone who drinks too much.
습관적으로 술을 입에 달고 사는 사람이오.

70) Have you ever practiced polygamy?
일부다처를 하신 적이 있습니까?
No. / 없습니다.

71) What is "polygamy"?
일부다처란 무슨 뜻입니까?
More than one wife at the same time.
동시에 한명 이상의 부인을 거느리는 것.

72) Have you ever been a prostitute?
창녀 노릇을 한 적이 있습니까?
No. / 없습니다.

73) What is a "prostitute"?
창녀란 무엇을 뜻하나요?
Money for sex or selling sex
돈을 벌기 위해 몸을 파는 것입니다.

74) Have you procured anyone for prostitutes?
당신은 그 누구에게라도 매춘부를 주선해 주었나요?

No. / 없습니다.

75) Have you ever helped anyone come into the United States illegally?
당신은 그 누구라도 미국에 밀입국시킨 적이 있습니까?
Never.
없습니다.

76) What does that mean?
위에서 나온 말은 무엇을 말합니까?
To bring someone illegally.
누군가를 미국으로 밀입국 시킨다는 뜻.

77) Have you ever received money from illegal gambling?
불법적인 도박으로 돈을 번 적이 있습니까?
Never. / 없습니다.

78) What does "illegal gambling" mean?
불법적인 도박이란 무엇입니까?
Games of chance for money which breaks the laws.
법을 어기고 돈을 버는 요행수 놀이입니다.

79) Have you ever been treated for mental illness?
당신은 정신병 치료를 받은 적이 있나.
No. / 없습니다.

80) What is mental illness?
정신병이란 무엇입니까?
To be crazy.
미치는 것입니다.

81) Have you ever had a title of nobility?

당신은 귀족신분을 가진 적이 있습니까?
No. /   없습니다.

82) Have you ever been arrested?
당신은 체포당한 적이 있습니까?
Never.
결코 한 번도 없습니다.

83) How many times have you been arrested?
당신은 체포당한 적이 있습니까?
Just one time.
단 한 번.

84) What does "arrested" mean?
체포란 무슨 뜻입니까?
The police takes me to jail.
경찰이 나를 감옥소로 데려가는 것입니다.

85) Is it good to go to jail?
감옥소에 가는 일이 좋은 일입니까?
No, it's bad.
아니오, 나쁩니다.

86) Have you ever had any traffic tickets?
교통위반 딱지를 받은 적이 있습니까?
No. /   없습니다.

87) Have you ever paid your fine?
교통위반벌금 다 냈습니까?
Yes. /   네.

88) Have you even had any expungement?
당신은 법정기록을 삭제한 적이 있습니까?
No. /   없습니다.

89) What does "expungement" mean?

법정기록의 삭제란
무엇을 뜻합니까?
My court record is
cancelled.
나의 법정기록을
삭제하는 것을 말합니다.

90) Do you believe in the
Constitution of the
United States?
당신은 미국의 헌법을
믿습니까?
Yes. /   네

91) What is the
Constitution?
헌법이란 무엇입니까?
The highest law in
America.
미국에서 제일 높은
법입니다.

92) Why do you believe in
the Constitution?
왜 당신은 헌법을 믿습니까?

Because it gives me
freedom.
나에게 자유를 주기
때문입니다.

93) Are you willing to take
full oath of allegiance?
당신은 충성맹세를 할
용의가 있습니까?
Yes. /   네.

94) What is an oath of
allegiance?
충성의 맹세란 무슨
뜻입니까?
I promise to be a good
citizen.
좋은 시민이 되겠다는
약속입니다.
I promise to obey all
laws.
미국의 모든 법을 잘
지키겠다는 뜻.

95) Are you willing to bear arms for the United States?
미국을 위해 군에 입대할 의향이 있습니까?
Yes. / 네.

96) What does "bear arms" mean?
"Bear arms"란 무슨 뜻입니까?
To fight for America with guns.
총을 들고 나라를 위해 싸우겠다는 뜻입니다.

97) If there is a war, will you help the United States?
전쟁이 나면 미국을 위해 싸우시겠습니까?
Yes. / 네.

98) Are you willing to be a soldier for America?
당신은 미국의 군인이 되실 의향이 있습니까?
Yes. / 네.

99) Are you willing to perform noncombatant services for the U.S. Army?
당신은 미국군대를 위해 군속으로 봉사할 의향이 있습니까?
Yes. / 네.

100) What does "Noncombatant Service" mean?
"Noncombatant Service"란 무슨 뜻입니까?
To fight for America without gun.
총 없이 미군속으로 봉사하겠다는 뜻입니다.

101) Are you willing to perform work of national importance under civilian direction?
당신은 미 민간 방위법에 따라 국가 비상시의 일을 수행할 뜻이 있습니까?
Yes. / 네.

102) What does that mean?
위의 말은 무엇을 뜻합니까?
I will help during an earthquake, a flood or a fire.
대지진, 대홍수, 또는 대화재 때 돕겠다는 뜻.

103) Are you a member of any group or organization?
당신은 어떤 사회봉사 단체나 조직의 일원이나 회원입니까?
No. / 아니오.

104) Is either of your parents a U.S. Citizen?
당신의 양친부모님 어느 분이라도 미국 시민이십니까?
No. / 아니오.

105) Why do you want to be a U.S. citizen?
당신은 왜 미국 시민이 되기를 원합니까?
Because I want to vote.
투표를 하기 위하여 입니다.

106) Do you want to change your name?
이름을 바꾸기 원합니까?
No. / 아니오.

107) Do you want to keep your current name?

현재의 이름을 그대로 갖고 계시겠습니까?
Yes. / 네.

108) What colors are the walls?
벽은 무슨 색 입니까?
Beige color.
베이지 색 입니다.

109) What color is this pen, yellow or white?
이 펜은 무슨 색 입니까?
White.
흰 색 입니다.

110) This pencil is blue, true or false?
이 연필의 색은 파란 색 입니다. 맞나요, 틀리나요?
False. / 틀립니다.

111) Do you read, speak, write, and understand English well?

당신은 영어를 말하고, 읽고, 쓰고, 그리고 이해할 수 있습니까?
Yes. / 네.

112) Can you sign your name in English?
당신은 영어로 서명할 줄 압니까?
Yes. / 네.

113) State your full name.
당신의 전체이름을 말해 보세요.

114) What do you do for a living?
당신의 직업은 무엇입니까?

115) What is the basis of your eligibility for citizenship?
당신이 시민권을 받을 수 있는 자격의 근거는 무엇입니까?

I have been a permanent resident for 3(5) years.
영주권자가 된지 3년 (5년) 이 됐습니다.

116) What state do you want to visit? Why?
당신이 가보고 싶은 주는 어디이며, 왜 그 곳에 가시고 싶으십니까?
New York. Exciting state.
뉴욕에 가보고 싶습니다. 신나는 곳 같아서 그렇습니다.

117) What is your age?
당신의 나이가 몇입니까?
(자신의 나이를 말한다.)

118) When is your birthday?
당신의 생일이 몇월 몇일 입니까?
(자신의 생일을 말한다.)

119) When is your date of birth?
당신의 생년월일은 언제입니까?
(자신의 생일을 말한다.)

120) Where is your family living?
당신의 가족은 어디에 삽니까?
All here in America.
모두 이 곳 미국에 삽니까?
Some here in America, some in Korea.
몇은 이 곳 미국에 살고, 몇은 한국에 삽니다.

121) What do you miss the most about your country?
당신의 고극의 무엇이 제일 그립습니까?
Family and friends.
가족과 친구들 입니다.

122) What is your source of income?
당신 수입의 출처는 어디입니까?
My job. / 내 직장.
My son. / 나의 아들.
My daughter. 나의 딸.

123) What is your immigration status?
당신의 이민 신분상태는 무엇입니까?
Permanent resident. Green card holder.
영주권소지자 입니다.

124) Have you ever been a member of a terrorist group or organization?
당신은 전에 불법폭력집단 혹은 조직의 일원이었던 적이 있습니까?
Never.
아니요.

125) What is a terrorist?
불법폭력분자란 무슨 뜻입니까?
Illegal violent political group member.
불법폭력집단이나 조직의 일원 혹은 단원.

126) What is your native language?
당신의 모국어는 무엇입니까?
Korean. / 한국어 입니다.

127) How many years did you study in school in your country?
당신이 한국에 계실 때 몇 년이나 학교에 다녔습니까?
6 years. / 6년.
9 years. / 9년.
12 years. / 12년.

128) Explain how you are eligible for citizenship.

당신이 어떻게 시민권을
받을 자격이 되는지
설명하세요.

3 years (5 years)
green card holder.
영주권 받은지
3년(5년)이 됐습니다.

129) What do you want to do first after getting your citizenship?
당신은 시민권자가 되고 제일 먼저 하고 싶은 일은 무엇입니까?
To vote.
투표를 하고 싶어요.

2. 미국 역사와 정부에 대한 기본 문제

U.S. History and Government

1) What is the supereme law of the land?
   미국에서 최고의 법은 어떤 법입니까?
   The Constitution. 헌법.

2) What does the Constitution do?
   미국 헌법은 어떤 일을 합니까?
   It sets up the government.
   정부를 정리합니다.
   It defines the government.
   정부를 정의합니다.
   It protects basic rights of Americans.
   미국시민들의 기본 권리를 보호해 줍니다.

3) The idea of self-government is in the first three words of the Constitution. What are these words?
미국국민들 자신의 정부라는 뜻이 헌법서문 첫 세 글자에 나타나 있는데 그 글자들은 무엇입니까?
We the people.
우리 국민들.

4) What is an amendment?
헌법의 개정(수정)이란 무엇입니까?
An addition to the Constitution. /헌법에 더함.
A change to the Constitution./헌법에 변경

5) What do we call the first ten amendments to the Constitution?
헌법의 제일 처음 열개의 수정조항을 무엇이라고 부릅니까?

The Bill of Rights.
민권법안 (권리장전)

6) What is the one right or freedom from the First Ten Amendments?
제일 처음 열개의 수정조항의 여러 권리와 자유 중 한 가지는 무엇입니까?
Press. 언론
Religion. 종교
Petition the government.
정부에 항의.
Freedom of speech.
언론의 자유.

7) How many amendments does the Constitution have?
헌법은 몇 개의 수정조항을 가지고 있습니까?
Twenty seven.
스물 일곱 개.

8) What did the Declaration of Independence do?

독립선언문은 어떤 일을 이루었습니까?
Declared our independence from Great Britain.
영국에서부터 자유를 선언함.
Said that the United States is free from Great Britain.
미국은 영국에서 다른 자유로운 나라임을 공표함.

9) What are two rights in the Declaration of Independence?
독립선언문에 내포된 권리들 중 두 가지는 무엇입니까?
Life. / 생
Liberty. / 자유
Pursuit of happiness.
행복추구권

10) What is freedom of religion?
종교의 자유란 무엇을 뜻합니까?
You can practice any religion, or not practice a religion.
어떠한 종교를 믿든지, 아니면 무종교자이든지 상관없음을 말합니다.

11) What is the economic system in the United States?
미국은 어떠한 경제체계를 갖고 있습니까?
Capitalist economy.
자본주의 경제체계
Market economy.
시장경제

12) What is the "Rule of Law"?
법의 원리란 무슨 뜻입니까?
Leaders must obey the law.
리더는 모두 법을 따라야 합니다.

Government must obey the law.
정부도 법을 따라야 합니다.
No one is above the law.
아무도 법을 어길 수는 없습니다.
Everybody must follow the law.
모두 법을 따라야 합니다.

13) Name one branch or part of the government.
정부의 한 부서 또는 부분을 말씀해 주세요.
Legislative. 입법부.
President. 대통령.
Executive. 행정부.
The courts. 법원.
Judicial. 사법부.
Congress. 국회.

14) What stops one branch of government from becoming too powerful?
무엇이 정부의 한 부서가 다른 부서보다 더 강하게 되는 것을 막습니까?
Checks and balances.
권력과 균형과 견제.
Separation of powers.
권력의 분산.

15) Who is in charge of the Executive Branch?
행정부의 총책임자는 누구입니까?
The president. 대통령

.16) Who makes federal laws?
국법은 누가 만드나요?
Senate and House of Representatives.
상원과 하원.
U.S. legislature.
미연방의회.
National legislature.
미연방국회.
Congress. / 미연방의회.

17) What are the two parts of the U.S. Congress?
미연방의회의 양원은 무엇입니까?
The Senate and the House of Representatives.
상원과 하원입니다.

18) How many U.S. Senators are there?
연방상원의원은 모두 몇 명입니까?
One hundred.
백 명입니다.

19) We elect a U.S. Senator for how many years?
연방상원의원의 임기는 몇 년 입니까?
Six. 육년입니다.

20) Who is one of your state's U.S. Senators?
당신의 사는 주의 두 명의 상원의원 중 한 명의 이름은 무엇입니까?
(상원의원의 이름을 말한다.)

21) The House of Representatives has how many voting members?
연방하원의원은 모두 몇 명입니까?
Four hundred thirty five.
사벽 삼십 오명 입니다.

22) We elect a U.S. Representatives for how many years?
연방하원의원의 임기는 몇 년 입니까?
Two. 이년입니다.

23) Name your U.S. Representatives.
당신이 사는 지역의 연방 하원의원은 누구입니까?

283

(연방하원의원의 이름을 말한다.)

24) Who does a U.S. Senator represent?
연상상원의원은 누구를 대표합니까?
All people of the state.
그 주의 전 주민을 대표합니다.

25) Why do some states have more representatives than other states?
왜 어떤 주들은 다른 주들 보다 더 많은 하원의원들을 갖고 있습니까?
Because of the state's population.
주의 인구수 때문에.
Because some states have more people.
몇몇 주가 사람이 더 많기 때문에.
Because they have more people.

더 많은 인구 때문에.

26) We elect a president for how many years?
대통령의 임기는 몇 년 입니까?
Four years./사년 입니다.

27) In what month do we vote for the president?
대통령 선거는 어느 달에 치릅니까?
November. / 11월.

28) What is the name of the President of the United States now?
현 미국 대통령의 이름은 무엇입니까?
(현 대통령의 이름을 말한다.)

29) What is the name of the Vice President of the Unisted States now?

현 미국부대통령의 이름은 무엇입니까?
(현 부대통령의 이름을 말한다.)

30) If the President can no longer serve, who becomes President?
대통령의 유고시에는 누가 대통령직을 승계합니까?
The vice president.
부대통령이 승계합니다.

31) If both the President and the Vice President can no longer serve, who becomes President?
만약 대통령과 부통령 다 유고시에는 누가 대통령직을 인수합니까?
The Speaker of the House of Representatives.
하원의장.

32) Who is the Commander in Chief of the U.S. military?
미국군대의 통수권자는 누구입니까?
The President. 대통령.

33) Who signs bills to become laws?
연방법안은 누가 서명을 해야 법으로 효력을 갖게 됩니까?
The President. 대통령.

34) Who vetoes bills?
누가 연방법안에 대한 거부권을 발동할 수 있습니까?
The President. 대통령.

35) What does the President's Cabinet do?
대통령의 내각은 어떤 일을 합니까?
Advises the President.
대통령을 보좌합니다.

36) What are two Cabinet-

-level positions?
내각직위 즉 15개의 장관직 중에서 두 개만 말씀해 주시겠습니까?
Secretary of Agriculture.
농림부장관.
Secretary of Defense.
국방부장관.
Secretary of Energy.
동력자원부장관.
Secretary of Homeland Security.
국토안보국장관.
Secretary of Housing and Urban Development.
주택도시국장관.
Secretary of Interior.
내무부장관.
Secretary of Treasury.
재무부장관.
Secretary of State.
국무장관.
Secretary of Commerce.
통상부장관.
Secretary of Education.
교육부장관.
Secretary of Health and Human Services.
보건복지부장관.
Attorney General.
검찰총장.
Secretary of Transportation.
교통부장관
Secretary of Veterans' Affairs.
재향군인회장관.
Secretary of Labor.
노동부장관.

37) What does the Judicial Branch do?
사법부는 어떤 일을 합니까?
Reviews the laws.
법률을 검토한다.
Resolves disagreements.
법률에 불일치나 논쟁을 해결한다.
Decides if a law goes against the constitution.

하나의 법이 헌법과 상치되는지 판단한다.
Explains the laws.
법을 해석한다.

38) What is the highest court in the United States?
미국에서 최고의 법원은?
The Supreme Court.
연방대법원.

39) How many justices are on the Supreme Court?
연방대법원에는 몇 명의 대법관 있습니까?
Nine. 아홉 명.

40) Who is the Chief Justice of the United States?
미연방대법원은 누구입니까?
(현 미연방대법원을 말한다.)

41) Under our constitution, some powers belong to the federal government. What is one power of the federal government?
헌법에 의하면 어떤 권한은 연방정부에 속한 것들이 있는데 그 중에 한 가지는 무엇 입니까?
To declare war.
전쟁 선포권.
To create an army.
군대를 조직할 권한.
To make treaties.
외국과 조약체결.
To print money.
돈을 만들 권한.

42) Under our constitution, some powers belong to the states. What is one power of the states?

헌법에 의하면 어떤 권한은 각 주정부에 속한 것들이 있는데 그 중에 한 가지는 무엇입니까?
To provide protection (police).
경찰로 주민을 보호.
To provide safety (fire departments).
소방소로 주민의 안전을 제공.
To approve zoning and land use.
지목과 땅 사용 허가.
To give a driver's license.
운전면허증 발급.
To provide schooling and education.
학교와 교육제공.

43) Who is the Governor of your state?
당신이 사는 주의 주지사는 누구입니까?
(현 주지사를 얘기한다.)

44) What is the capital of your state?
당신의 사는 주의 수도이름은 무엇입니까?
(주의 수도를 얘기한다.)

45) What are the two major political parties in the United States?
미국의 두 중요 정당들은 무엇입니까?
Democratic Party and Republican Party.
민주당과 공화당.

46) What is the political party of the President now?
현 대통령이 속한 정당은?
(현 대통령이 속한 당을 얘기한다.)

47) What is the name of the speaker of the House of Representatives?

현 하원의장의 이름은?
(현 하원의장의 이름을 얘기한다.)

48) There are four amendments to the Constitution about who can vote. Describe one of them.
미 헌법에는 누가 투표할 수 있는가에 대한 네 개의 수정헌법이 있는데 그 중 한 가지만 서술하세요.
Any citizen, women and men can vote.
여자나 남자나 미시민이면 누구나 투표할 수 있다.
A male citizen of any race can vote.
남성시민이면 어떤 인종이든 투표할 수 있다.
You don't have to pay a tax to vote.
투표하기 위한 세금 낼 필요 없음.

Citizens eighteen and older can vote.
18세 이상 시민 투표가능.

49) What is one responsibility that is only for United States citizens?
미국시민만을 위한 책임들이 있는데 그 중에 하나는 무엇입니까?
To serve on a jury. 배심원으로 봉사할 책임.
To vote. 투표할 책임.

50) What are two rights only for United States citizens?
미국시민만을 위한 여러 가지 권리 중에 두 가지만 말씀해 주시겠습니까?
To apply for a federal job.
연방정부의 직장을 잡을 수 있다.

To run for office.
피선거권을 가질 수 있다.
To vote. 투표권을 갖는다.
To carry a U.S. passport. 미국여권을 갖고 여행할 수 있다.

51) What are two rights of everyone living in the United States?
미국에 사는 모든 사람들은 많은 권리를 갖는데 그 중에 둘은 무엇입니까?
Freedom of assembly.
집회의 자유.
Freedom to petition the government.
정부탄원의 자유.
The right to bear arm.
무기를 소지할 수 있는 자유.
Freedom of speech.
언론의 자유.
Freedom of press.
출판의 자유.

Freedom of religion.
종교의 자유.

52) What do we show loyalty to when we say the pledge of allegiance?
우리가 충성맹세를 할 때 누구에게 충성을 맹세하는가?
The flag. The United States.
미국국기. 미국.

53) What is one promise you make when you become a United States citizen?
당신이 미시민권자가 될 때 어떤 한 가지 약속을 합니까?
To give up loyalty to other countries.
다른 나라와 맺은 총성맹세를 포기한다.

To defend the constitution and laws of the U.S.
미국의 헌법과 다른 모든 법을 잘 지킨다.

To serve in the U.S. military, if needed.
필요하다면 미국군대에 입대한다.

To be loyal to the United States.
미국에 충성한다.

To serve the nation, if needed.
필요하다면 미국을 위해 희생 봉사한다.

To obey the laws of the U.S.
미국의 모든 법을 지키고 순종한다.

54) How old do citizens have to be to vote for the President?
대통령선거에 미시민의 최소연령은 몇 살입니까?

Eighteen. 18세.

55) What are two ways that Americans can participate in their democracy?
미국사람들이 민주정치에 참여하는 여러 방법 중에서 두 가지만 말씀해 주시겠습니까?

To help with a campaign.
선거운동에 참여.

To join a civic group.
사회단체에 가입.

To join a community group.
지역사회단체에 가입.

To give an elected official your opinion on an issue.
선거로 뽑힌 대표에게 당신의 의견제시.

To call Senators and Representatives.

상원의원이나 하원의원에게 전화하기.
To support or oppose an issue or policy.
어떤 문제나 정책에 반대나 지지.
To run for office.
공직에 출마함.
To write to a newspaper.
신문에 기사를 기고함.
To vote. 투표에 참여.
To join a political party. / 정당에 가입.

56) When is the last day you can send in federal income tax forms?
연방수입세금보고의 마지막 날은 언제 입니까?
April 15. / 4월 15일.

57) When must all men register for the Selective Service?

모든 남자들은 반드시 군징집등록을 몇 살까지 해야 합니까?
Between eighteen and twenty six.
18세와 26세 사이에.
At age eighteen. 18세에.

58) What is one reason colonists came to America?
식민지 개척자들이 미국에 온 이유는 무엇이었습니까?
Freedom. 자유.
Political liberty.
정치적인 자유.
Economic opportunity.
경제적인 기회.
Practice their religion.
자신들의 종교생활.
Escape persecution.
박해로부터의 탈피.
Religious freedom.
종교의 자유.

59) Who lived in America before the Europeans arrived?
유럽사람들이 도착하기 전 미국에는 누가 살고 있었습니까?
Native American Indians.
토착 아메리칸 인디언.

60) What group of people was taken to America and sold as slaves?
어떤 집단의 사람들이 미국으로 끌려가 노예로 팔렸습니까?
Africans.
아프리카 사람들.

61) Why did the colonists fight the British?
미국 식민지 개척자들은 왜 영국과 싸움을 했습니까?
Because the British army stayed in their houses.
영국군인들이 자기들 집에 살아서.
Because they didn't have self-government.
자신들의 정부가 없어서.
Because of high taxes.
높은 세금 대문에.

62) Who wrote the Declaration of Independence?
누가 독립선언문을 썼습니까?
Thomas Jefferson.
토마스 제퍼슨.

63) When was the Declaration of Independence adopted?
언제 독립선언문이 채택 되어졌습니까?
July 4, 1776.
7월 4일, 1776년

64) There were 13 original states. Name three.

최초에는 13개 주만 있었습니다. 3개 주만 말씀해 주세요.
New York. 뉴욕.
New Jersey. 뉴저지.
New Hampshire. 뉴햄셔.

65) What happened at the Constitutional Convention?
미헌정대회에서 어떤 일이 있었습니까?
The Constitution was written.
미국헌법이 쓰여졌습니다.

66) When was the Constitution written?
미국헌법은 언제 쓰여졌습니까?
1787. 1787년

67) The Federalist Papers supported the passages of the U.S. Constitution. Name one of the writers.
강력한 연방옹호론자들의 신문은 미헌법을 통과시키는데 큰 공헌을 하였다. 그 신문필자 중에 한 사람의 이름을 말씀해 주세요.
James Madison. 제임스 매디슨.
John Jay. 쟌 제이.
Publius. 퍼블리우스.
Alexander Hamilton. 알렉산더 해밀튼.

(Note : 미 최초의 정당은 둘이 있었는데 그 하나는 Alexander Hamilton이 세운 Federalist Party이고 또 다른 하나는 Thomas Jefferson이 주축이 되어 세운 Democratic-Republication Party였다. 강력한 연방정부가 있어야 된다는 불가피성과 당위성을 신문기사화하고 연설문을 작성하며 연방정부의 탄생을 가능케 하는 데는 George Washington과 더불어 James Madison이 Hamilton보다 더 큰 역할을 했다.)

68) What is one thing Benjamin Franklin is famous for?
Benjamin Franklin은 무슨 일로 유명한가?
U.S. Diplomat. 미외교관.
First Postmaster General of the United States.
미국의 초대 우정성장 (우체국장)
Writer of "Poor Richard's Almanac"
"가엾은 리차드의 역서"의 저자.
Started the first free libraries.
최초로 도서관 무르사용 시작.
Oldest member of the Constitutional Convention.
미헌정 대의원 55명 중 81세로 최고령.

69) Who is the 'Father of Our Country'?
우리나라의 국부는 누구입니까?
George Washington.
조지 워싱턴.

70) Who was the first President?
미극의 초대대통령은 누구였습니까?
George Washington.
조지 워싱턴.

71) What territory did the United States buy from France in 1803?
미국은 1803년에 쿨란서로부터 어떤 지역을 사들였습니까?
Lousiana for $15 million.
루이지아나, $1500만 불로 사들였음.

72) Name one war fought by the United States in the 1800's.
미국이 1800년대에 치른 전쟁 중에서 한 가지만 말씀해 주세요.
War of 1812.
영국과의 전쟁.
Mexican-American War.
멕시칸 - 아메리칸 전쟁.
Spanish-American War.
스페인 - 아메리칸 전쟁.
Civil War. 남북전쟁.

73) Name the U.S. war between the North and the South.
미국의 남과 북간의 전쟁을 무슨 전쟁이라고 부릅니까?
The Civil War.
남북전쟁.

74) Name one problem that led to the Civil War.
남북전쟁이 일어나게 된 이유 중에 하나는 무엇이었습니까?
Economic reasons. 경제적인 이유.
States' rights. 주의 권리문제.
Slavery. 노예제도.

75) What was one important thing that Abraham Lincoln did?
아브라함 링컨이 한 일 중에 아주 중요한 일 하나는 무엇이었습니까?
Abolish slavery. 노예제도를 없앴습니다.

76) What did the Emancipation Proclamation do?
노예해방선언문은 무슨 일을 이루었습니까?
It freed slaves in the Confederacy.

미남부연맹으로부터 많은 노예들을 해방 시켰습니다.
It freed slaves in the Confederate states.
미남부연맹주들로부터 많은 노예들을 해방시켰습니다.
It freed slaves in the most Southern states.
미 남부 대부분의 주들로부터 노예들을 해방시켰습니다.
It freed many slaves.
많은 노예들을 해방시켰습니다.

77) What did Susan B. Anthony do?
Susan B. Anthony는 사는 어떤 일을 했습니까?
Fought for women's rights.
여권운동을 한 사람이었습니다.
Fought for civil rights.
민권운동을 한 사람이었습니다.

78) Name one war fought by the United States in the 1900's.
1900년대에 미국이 개입한 전쟁 중에 한 가지만 말씀해 주십시오.
World War I.
세계 제1차대전.
World War II.
세계 제2차대전.
Vietnam War.
베트남 전쟁.
(Persian) Gulf War.
걸프만 전쟁.
Korean War. 한국 전쟁

79) Who was the President during World War I?
세계 제1차대전 당시 미국 대통령은 누구였습니까?
Woodrow Wilson (28th).
우드로우 윌슨.

80) Who was the President during the Great Depression and World War II?
미국 대 경제 공항과 세계 제2차 대전 당시 누가 미국대통령이었습니까?
Franklin Roosevelt.
프랭클린 루스벨트.

81) Who did the United States fight in World War II?
미국은 세계 제2차대전 당시에 어느 나라들과 전쟁을 했습니까?
Germany, Italy, and Japan.
독일, 이태리, 그리고 일본.

82) Before he was president, Eisenhower was a general. What war was he in?
아이젠하워는 그가 대통령이 되기 전에 하나의 장군이었다.

그 전쟁 이름은 무엇이었습니까?
World War II.
세계 제2차대전.

83) During the Cold War, what was the main concern of the United States?
냉전당시, 미국의 가장 큰 걱정거리는 무엇이었습니까?
Communism. 공산주의

.84) What movement tried to end racial discrimination?
인종차별을 종식시키기 위한 운동은 어떠한 것이었습니까?
Civil Rights Movement.
민권운동.

85) What did Martin Luther King, Jr. do?

마틴루터 킹 2세는 무슨 일을 했습니까?
He fought for civil rights.
그는 민권을 위해 싸웠습니다.
He worked for equality for all Americans.
그는 모든 미국사람들의 평등을 위해 일했다.
Civil Rights Movements.
민권운동.

86) What major event happened on September 11, 2001 in the United States?
2001년 9월 11일에 미국에서는 어떤 큰 사건이 일어났습니까?
Terrorist attacked the United States.
불법폭력분자들이 미국을 공격했습니다.

87) Name one American Indian tribe in the United States.
미국에 살았거나 사는 토착 아메리칸 인디안 부족 중에 한 부족을 말씀해 주세요.
Cherokee. 체로키.
Choctaw. 촉타우.
Blackfeet. 블랙핏.
Shawnee. 셔우니.
Lakota. 라코타.
Inuit. 이누잇.
Navajo. 나바호.
Pueblo. 푸에블로.
Seminole. 세미놀.
Mohegan. 모헤간.
Crow. 크로우.
Apache. 아파치.
Sioux. 쑤.
Iroquois. 이로코이.
Cheyenne. 샤이언.
Huron. 휴런.
Teton. 티톤.
Chippewa. 치페와.

Creek. 크릭.
Arawak. 아라왁.
Oneida. 오네이다.
Hopi. 호피.

88) Name one of the two longest rivers in the United States.
미국에서 가장 긴 강들 중에서 하나만 말씀해 주세요.
Missouri River.
미조리강.
Mississippi River.
미시시피강.

89) What ocean is on the West Coast of the United States?
미국서해안에 접해 있는 대양의 이름은 무엇입니까?
Pacific Ocean. 태평양.

90) What ocean is on the East Coast of the United States?
미국동해안에 접해 있는 대양의 이름은 무엇입니까?
Atlantic Ocean. 대서양.

91) Name one U.S. territory.
여러 미국령 중에 한 곳만 말씀해 주세요.
Puerto Rico.
푸에르토리코.
U.S. Virgin Islands.
미국 버진섬.
American Samoa.
미국 사모아.
Northern Mariana Islands.
북마리아나섬.
Guam. 괌.

92) Name one state that borders Canada.
캐나다국경과 맞대고 있는 주 이름 하나만 말씀해 주세요.
Maine. 메인.
Vermont. 버몬트.

New Hampshire. 뉴험셔.
Pennsylvania.
펜실베니아.
Ohio. 오하이오.
Michigan. 미시간.
Minnesota. 미네소타.
North Dakota.
노스 대코타.
Montana. 몬타나.
Idaho. 아이다호.
Alaska. 알래스카.
Washington. 워싱턴.
New York. 뉴욕.

93) Name one state that borders Mexico.
멕시코국경과 맞대고 있는 주 이름 하나만 말씀해 주세요.
Arizona. 아리조나.
New Mexico. 뉴멕시코.
Texas. 텍사스.
California. 캘리포니아.

94) What is the capital of the United States?
미국의 수도이름은 무엇입니까?
Washington, D.C.
워싱턴 디씨.

95) Where is the Statue of Liberty?
자유의 여신상은 어디에 있습니까?
Liberty Island. 리버티섬.
New York Harbor.
뉴욕항구.

96) Why does the flag have 13 stripes?
미국국기는 왜 13개의 줄을 가지고 있습니까?
Original 13 states.
최초의 13개 주를 상징함.

97) Why does the flag have 50 stars?
미국국기는 왜 50개의 별을 가지고 있습니까?

301

One star for each state.
각각의 별 하나가 주 하나를 상징합니다.

98) What is the name of the national anthem?
미 국가의 이름은 무엇입니까?
The Star Spangled Banner.
별이 많은 성조기.

99) When do we celebrate Independence Day?
독립기념일이 언제입니까?
Fourth of July. 칠월 4일.

100) Name two national U.S. holidays.
미국의 여러 국경일 중에서 두개만 말씀해 주세요.
Christmas. 성탄절.
Thanksgiving. 추수감사절.

3. 읽기와 쓰기 시험

Reading Test(읽기 시험 문제)

1) When is President's Day?
2) When is Memorial Day?
3) When is Flag Day?
4) When is Independence Day?
5) When is Labor Day?
6) When is Columbus Day?
7) When is Thanksgiving Day?
8) When do we vote for the President?
9) Who votes for the President in November?
10) Who elects the

President?
11) Who is the Father of our country?
12) Who was the first President of our country?
13) Who was George Washington?
14) Who was the second President of the United States?
15) Who was John Adams?
16) Who makes the laws?
17) Who signs bills into laws?
18) Who lived here first?
19) Who was the President during the Civil War?
20) Who was Abraham Lincoln?
21) Who can vote?
22) Who elects Congress?
23) Who has the right to vote?
24) Who elects the President?
25) What is the Constitution?
26) Who lives in the White House?
27) What state has the most people?
28) What was the first U.S. state?
29) What is the largest state of the United States?
30) What was the first U.S. capital?
31) What is the capital of the United States?
32) What is on the American flag?
33) What are on the American flag?
34) What are the colors of the flag?
35) What does Congress do?
36) What is a right in the Bill of Rights?
37) What President is on the dollar bill?
38) What did Abraham Lincoln do?

39) What do we have to pay to the Government?
40) What country is south of the United States?
41) What country is north of the United States?
42) Where is the White House?
43) Where does the President live?
44) Where does the Congress meet?
45) How many senators do we have?
46) How many states are in the United States?
47) Why do people come to America?
48) Why do people want to be citizens?
49) Name one right in the Bill of Rights?
50) Can the citizens vote?

Writing Test(쓰기 시험)

1) President Day is in February.
2) Memorial Day is in May.
3) Flag Day is in June.
4) Independence Day is in July.
5) Labor Day is in September.
6) Columbus Day is in October.
7) Thanksgiving Day is in November.
8) We vote for the President in November.
9) The people vote for the President in November.

10) The people elect the President.
11) Washington is the Father of our country.
12) Washington was the first President.
13) Adams was the second President.
14) Congress makes the laws.
15) The President signs bills into laws.
16) American Indians lived here first.
17) Lincoln was the President during the Civil War.
18) Citizens can vote.
19) The people elect Congress.
20) Citizens have the right to vote.
21) The citizens can elect the President.
22) The President lives in the White House.
23) Washington lived in the White House.
24) Adams lived in the White House.
25) The Constitution is the supreme law of the land.
26) California has the most people.
27) Delaware was the first state.
28) Alaska is the largest state of the United States
29) New York was the first capital.
30) Washington, D.C. is the capital.
31) The flag has red and white stripes.
32) American flag has stars and stripes.
33) The colors of the flag are red, white, and blue.
34) The flag is red, white, and blue.
35) Congress makes laws.

36) Freedom of speech is a right.
37) Washington is on the dollar bill.
38) Lincoln freed many slaves.
39) The citizens (we) have to pay taxes.
40) Mexico is south of the United States.
41) Canada is north of the United States.
42) The White House is in Washington, D.C.
43) Congress meet in Washington, D.C.
44) We have one hundred (100) senators.
45) People come here to be free.
46) People want to live in a free country.
47) People want to vote.
48) The most people live in California.
49) There are fifty states in the United States.
50) Yes.

제 14 장 미국에 대한 주요 상식

1. 국가와 국기

미국의 국가(國歌)는 1814년 Francis Scott Key에 의해 처음 작사되었으며, 1931년에 의회에서 국가로 발표되었다.

미국의 국기는 Stars and Stripes 또는 Star Spangled Banner등으로 부른다.

국기에는 7개의 붉은 줄과 6개의 흰줄이 있는데, 이는 미국의 개척주이며, 창설주인 13개주를 의미한다. 푸른 바탕에 있는 50개의 별들은 50개 주를 의미한다. 하나의 별은 한 주를 뜻하기 때문에 주가 새로 생길 때마다 별이 처음 미국이 독립될 당시 13개 있었던 것에서 추가되어 현재는 50개가 된 것이다.

성조기는 George Washington(초대 대통령)의 고안으로 Betsy Ross가 처음 만들었다고 한다.

별과 푸른 바탕은 하늘로부터 취했고, 흰줄에 의해 분리된 붉은 색은 모국(영국)으로부터 분리되어 왔음을 뜻한다.

국기는 1777년 6월14일 국회에서 채택되었다.

성조기는 미국을 대표하는 것이므로 경의와 존경심을 가져야 하며, 외부에 달 때는 해가 뜨면 달고 해가 지면 내려야 한다. 즉 특별한 경우가 아니면 밤에는 국기를 내려야 한다.

국기에 대한 경례는 군인과 같이 제복을 착용했을 때는 거수 경례를 하고, 그렇지 않은 사람은 바른 손을 왼쪽 가슴에 대고 경의를 표시해야 한다. 물론 모자는 벗어야 한다.

국기를 경멸한 자는 $1000이상의 벌금을 물게 되거나 투옥에 처해진다.

  국기는 가끔 "Old Glory"라고 부르기도 하고, 붉은 색은 용기를, 흰색은 진리를, 푸른색은 정의를 뜻하며, 성조기 앞에서는 다음과 같이 선서한다(영문 부록 참조).
'나는 미합중국의 국기에 대한 충성은 물론, 이 국기가 상징하는 하느님의 보호 아래 단일국가로서 분리될 수 없으며, 국민 모두에게 자유와 정의를 주는 공화국에 대한 충성도 아울러 맹세한다.'

2. 각 주의 연방 가입 시기

	주(주도)	연방 가입		주(주도)	연방 가입
1	DE – Delaware(Dover)	1787.12.7	26	MI – Michigan(Lansing)	1837.1.26
2	PA – Pennsylvania(Harrisburg)	1787.12.12	27	FL – Florida(Tallahassee)	1845.3.3
3	NJ – New Jersey(Trenton)	1787.12.18	28	TX – Texas (Austin)	1845.12.29
4	GA – Georgia(Atlanta)	1788.1.1	29	IA – Iowa(Des Moines)	1846.12.28
5	CT – Connecticut(Hartford)	1788.2.9	30	WI – Wisconsin (Madison)	1848.5.29
6	MA – Massachusetts(Boston)	1788.2.7	31	CA – California(Sacramento)	1850.9.9
7	MD – Maryland (Annapolis)	1788.4.28	32	MN – Minnesota (St. Paul)	1858.5.11
8	SC – South Carolina (Columbia)	1788.5.23	33	OR – Oregon (Salem)	1859.2.14
9	NH – New Hampshire (Concord)	1788.6.21	34	KS – Kansas (Topeka)	1861.1.29

	주(주도)	연방 가입		주(주도)	연방 가입
10	VA - Virginia (Richmond)	1788.6.25	35	WV - West Virginia (Charleston)	1863.6.30
11	NY - New York (Albany)	1788.7.26	36	NV - Nevada (Carson City)	1864.10.31
12	NC - North Carolina (Raleigh)	1789.11.21	37	NE - Nebraska (Lincoln)	1867.3.1
13	RI - Rhode Island (Providence)	1790.5.29	38	CO - Colorado (Denver)	1876.8.1
14	VT - Vermont (Montpelier)	1791.3.4	39	ND - North Dakota (Bismarck)	1889.11.2
15	KY - Kentucky (Frankfort)	1792.6.1	40	SD - South Dakota (Pierre)	1889.11.2
16	TN - Tenessee (Nashville)	1796.6.1	41	MT - Montana (Helena)	1889.11.8
17	OH - Ohio (Columbus)	1803.3.1	42	WA - Washington (Olympia)	1889.11.11
18	LA - Lousiana (Baton Rouge)	1812.4.30	43	ID - Idaho (Boise)	1890.7.3
19	IN - Indiana (Indianapolis)	1816.12.11	44	WY - Wyoming (Cheyenne)	1890.7.10
20	MS - Mississippi (Jackson)	1817.12.10	45	UT - Utah (Salt Lake City)	1896.1.4
21	IL - Illinois (Springfield)	1818.12.3	46	OK - Oklahoma (Oklahoma City)	1907.11.16
22	AL - Alabama (Montgomery)	1819.12.14	47	NM - New Mexico (Santa Fe)	1912.1.6
23	ME - Maine (Augusta)	1820.3.15	48	AZ - Arizona (Phoenix)	1912.2.14
24	MO - Missouri (Jefferson City)	1821.8.10	49	AK - Alaska (Jureau)	1959.1.3
25	AR - Arkansas (Little Rock)	1836.6.15	50	HI - Hawaii (Honolulu)	1959.8.21

3. 미국의 명절

미주 한인의 날 : 1월 13일 - Korean American Day
　미 연방 상원과 하원은 매년 1월13일을 "미주 한인의 날"(Korean American Day)로 지정하는 결의안을 2005년 12월 각각 만장일치로 통과시켰다. 이에 따라 2006년 1월13일 제1회 미주 한인의 날을 기념하기 위한 각종 행사가 워싱턴과 LA를 비롯해 미 전역에서 성대하게 열렸다. 1월13일은 한 세기 전인 1903년 최초의 한국 이민자를 태우고 제물포 항을 떠난 이민선 갤릭 호가 하와이 호놀룰루 항구에 도착한 날이다. 한미 외교협회 공동의장이자 한인의 날 제정을 위한 공동 발의자인 에드 로이스(공화 캘리포니아)의원은 "미국엔 현재 100만 명 이상 한국계 미국인이 살고 있으며 미국과 특히 캘리포니아는 이들 미주 한인들이 여러 분야에 걸쳐 기여한 덕에 더욱 풍요로워졌다."고 역설했다. 미국에서 소수계 이민을 위한 기념일이 제정된 것은 처음이다.

발렌타인 데이 : 2월 14일 - Valentine's Day
　원래 A.D. 270년 2월14일 성 발렌타인이 순교한 날을 기념하는 기독교의 축제일이다. 성 발렌타인은 기독교 박해시대 때 로마의 사제로 기독교인들이 박해를 피해서 도망가는 것을 돕기 위해 기독교식의 결혼예식을 주재하였다는 것을 이유로 투옥되고 그 후로도 계속적인 포교활동과 로마의 신에 대한 거부로 처형되어 순교한 날을 기념하는 기독교의 축제일이다. 축제일로

정해진 것은 7세기지만 14세기경부터 종교적 의미는 흐려지고 연인들의 날로 변형되었다. 성발렌타인은 연인들의 수호성인으로 여겨져 연인들은 물론 부부, 친구, 가족들이 카드와 사탕, 초코렛, 장미꽃 등의 달콤한 것들을 주로 교환한다.

성 패트릭스 데이 : 3월17일 - St. Patrick's Day
  4세기 당시 이교도들이 많았던 아일랜드에 기독교를 포교한 패트릭 성자를 기념하는 날이다. 성 패트릭은 아일랜드의 수호성인. 미국에서는 아일랜드계 주민이 많은 동부 뉴욕, 보스턴, 필라델피아, 애틀랜타등지에서 대대적인 이벤트가 마련된다. 이 날에는 초록색장신구, 의상을 입기도 하는데 초록색을 몸에 지니면 1년 동안 행운이 깃든다고 한다.

부활절 : 4월11일 - Easter Sunday
  그리스도의 부활을 기념하고 축하하는 날. 날짜는 춘분 다음 첫 만월 후 첫째 주일이다. 유대교의 유월절이 그리스도교시대에 새로운 의미를 얻어 그리스도의 죽음과 부활을 기념하는 축제가 되고 뒤에 게르만족에 전해지자 춘분제와 융합해 오늘날 부활절이 됐다.
  기독교 나라에서 축일로 지키게 된 것은 2세기 무렵부터다. 동방교회에서는 유대인의 유월절날, 서방교회에서는 그리스도가 부활한 일요일을 중시해 유월절 무렵의 일요일, 즉 춘분 뒤의 보름달 다음에 오는 일요일로 기념했다. 325년 제1회 니케아 공의회에서 부활절은 일요일에 시행하도록 결정된 바 있다. 영어의 'Easter'는 튜튼족의 신 중 봄과 새벽 여신의 이름인

'Eastre'에서 파생된 말이다. 이 여신의 축제는 해마다 춘분에 열렸다.

　부활절 계란을 주고받은 풍습은 어떻게 해서 생겨나게 된 것일까? 부활절 이전, 즉 이스터 축제일의 상징은 계란이 아니라 토끼였다. 이스터 여신의 상징이 토끼였기 때문이다. 이 부활절 토끼 풍습은 독일인들이 미국에 이민을 가면서 함께 들여갔으나 18세기 당시 미국의 기독교는 청교도를 위시해서 엄격한 기독교가 주류를 이루었기 때문에 부활절 토끼는 전혀 발붙일 수 없었다. 부활절 역시 미국에서 자리 잡게 된 것은 남북전쟁 이후였다.

　미국에서의 부활절은 곧 봄을 알리는 축제로 이날에는 아름답게 채색한 계란을 선물하거나 먹는 풍습이 있다. 부활절 계란은 생명, 풍요, 다산 등을 의미하며 어린이들은 이날 계란 찾기를 하거나 계란 굴리기 게임을 즐기기도 한다.

싱코 데 마요(멕시코계의 최대 축제) : 5월 5일 - Cinco De Mayo
　1860년대 프랑스 나폴레옹 3세가 멕시코 자유주의 혁명에 개입한 멕시코 원정 전쟁 중 1862년 5월 5일 발생한 푸에블라 전투에서 프랑스군을 격퇴한 것을 기념한 날이다. 멕시코계에서는 퍼레이드와 관련 기념행사를 갖곤 한다. 간혹 멕시코의 독립기념일로 착각하는 경우도 있는데, 멕시코 독립기념일은 9월 16일이다.

어머니의 날 - Mother's Day
　5월 두 번째 일요일. 필라델피아에서 살고 있던 안나 자시스

양이 1908년 5월 9일 어머니를 잃고 그 후 어머니의 기일에 친구들을 모아 추도식을 올리곤 했다. 이 소문에 점차 퍼져 1913년 3월 펜실버니아주에서 이날을 어머니의 날로 정하고 축일로 삼았다. 그 후 연방의회도 이듬해인 1914년 윌슨 대통령의 입회하에 5월 둘째 일요일을 어머니의 날로 정하고 축일로 삼는 규정을 내렸다. 이 날에는 가족모두가 어머니에게 꽃을 선물한다. 어머니가 살아있는 사람은 핑크색 카네이션을, 어머니가 고인이 된 부인은 흰 카네이션을 가슴에 다는 관습이 있다.

아버지의 날 - Father's Day
　어머니의 날과는 다르게 아버지에게 감사하는 날. 6월의 3번째 일요일이다.

할로윈 : 10월31일 - Halloween
　성야(聖夜)라는 뜻. 어린이들은 귀신분장을 하고 집집마다 돌아다니면서 'Trick or Treat'을 외치며 사탕과 초콜릿을 얻는다. 기원은 아일랜드와 스코틀랜드에 살고 있던 켈트족의 만성절, 즉 신년 11월 1일의 전야 All Hallow's Eve로 거슬러 올라간다.
　이날은 전년도의 죽은 사람을 공양하는 날로 동시에 요정이나 마녀가 고양이로 둔갑해 출몰한다는 전설이 있는 날이다. 옛 켈트인들은 10월 30일 밤 호박, 오이류를 도려내 초롱을 만들고 짚으로 만든 허수아비나 보리 이삭으로 여러 가지 동물을 만들어 가면을 쓰고 가장하여 행렬하고 광장 화톳불 둘레에서 축제를 벌이다가 마지막에 허수아비를 태운다. 이는 가을의 수확을 축하하고 악령이나 마녀를 몰아내는 축제다.

켈트인 달력으로 10월 31일은 1년 최후의 그믐날이고, 다음 날 11월 1일은 신년이다. 켈트인은 이 할로윈 하룻밤을 지상에 우글거리는 악령들을 모두 동물로 바꾸어 몰아낼 수 있는 밤으로 믿고 있었다. 또한 웨일스 젊은이들은 여성으로 변장, 동네를 돌아다니며 어린이들도 '도깨비', '해적' 등을 위치며 떠들고 다니면서 맛있는 음식을 먹고 과자도 얻는다. 한편 켈트족을 포함한 유럽인들은 11월 1일을 모든 성인(聖人)들의 날(All Hallow's Day)로 지켜왔기 때문에 언젠가부터 그 전날의 삼하인 축제를 '모든 성인들의 날 이브(All Hallow's Eve)'라는 명칭으로 바꾸어 부르기 시작했다. 현재 그리스도교에서는 11월 1일은 모든 성인의 축일이고 할로윈은 그 준비의 전야제이다. 옛 켈트 풍속을 그리스도교 문화에 받아들인 축제의 하나이다. 미국으로 전해져 아이들의 축제로 시끄럽게 떠들며 맛있는 음식을 먹는 수확의 행사가 된 것이다.

4. 미국의 휴일

미 전역 모든 주에서 공통적으로 쉬는 법정 공휴일은 7일. 새해를 비롯해 마틴 루터 킹 주니어 데이, 독립 기념일, 노동절, 재향군인의 날, 추수감사절, 크리스마스가 바로 그렇다. 미국 공휴일은 해에 따라 날짜가 달라지기도 하며 주마다 정한 공휴일 날짜수가 다를 수도 있다. 독립기념일과 크리스마스날을 제외하고는 매년 날짜가 다르다. 공휴일과 휴일(일요일)이 겹치는 경우 월요일에 쉬기도 한다. 다음은 캘리포니아주를 기준으로 한 법정 공휴일.

1월1일 새해
New Year's Day

미국의 새해는 한국의 설날과는 사뭇 다르다. 오히려 전날이기도 한 12월 31일 마련되는 New Year's Eve의 연장이나 추수감사절부터 시작된 연말이 끝나면서 새해를 시작한다고 보는 것이 더 알맞다. New Year's Eve날 밤 12시를 기해 새해맞이 파티가 곳곳에서 마련되고 새해를 일찍부터 축하하기도 한다. 새해 아침에는 새해인사와 더불어 패서디나의 유명한 로즈 퍼레이드를 TV로 시청하거나 로즈 보울 경기를 관람하곤 한다.

마틴 루터 킹 데이
Martin Luther King Day

매년 1월의 세번째 월요일로 흑인인권 운동가 마틴 루터 킹 주니어(1929-1968)의 생일을 기념하는 날이다. 마틴 루터 킹 주니어 목사는 1955년 12월 시내버스의 흑인 차별대우에 반대해 5만의 흑인 시민이 벌인 몽고메리버스 보이콧 투쟁을 지도해 1년 후 1956년12월 승리를 거두었다. 남부 그리스도교(Southern Christian Leadership Conference)를 결성하고 1968년 4월 테네시주 멤피스시에서 흑인 청소부의 파업을 지원하다가 암살당하기까지 비폭력주의에 입각해 흑인이 백인과 동등한 시민권을 얻어내기 위한 공민권 운동의 지도자로 활약했다. 1964년에는 35세 최연소의 나이로 노벨평화상을 수상한 바 있다. 이 날은 지난 1986년 연방 공휴일로 지정됐으며 한 인물의 탄생일을 전 국가적공휴일로 지정한 것은 국부 조지 워싱턴이나 16대 아브라함 링컨 대통령을 제외하고는 유일하다. 이날은 마틴 루터 킹 주니어 목사의 사상과 신념을 기리는 기념행사가 LA일대와 미 전역에서 마련되기도 한다.

프레지던트 데이
President's Day
　2월의 세번째 월요일로 미국 역대 대통령들을 기념하기 위한 날이다. 이 공휴일의 유래는 미국 역사상 가장 위대한 대통령으로 손꼽히는 조지 워싱턴 대통령과 아브라함 링컨 대통령을 기념하기 위한 날에서 출발한다. 1971년까지 미국에서는 링컨 대통령의 생일인 2월 12일과 워싱턴 대통령의 생일인 2월 22일을 양일 모두 연방공휴일로 정해 기념했다. 하지만 1971년 닉슨 대통령이 이전의 모든 미국 대통령을 기념하는 한 가지 공휴일로 정해, 그 날을 'President's Day'라고 이름짓고, 날짜도 2월의 세 번째 월요일로 정함에 따라 'President's Day'가 새로운 공휴일이 됐다.

메모리얼 데이
Memorial Day
　5월의 마지막 월요일로 한국의 현충일과 비슷하다. 미국에서도 각 주마다 날짜의 차이는 있지만 대부분 5월30일 전후해 기념행사를 갖는다. 꽃으로 장식하는 날이란 뜻으로 'Decoration Day'라고도 한다. 원래 1861-1865년 발생한 남북전쟁의 전몰자를 추도하기 위한 날이었다. 남북 전쟁후 남부의 가족이 남북 양군의 병사의 무덤에 꽃으로 장식하는 있다는 소문을 듣고, 북군의 장군 로건이 1868년 5월 30일 조국을 위해 전사한 병사들의 무덤에 꽃을 장식하도록 포고령을 내렸었다. 하지만 1, 2차 세계대전을 겪으면서 이 전쟁의 전사자도 포함하게 했으며 1971년 국회를 통과해 전국적인 기념일이 됐다. 이날 군대나 퇴역 군인들이 묘지까지 퍼레이드를 벌이거나 병사들이 무덤을 향해 예포를 쏘고 나팔로 진혼곡을 연주하기도 한다. 또한 해마다 워싱턴 D.C에 위치한 알링턴 국립묘지에서 전-현직 대통령을 비롯한 각계 요인과 수많은 시민들이 참여해 추념식을 갖는다. 또한 이날은 여름을 알리는 신호일로 이때부터 연례적인 휴가철이 시작된다.

독립기념일
Independence Day

쉽게 말해 미국의 탄생일이라 할 수 있는 독립기념일은 필라델피아에서 열린 대륙회의에 의해 영국으로부터 미국의 독립선언을 정식으로 즈인한 1776년 7월 4일을 기념하는 날로 미국 국가의 가장 큰 축일중 하나이다. 실지 채택된 날을 원래 7월 2일이지만 4일이 공식적으로 독립기념일이 된 것은 이날 대륙회의의 의장 존 핸콕이 각 식민지의 대표자에 의해 승인된 독립선언서에 서명하고 공식화 했다는 사실에 의거한다. 이듬해인 1777년 첫 독립기념일로 축하한 뒤 1800년대 초부터 퍼레이드, 피크닉, 불꽃놀이 축하행사 등으로 미국의 생일을 축하해왔다. 오늘날까지도 이날은 미국 각지에서 기념행사와 퍼레이드, 불꽃놀이 등이 열리며 또 날씨가 좋으면 점심을 싸들고 가까운 공원에서 피크닉을 즐기는 가정이 많다. 또한 가족단위의 소풍이나 옥외에서 바베큐과 애플파이를 즐기는 것이 전통이다. 또한 각 커뮤니티에서 고등학교 군악대의 연주 및 퍼레이드를 볼 수 있으며 저녁에서는 지역 공원에서 불꽃놀이를 구경한다.

노동절
Labor Day

'The Knights of Labor(노동 기사단)'라는 노동조합이 1882년에 처음으로 뉴욕에서 퍼레이드를 벌인 것을 기념하는 날이다. 매년 9월의 첫째 월요일이 이날이다. 실제로 주법에 의해 노동자의 기념일로 삼은 것은 오레곤주가 가장 빠르며 1887년의 일이다. 연방의회는 1894년에야 9월 첫째 월요일을 각자의 축일로 결정했다. 또한 이날은 여름이 끝나고 가을이 시작되는 계절로 학교가 시작되기 전 자녀들과 마지막 휴일을 보낼 수 있는 날로 짧은 여행이나 피크닉을 갖곤 한다.

콜럼버스 데이
Columbus Day

크리스토퍼 콜럼버스가 1492년 미국대륙을 발견한 것을 기념하는 날로 매년 10월12일에서 가장 가까운 월요일이 휴일이다. 미국과 캐나다 일부 및 라틴 아메리카등지에서 퍼레이드를 벌이거나 특별 행사로 축하하기도 한다. 크리스토퍼 콜럼버스가 스페인의 여왕 이사벨의 원조를 받아 대서양을 건너고 바하마 열도에 도착한 것은 1492년 10월 12일의 사건이었다. 정식으로 이날이 기념일이 된 것은 콜럼버스가 미국 신대륙을 발견하지

300년 후인 1792년에 되어서의 일이다.

재향군인의 날
Veteran's Day

11월11일. 제1,2차 세계대전의 종전을 기념하는 날로 '휴전의 날'로 불리우다가 아이젠하워 대통령에 의해 명칭이 바뀌었다. 세계평화를 기원하는 뜻도 포함돼있으며 이날에는 각지에서 재향 군인들의 퍼레이드를 벌이고, 미 전국적으로 국기게양 및 각종 기념행사가 마련된다.

추수감사절
Thanksgiving Day

종교적 역사적 의미를 지닌 날이다. 매년 11월의 네번째 목요일이 휴일로 대부분 이때부터 주말까지 추수감사절 연휴로 쉰다. 추수감사절은 1620년 신교의 자유를 찾아 영국에서 메이플라워호를 타고 신대륙에 최초로 건너온 청교도들이 신세계에서 거둔 첫 가을걸이를 기념하는 날이다. 청교도들이 처음 미국에 도착했을 때, 새로운 땅에서 살아남을 수 있는 방법을 거의 알지 못했다. 결국 그들은 옥수수를 심는 법을 가르쳐준 지역 아메리칸 인디언의 도움을 받았다. 가을걷이는 성공적이었고, 원주민을 초대해서 야생의 칠면조와 사슴고기로 음식을 장만하고 감사를 드리는 식사를 같이함으로써 3일 동안 감사제를 벌이며 이를 기념했다. 1789년 워싱턴 대통령은 그때까지 가끔 거행된 이 축제를 국민전체가 매년 축하하도록 했고 1863년 링컨 대통령 때 정식으로 넷째 목요일로 변경됐다. 현대에 와서는 멀리 떨어져 있던 가족들이 모여 단란한 가족모임으로 휴일을 즐기곤 한다. 뉴욕에서는 매년 추수감사절 퍼레이드가 마련되며 미 전역에서는 칠면조, 햄, 펌킨파이가 마련되는 전통적인 저녁식사를 들며 하나님께 감사드린다. 또한 추수감사절 연휴 때는 각 백화점이나 상점에서 일년 중 가장 싼 세일을 실시하곤 한다. 특히 목요일인 다음날인 금요일날 Black Friday에는 새벽부터 업소를 찾아 밤새 줄을 서는 알뜰파 쇼핑객들이 문전성시를 이룬다.

크리스마스
Christmas Day

　12월 25일로 예수 그리스도의 탄생일이다. 크리스마스는 영어로 그리스도의 미사(성찬식)이란 뜻이다. 'X-mas'에서 X는 그리스어의 크리스토 'Xristos'의 머리글자를 사용한 것이다. 미국에서 크리스마스는 크리스마스카드로 시작된다고 해도 과언이 아니다. 12월1일 이후에 상대방에게 도착하도록 보내는 것이 예의로 크리스마스 이후라도 12월 안에 보내면 된다. 또한 집안에는 크리스마스 전주나 크리스마스트리를 장식한다. 또한 추수감사절처럼 가족끼리 모이곤 하며 크리스마스날 아침 선물꾸러미를 나누곤 한다. 크리스마스 디너에는 칠면조, 펌킨파이 등 추수감사절 메뉴와 비슷하지만 돼지구이나 플럼푸딩을 마련하기도 한다. 한편 크리스마스때 초대를 받았을 경우엔 반드시 선물을 지참해야 한다.

5. 미국의 상징, '엉클 샘'

미국의 정부를 칭하는 '엉클 샘(Uncle Sam)'이란 별명은 미국과 영국간의 1812년 전쟁 중에 탄생했다.

'엉클 샘'은 실존 인물이며 그 이름이 새뮤얼 윌슨이었다. 미 육군에 쇠고기와 돼지고기 납품을 맡았던 새뮤얼 윌슨은 소금에 절인 쇠고기를 둥근 나무통에 넣어 검사를 거쳤다는 표시로 통 바깥쪽에 미국(United States)을 뜻하는 U.S.라는 약자 부호를 찍었다.

사람들은 그때까지만 하도 U.S.가 무엇을 뜻하는지 궁금하게 여겼다. 1812년 10월 1일, 새뮤얼 윌슨의 육류 포장공장을 둘러보던 정부 검사관이 공장 종업원에게 통에 찍힌 U.S.가 무엇을 뜻하는지 물었다.

그러자 종업원은 농담조로 U.S.가 공장주인인 '엉클 샘'의 약자라고 답하였다. 그 후, 그 농담이 그만 진담으로 받아들여져 모든 군인들이 군대 급식량에 찍힌 U.S. 표시를 '엉클 샘'으로 읽었으며 점차 연방정부가 공급품을 모두 '엉클 샘'이라고 칭하였다. 군인들은 심지어 자신을 '엉클 샘'의 부하라고까지 생각하였다.

1813년, 뉴욕 트로이에서 '엉클 샘'의 그림이 신문에 처음 등장했으며 곧 인근 도시로 전파되었다. 1816년에는 '엉클 샘의 모험'이라는 책까지 발간되었다.

미국을 상징하는 별과 줄무늬로 장식된 복장을 입은 엉클 샘의 모습은 1830년대 세바 스미스의 만화에 처음 등장했다. 엉클 샘은 시대에 따라 그 모습이 조금씩 변모되었다. 앤드루 잭슨 대통령 시대에 빨간색 바지를 입었던 엉클 샘이 에이브러햄 링컨 대통령 재직 중에 수염을 달게 되었다.

남북전쟁 당시의 만화가였던 토마스 내스트는 엉클 샘을 키가 크고 야위었으며 볼이 쏙 들어간 모습으로 그렸다. 실제 모델이 에이브러햄 링컨이었다고 하지만 그려낸 모습은 새뮤얼 윌슨을 더 닮았었다고 한다.

엉클 샘이 가장 맹활약을 한 것은 1,2차 세계대전 때였다. 시민들에게 손가락질하며 '미 육군은 당신을 원합니다.(I Want You for U.S. Army)'라고 호소하는 엉클 샘의 포스터가 전국에서 4백만 개나 팔려 나갔다.

2차대전 중에는 미국 시민들에게 방위 산업체에서 일하도록 권유하는 엉클 샘의 포스터가 만들어졌다. 엉클 샘이 대중화된 이 후에도 사람들은 엉클 샘이 어떻게 하여 이 세상에 탄생했는지 알지 못하였다.

1961년, 역사학자 토마스 거슨이 뉴욕 역사학회의 옛 기록을 뒤지다가 뉴욕 '가젯'신문 1830년 5월 2일자에 엉클 샘의 유래에 관한 기사가 실린 것을 발견하여 엉클 샘이 바로 새뮤얼 윌슨이었음을 알게 되었다. 케네디 행정부 시대의 제87회 의회는 윌슨이 미국의 상징인 '엉클 샘'의 원조임을 기리는 법을 통과시켰다.

1766년 9월13일에 태어난 새뮤얼 윌슨은 1812년 전쟁 중에 미국인들에게 정부로부터 받으려고만 하지 말고 베풀 것을 요구하는 존 F. 케네디와 유사한 내용의 연설을 했으며 후에 정치 활동을 하다가 1854년, 88세의 나이로 사망했다. 뉴욕 트로이의 오크우드 공동묘지에 있는 윌슨의 묘 비석에는 그가 '엉클 샘'의 기원임을 뜻하는 비문이 새겨져 있다.

6. 미국의 주소 표시

　미국의 주소는 거리의 이름과 번호로 표시되어 있다. 거리의 번호는 원칙적으로 어느 지점을 기점으로 하여 동서남북으로 멀어짐에 따라 많아진다. 그리고 거리에 따라 한쪽이 짝수, 반대쪽이 홀수로 정해져 있다. 예를 들면 ○○스트릿의 100번지와 99번지는 바로 곁에 있는 것이 아니라 거리 건너편에 있다.

7. 팁과 매너

- 팁에 관하여

　미국에서는 서비스를 받으면 팁을 주는 것이 일반적 상식이다. 팁 문화에 익숙하지 않은 한국인에게는 번거롭고 부담스러운 느낌이 들지만 미국에 가면 미국식을 따라야 하므로 팁은 기분 좋게 지불하자. 미국에서 팁은 노동의 대가. 이것으로 생활하는 사람도 많다.

일반적인 팁의 기준은 다음과 같다.
- 벨-도어맨-공항의 포터 : 짐 하나에 $1-2
- 레스토랑 : 총금액의 15~20%. 그러나 서비스료가 포함되어 있으면 조금만 줘도 된다. 대도시에서는 20%를 주는 것이 일반적이다. 바에서는 1잔 마실 때마다 바텐더에게 $1을 준다.
- 택시 : 요금의 15~20%. 요금이 얼마 안 되어도 최소 $1은 주어야 한다. 인원이 많거나 짐이 많은 경우에는 약간 더

이 지불하는 것이 상식이다.
- 공항 셔틀밴 : 정해진 노선을 도는 대형 버스는 팁을 주지 않아도 되지만, 승객 한 사람 한 사람의 행선지를 물어서 도는 소형 밴은 합승택시의 의미가 있으므로 $1~3을 준다.
- 룸 메이드 : 특별히 방을 더럽힌 경우가 아니면 기본적으로 팁은 필요 없으며, 1박만 묵는다면 필요 없다. 만약 주고 싶으면 아침에 호텔에서 나올 때 침대 옆의 라이트테이블에 1박당 $1~2를 지불한다. 일반적으로는 체크아웃 할 때 숙박일수만큼 모아서 룸 메이드에게 준다.
- 룸서비스 : 룸서비스를 부탁하면 10~15%. 부족한 타월과 모포를 가져왔을 때에는 $1을 주면된다.
- 주차 서비스 : $2~4.
- 커브사이드 체크인 : 짐 하나에 $1.
- 상담 : 그 자리에서 대답해 줄 수 있는 간단한 질문은 팁을 주지 않아도 된다. 하지만 구하기 어려운 티켓을 구해줄 때는 그 난이도에 따라 $10-20-30 이상을 준다.
- 관광버스 : 대형 버스로 승객이 많은 1일 투어나 트롤리 투어라면 $1~2. 소형 밴은 이용한 1일 투어라면 $5 정도.

- 기본적인 매너와 상식

미국은 다민족 국가다. 습관·종교·문화 등 각기 다른 배경을 가진 사람들이 한 나라에서 살고 있기 때문에 다른 사람과 접할 때 미국인의 자세는 정말 신중하다. 그 만큼 매너를 지키는 것은 이 나라에서는 기본 중의 기본이다.
- 다른 사람에게 조금이라도 폐를 끼쳤을 때는 "Sorry."

"Pardon."이라고 한다.
- 혼잡한 장소 등에서 자기가 먼저 가고 싶을 때는 "Excuse me"라고 한다.
- 우체국이나 화장실 등 공공장소에서 줄을 설 때는 한 줄로 선다.
- 대부분의 공공장소에서는 금연이다. 흡연은 정해진 곳에서 한다. 특히 캘리포니아주는 매우 엄격하다.
- '레이디 퍼스트'. 엘리베이터를 타고 내릴 때 등 여성이 우선이다. 특히 나이 많은 여성이 가장 우선이다.
- 인사는 사람을 만날 때의 기본이다. 편의점이나 항공사의 카운터 등, 사람을 만날 때는 반드시 "Hi!"라고 말하자.
- 라이브 하우스나 바, 등 술을 파는 곳에 들어갈 때는 ID(신분증명서)를 꼭 챙기자.
- 대부분의 주에서 음주 연령은 21세 이상(21세 미만은 불가).
- 음주는 레스토랑이나 바, 라이브 하우스 등 정해진 장소에서 한다. 공원이나 걸어다니면서 술을 마시는 것은 금지되어 있다.

8. 화장실 상식

미국의 대도시에는 시내의 공중 화장실이 거의 없으며 손님을 위한 화장실은 업소(호텔, 레스토랑, 기차역, 버스 터미널, 쇼핑센터, 백화점 등)마다 있다. 그래서 화장실을 이용할 때는 보통 그런 곳을 찾아 들어간다. 그러나 국립공원, 유원지, 해수욕장 등의 관광지에는 공중 화장실이 있다.

시내 도보 관광 중 화장실을 이용하고 싶으면 식당, 호텔, 쇼핑몰, 백화점 등을 찾아 들어가면 된다.

미국에서는 공항, 역, 호텔, 쇼핑센터, 레스토랑이나 극장 같은 공공장소의 화장실을 Restroom이라고 한다. Restroom안에 들어가면 남자화장실 문에는 Men's Room 또는 Men이나 Gentlemen이라고 쓰여 있고, 여자화장실 문에는 Ladies' Room 또는 Women이나 Ladies라고 쓰여 있다. 간혹 Powder Room이라고 써 붙인 곳도 있는데 이것 역시 여자화장실을 가리킨다. 일상회화에서 Toilet나 Lavatory는 화장실이란 뜻으로 그리 많이 쓰이지 않는다.

W.C.를 화장실로 알고 있는 사람이 많은데 Water Closet의 약자인 이것은 미국에서 화장실이란 뜻으로 거의 쓰이지 않고 있다. 참고로 가정집의 화장실은 Bathroom이라고 한다.

또 미국에도 유료화장실이 있는데 한국과는 달리 동전(Coin)을 넣어야 문이 열리게 되어 있다. 이런 화장실을 이용하게 될 경우를 생각하여 늘 잔돈을 준비하고 다니기 바란다.

* 하와이에서는 남자화장실을 Kane(카네), 여자화장실을 Wahine(와히네)라고 표시한 곳도 있다.

9. 지켜야 할 간단한 예의

미국인은 대체로 웬만한 건 다 눈감아주는 너그러움을 지녔다. 이들의 생활신조는 대충 '사람은 모두 제멋대로 산다.'는 식이다. 하지만 여느 사회와 마찬가지로 미국에도 외국방문객이 알아두어야 할 행동규범이나 문화적 금기 사항들이 있다.

- 인사에 반갑게 응수할 것. 'Hi. How are you?'에는 'Thanks, I'm fine.'이라 답하면 무리가 없다.
- 처음 만난 사람에게 지나친 신체접촉은 삼가자. 초면에 끌어안고 포옹하는 미국인도 많지만, 그보다는 악수를 나누는 사람들이 더 많다.
- 시간 엄수. 미국인은 시간에 있어서는 칼 같다. 다른 이를 기다리게 하는 것을 큰 결례로 여긴다.
- 공공장소에서 함부로 옷을 벗지 말 것. 특히 해변에서 나체로 있지 않도록 조심하고, 여성은 주변 사람들이 그렇게 하지 않는 한 가슴을 드러내고 다니지 않도록 한다.
- 웨이터와 바텐더, 택시 기사에게는 팁을 주어야 한다.
- 건물 안이나 집 안에서는 사전에 양해를 구한 후 담배를 피울 것. 대부분의 주가 금연법을 시행하고 있다.
- 쓰레기는 쓰레기통에. 거리가 지저분하다고 해서 쓰레기를 아무데나 버리는 것은 인상을 찌푸리게 한다.
- 미국인이 우리나라에 대해 많이 알고 있을 거라고 기대하지 말 것. 미국인은 외국 여행자를 만나는 일을 흥미로워 하는 편이지만, 외부 세계에 대한 관심은 무척 빈약한 경우가 많다.
- 경찰관에게 깍듯이 대할 것. 미국인은 보통 서로 경의 없이 대하지만, 경찰관에게는 'Sir', 'Ma'am'이나 'Officer'라는 존칭을 붙인다.
- 상대방이 먼저 얘기를 꺼내지 않는 한 미국이나 미국 대통령에 대해 비난하지 말 것. 미국인은 애국심이 강하고 국가에 대한 자긍심 또한 높다. 타인의 의견과 관점을 존중하는 편이지만, 상대방이 '미국을 모욕한다.'고 생각하면 참지 않고 불쾌감을 드러낸다.

10. 크레딧 카드와 데빗 카드

데빗(debit)은 출금이란 뜻이다. 입금의 반대로 자기 수표계좌에서 돈이 나간다는 뜻이다. 데빗 카드를 쓰면 수표를 쓰는 거나 마찬가지다. 수표계좌에서 돈을 빼내 업체의 계좌에 입금해준다.

수표를 쓰면 2-3일 후에야 돈이 나가지만 데빗 카드를 쓰면 더 빨리 나간다. 수표계좌 잔고보다 돈을 더 많이 쓰면 어떻게 되나? 초과인출(Overdraft)이 된다. 수표가 부도나는 거나 마찬가지다. 은행에서 $35 정도의 벌금을 매긴다. 그러니 $5짜리 햄버거를 사먹었다면 그 햄버거 값이 $40로 둔갑하는 경우도 있다. 은행에서는 초과인출 벌금으로 돈을 많이 벌기 때문에 초과인출 보호(Overdraft Protection)를 장려한다. 고객이 잔고 이상 돈을 쓰면 은행이 업체에게 선불해 주고 고객으로부터 원금과 벌금을 받아낸다. 그러나 최근에 법이 변해 이제는 본인의 승낙 없이는 초과인출을 보호해주지 못하게 돼있다. 즉 은행에서 계좌잔고 이상 돈을 내주지 못한다. 이것이 데빗 카드의 장점이라고 보는 사람들도 있다. 없는 돈은 쓰지 못하기 때문이다.

반면 크레딧 카드를 쓰면 그런 문제가 없다. 돈이 없어도 카드에 챠지(charge)할 수 있다. 크레딧(Credit)은 외상을 의미한다. 은행이 고객을 믿고 업체에게 선불해준다.

약 30일 이내에 고객이 외상을 갚는다. 한 동안 외상으로 상품을 산 셈이다. 냉장고, TV, 크루즈 표, 비행기 표 따위 큰 걸 살 적에 크레딧 카드를 쓰면 더욱 유리하다. 하지만 크레딧 카드에는 한계가 있다. 한계 이상 돈을 쓰면 벌금을 문다. 제때 빚을 갚지 못하면 잔고에 대한 이자를 문다.

 상품에 이상이 있어 문제가 생기면 크레딧 카드가 더 유리하다. 일례로 A씨는 창문에 다는 블라인드(blind)를 크레딧 카드로 주문 했다. 받아보니 고장 난 것도 있고, 잘 작동하지 않는 것도 있었 다. 도로 가져가고 환불해달라고 했다. 동시에 은행에 신고 (Dispute)했다. 즉시 $980 챠지(charge)가 취소되고 업체에게 연 락이 갔다. 업체에서 상품을 도로 찾아가 고쳐서 보내주겠다고 했다. 데빗 카드를 썼다면 문제는 훨씬 더 복잡해졌을 것이다.

 카드를 분실하거나 도난당하거나 사기 당하면 어떻게 되나? 데빗 카드의 경우를 보자. 2일 내에 은행에 신고하면 본인책임 은 $50 이하다. 2일이 지나면 본인책임이 $500이하로 되고, 60일이 지나면 본인책임이 무한이다.

 크레딧 카드의 경우에는 본인책임이 $50이하다. 이상한 챠지 (charge)가 나타나면 즉시 은행에 신고하는 게 안전하다. 그러 면 챠지(charge)가 취소되고 조사가 시작된다. 보내주는 서면 양식에 기입해 60일 내에 반송하면 된다. 은행에서 업체에게 연락해 고객의 주장을 조사한다. 판결이 날 때까지 돈을 내지 않아도 된다. 크레딧 카드가 훨씬 더 안전하고 사기 당할 경우 도 훨씬 더 적다. 하지만 없는 돈을 쓰는 게 빚이 되고 이것을 단점으로 보는 사람이 있다.

 크레딧 카드나 데빗 카드는 ATM카드로도 쓸 수 있다. 비밀 번호(PIN)를 쓰면 된다. 하지만 이건 무척 위험하다. 꼭 필요 하지 않으면 쓰지 않는 게 안전하다. ATM에서 돈을 빼다가 강도를 당하는 수도 있고, 강도에게 끌려가 ATM에서 돈을 빼 줘야 하는 사례도 가끔 뉴스에 나온다.

보상을 주는 크레딧 카드도 있다. 빚을 제때 잘 갚아 신용을 쌓은 고객에게만 준다. 식품점, 약국, 주유소에서 쓰는 금액의 2-3%와 다른 곳에서 쓰는 액수의 1%를 현금으로 보상해주는 은행도 있다. 요즘은 보상대상 업체를 3개월마다 바꾸는 은행도 있다. 일례로 7월~9월에는 항공회사나 식장이나 호텔에서 쓴 돈의 5% 보상으로 준다는 식으로 바꾸어진다.

데빗 카드를 사용해 호텔에 들어가거나 주유소에서 휘발유를 사거나 렌터카에서 차를 빌리면 은행계좌에 있는 돈을 동결(Blocking)하는 경우가 허다하다. 일례로 어떤 호텔에 1박에 $300로 3박을 예약했다면 호텔 측에서는 고객이 꼭 $900만 쓴다고 생각하지 않는다. 3박을 예약했지만 4박을 할 수도 있고, 식당이나 카지노나 상점에서 돈을 더 쓸 수도 있다. 넉넉잡아 $1,200 정도를 동결시키는 경우가 많다.

따라서 은행계좌 잔고가 줄어든다. 3일 후 호텔에서 떠나도 동결된 $1,200은 즉시 풀리지 않고 며칠 후에 풀리는 게 보통이다. 여기저기서 동결하면 은행잔고가 의외로 줄어 본인도 모르게 초과인출이 나는 수가 있어 벌금을 물게 된다. 그런 변을 당하지 않으려면 은행 잔고를 넉넉히 두든가, 그때그때 돈 쓴 것을 정확하게 기록해 초과인출이 나지 않게 해야 된다. 잔고가 빠득빠득하면 업체에게 얼마를 동결하겠는가를 미리 물어보는 게 좋다.

어떤 상점에서는 데빗 카드를 받아주지 않는다. 일례로 렌터카에서는 꼭 크레딧 카드를 요구한다. 외국에서는 식당이나 호텔이나 상점에서 데빗 카드를 받아주지 않는 곳이 많다.

미국에서 사는 젊은이들에게는 크레딧 점수가 중요하다. 크레딧 카드 빚을 제때 갚으면 크레딧 점수가 올라간다. 자동차나 집을 사거나 은행에서 돈을 빌리려면 크레딧 점수를 조사하고 점수에 따라 이자율이 결정된다. 플라스틱 카드를 돈으로 쓰는 21세기 미국에서는 크레딧 점수가 곧 돈이 된다는 사실을 알아두자.

(권태형 / 몬태발로대 명예교수 글에서)

11. 경찰, 셰리프, 마샬은 어떻게 다른가?

- **셰리프(Sheriff)**

2008년 아카데미 영화제 작품상을 수상한 '노인을 위한 나라는 없다.'에서 배우 토미 리 존스는 살인마를 뒤쫓는 역을 맡았다. 하지만 그는 경찰이 아니다. 셰리프다. '보안관'이라는 번역을 들으면 귀에는 익숙하지만 실제 하는 일을 잘 모르는 한인이 많다. 한국에는 없는 치안조직이기 때문이다.

셰리프는 카운티(한국의 행정구역상 '군' 단위) 치안을 위해 활동한다. 카운티 제도가 없는 알래스카주와 하와이주 그리고 코네티컷주에는 셰리프가 없다.

셰리프는 법원과 구치소의 치안유지, 범죄인 이송 등의 업무도 맡고 있다. 셰리프 역시 경찰과 똑같이 교통위반 같은 단속도 할 수 있으며 일부 셰리프국은 검시소를 운영하기도 한다. 시 경찰을 운영할 수 없는 작은 규모의 시정부와 계약을 맺고 치안유지 임무를 대행하기도 한다.

경찰과는 달리 셰리프는 주민들이 자발적으로 만든 조직으로 출발했다. 따라서 경찰국장은 시장이나 경찰위원회가 임명하지만 셰리프 국장은 아직도 카운티 주민들이 직접 투표로 선출한다. 이 때문에 국장직을 사임한 뒤에 정치적으로 성공한 셰리프국장들이 많다. 대표적인 인물로는 뉴욕주 에리 카운티 셰리프국장을 지냈던 그로버 클리브랜드가 있으며 그는 22, 24대 미국 대통령을 지냈다.

* 지원자격 : 카운티별로 조금씩 차이가 있지만 보통 나이가 만 19세 6개월 이상이어야 하며 시민권자나 시민권 지원 자격을 갖춘 영주권자여야 한다.
  또한 고졸 이상의 학력을 가져야 하며 C클래스 이상의 운전면허를 취득한 상태여야 한다. 아카데미 입소 후 18주간 교육을 받아야 하며 초봉은 학위 소지 여부에 따라 개인별로 편차가 있지만 대략 월 5000달러 정도다.

- **경찰(Police)**

각 시 정부는 대부분 자체 경찰 조직을 운영하고 있다. 뉴욕과 LA가 대표적이다.

9-11테러 사건으로 전세계적인 유명세를 탄 뉴욕경찰국(NYPD)은 미국에서 가장 큰 경찰조직을 자랑하며 총 3만5000면의 경관과 4500명의 직원 등 총 4만 명이 근무하고 있다. 순찰차량만 8900대에 달하며 순찰헬기 8대를 보유하고 있다. 또한 내부에 34마리의 경찰견으로 구성된 K-9유닛과 갱 전담반, 대테러전담반, 폭탄제거반 등의 특수부서가 있다.

380만에 달하는 LA시민들의 생명과 재산을 지키는 LA경찰국(LAPD)은 1869년 생겼으며 1만여 명의 경관과 일반 직원

3000여명의 근무하고 있다. 1968년, 전국에서 처음으로 경찰특공대(SWAT)을 내부에 조직하기도 했다.

하지만 경찰국 신설여부는 전적으로 시 정부의 결정에 달려있다. 뉴욕주 셀터 아일랜드 타운의 경우 인구가 2200명에 불과하지만 10명의 경관으로 구성된 경찰국(SIPD)을 보유하고 있다. 반면 인구가 5만 명의 넘는 캘리포니아주 세리트스시는 경찰국을 운영하는 대신 LA카운티 세리프국에 치안유지를 맡겼다. 앨라바마, 애리조나, 코네티컷, 위스컨신주 등은 주도를 지키는 '캐피털 폴리스'를 별도로 두는 경우가 있다. 이 외의 주들은 주 경찰이 주도에 별도의 인력을 배치해 주청사, 주법원 등을 지키기도 한다.

* 지원자격 : 대부분 셰리프와 같다. 하지만 나이가 만 21세 이상이어야 한다는 점은 다르다. 경찰학교(폴리스 아카데미)에 입소한 날부터 월급이 계산되는데 4년제 대학 졸업장이 있는 사람의 초봉은 연 4만 9000달러 정도며 다양한 수당이 추가된다.

이외에 건강보험은 물론 은퇴연금 제도도 잘 갖춰져 있으며 근무 10년차 이후부터는 연간 23일의 유급휴가가 주어진다.

- **연방수사국(FBI) / 마셜**

연방정부가 관할하는 경찰조직으로는 한인들에게도 잘 알려진 연방수사국(FBI), 마셜 등이 있다.

FBI의 주요업무는 테러방지, 적국의 정보활동 차단, 사이버 공격 예방, 화이트 컬러 범죄 퇴치 등이며 은행 강도, 마약, 우편사기 등의 범죄도 담당한다.

영화나 드라마에 보면 가끔 FBI요원들이 현장에 나타나 지역경찰에게 수사를 중단하라고 요구하는 것을 볼 수 있다. 이런 경우 대부분 주 경계를 넘나들며 발생한 범죄일 가능성이 높다.

연방마셜은 전국에 존재하는 94곳의 연방법원을 보호하는 역할을 한다. 이들은 2007년, 이른바 'BBK사건'으로 한국에 송환된 김경준씨를 LA다운타운 소재 연방구치소에서 LA국제공항으로 이송하는 역할을 담당하기도 했다.

* 지원자격 : 경찰에 비해 무척 까다로운 편이다. 4년제 대학을 나온 시민권자여야 하며 여러 단계의 백그라운드 체크를 통과해야 한다. 입사시험도 나이도가 높으며 체력테스트도 병행한다. 초봉은 연 5만5000달러 선에서 시작되며 건강, 생명, 은퇴 등 다양한 보험혜택이 주어진다.

● 고속도로 순찰대

고속도로 순찰대는 사실상 '주'의 경찰 역할을 담당하고 있다. 대표적인 예가 캘리포니아 고속도로 순찰대(CHP)다.

CHP는 1929년 캘리포니아주 고속도로의 안전유지를 위해 창립됐다. 그 역할이 늘어나 주 건물 경비, 범죄수사, 테러방지 등 주 경찰의 임무를 담당하고 있으며 자체적으로 SWAT팀도 보유하고 있다. 일부에서는 CHP의 근무지가 고속도로로 제한돼있어 일반 도로에서는 경찰의 권한이 없다고 오해하고 있다. 하지만 실제로 CHP는 모든 공공도로에서 발생하는 위반사항에 대해 단속할 권한이 있다.

CHP에는 총 9900명이 근무하고 있으며 그 중 6800명이 경관으로 미국 내에서 가장 규모가 큰 주 경찰이다.

하지만 뉴욕시나 필라델피아시는 시 경찰의 한 조직으로 고속도로 순찰대를 두고 있다.

* 지원자격 : 만 20~35세의 시민권자로 고교졸업 이상자여야 한다. 아카데미 훈련생은 월 4000~5000달러를 받으며 정식으로 근무를 시작하며 5500~6600달러를 받는다. 연간 5000달러의 점심 식사비가 지원되며 6년차부터는 매월 130달러의 체력증진비가 주어지기도 한다. 대부분 연봉을 제오 하고 2~3만 달러를 추가수당으로 받는 셈이다.

12. 자동차 사고 발생시 작성할 주요 정보

1. 사고 날짜 및 시간 :   년,   월,   일,   시간,   (AM/PM).
2. 상대방 운전자 이름 및 연락처 :
3. 상대방 운전자 운전면허증 번호 :
4. 상대방 차량번호판 :
5. 상대방 보험회사 및 POLICY번호 :
6. 상대방 사동차 정보(차 메이커, 모델, 연도) :
7. 증인정보(Witness 이듬, 연락처) :
8. 사고발생현장 메모 :

상대방 과실시 인정 서명

I acknowledge that this accident is caused by my fault.

X_____

복사하셔서 차량등록증, 브험카드와 함께 보관하십시오.

13. 미국의 지폐와 상징인물

우리나라의 1만원권에 세종대왕이 그려져 있듯이 각 지폐에는 역대 대통령이나 그에 필적할만한 정치가 초상이 그려져 있다. 애칭은 없다.

1달러 지폐 - 초대 대통령 조지 워싱턴
2 달러 지폐 - 제3대 대통령 토머스 제퍼슨
5달러 지폐 - 제16대 대통령 에이브러햄 링컨
10달러 지폐 - 초대 재무장관 알렉산더 해밀턴
20달러 지폐 - 제7대 대통령 앤드류 잭슨
50달러 지폐 - 제18대 대통령 율리시즈S. 그랜트
100달러 지폐 - 독립선언 기포자의 한 사람인 동시에 피뢰침의 발명자인 벤저민 프랭클린

미국의 지폐에는 여기에 든 것 외에 500달러, 1000달러, 5000달러, 1만 달러, 10만 달러의 다섯 가지 고액지폐가 있지만 1969년 이후 발행하지 않고 있다. 10만 달러 지폐는 연방준비제도와 재무성 사이에서만 사용된다. 그 나머지 고액지폐도 보기가 힘들다. 1만 달러짜리 지폐는 전 미국에 119장밖에 없다고 하며 그중 100장이 라스베가스의 다운타운에 있다고 한다. 일상생활에서 사용하는 것은 20달러 이하가 대부분이고 그 이상은 수표를 사용한다.

14. 생활의 지혜

A. 밀폐용기에서 나는 냄새를 제거하려면 쌀뜨물을 이용한다.
　　쌀뜨물을 하룻밤 정도 용기에 받아두었다가 다음날 씻어주면 냄새는 물론 용기에 밴 색도 없어진다. 그리고 나서 햇볕에 잘 말려두면 곰팡이도 끼지 않고 아주 좋다.

B. 잘 안쓰는 향수를 알뜰하게 사용하는 법.
　　먼저 머리를 감을 때 마지막 헹구는 물에 한두 방울 향수를 첨가하면 하루 종일 은은히 풍겨 나와서 좋다. 옷장이나 속옷 서랍에도 넣어두면 좋다.

C. 맥주를 집안 청소하는 데 이용한다.
　　맥주 한 모금 정도도 화초 잎을 닦고 맥주 반 컵 정도로 냉장고 안팎을 청소하면 냉장고의 냄새를 없애고 닦는데 최고. 먹다 남은 맥주 그냥 버리지 말자.
　　검정색 옷을 잘못 빨면 군데군데 탈색되어 얼룩진 것처럼 된다. 그럴 때는 큰 통에 맥주를 반 컵 정도 넣어 얼룩진 옷을 헹구어 주면 색상이 선명하게 살아난다.

D. 하얀 옷에 묻은 김치 국물.
　　김치 국물이 묻은 자리를 물에 담가 국물을 뺀 다음 양파를 잘게 썰어 즙이 나오도록 다져서 이 즙을 자국이난자리 앞뒤에 골고루 펴서 바른다. 그런 다음 천을 말거나 뭉쳐서 하룻밤을 재운 후 비누로 빨면 깨끗이 제거 된다.

E. 김빠진 콜라를 부어둔다.
　　변기나 세면대의 잘 지워지지 않는 묵은 때 제거할 때 좋다.

F. 은제품을 깨끗하게 되돌릴 수 있는 방법.
　　먼저 은제품을 쿠킹호일에 하나하나 싼다. 팔팔 끓는 뜨거운 물에 20~30여분 넣어두었다가 식은 후 제품을 펼치면 원래의 상태로 돌아온 걸 볼 수 있다.

G. 김이 서릴 땐 감자로 문지른다.
　　욕실의 거울에 김이 서릴 때 감자를 잘라서 거울에 문지르고 하얀 전분을 닦아내면 거울의 더러운 것들이 지워질 뿐 아니라 김 서림도 방지할 수 있다.

H. 식초를 이용한 여러 가지 생활의 지혜.
　　머리를 헹구는 물에 식초를 한 방울 떨어뜨리면 머릿결이 좋아지고 비듬 방지와 옷의 정전기 예방에 좋다.

　　우유에 식초와 꿀을 첨가해서 휘저은 다음 로션 대신 사용하면 주근깨와 거친 피부에 좋다. 겨드랑이에서 냄새가 날 때 식초를 티슈에 묻혀 닦아도 도움이 된다.

　　냉장고 안 청소에도 식촛물로 닦으면 좋다.

　　스타킹도 오래 신으면 발 냄새가 밴다. 물에 식초 몇 방울을 타서 스타킹을 빨면 말끔히 발 냄새가 없어진다.

I. 와이셔츠 깨끗이 빠는 법.
    우선 목과 소매부분 한쪽에 샴푸를 바르고 세탁한다. 빨래가 마른 뒤 그 부분에 분말로 된 땀띠약을 뿌리면 땀띠약 입자에 때가 묻어 찌들지 않게 된다. 비벼 빨거나, 솔로 문지를 필요가 없어 옷의 수명도 길어진다.

J. 녹화를 너무 많이 해서 화질이 나빠진 비디오테이프.
    화질 나쁜 테이프를 비닐봉지에 꽁꽁 묶어 냉동실에 15분 정도 넣어둔다. 다시 녹화를 해도 몰라보게 깨끗해진 화질을 볼 수 있을 것이다.

K. 쓰고 난 기름 보관.
    튀김을 하고 남은 기름에 양파 한 조각을 넣어서 튀긴 후 병에 보관하면 깨끗하고 맑아진다.

L. 건어물의 곰팡이 제거.
    북어 등의 건어물은 습기에 매우 약해 곰팡이가 발생하기 쉽다. 이 때 건어물과 함께 건조된 녹차 찌꺼기를 보관하면 방습과 방충이 해결된다.

M. 식물에 마늘을 이용해보자.
    화분에 심어놓은 식물이 마르거나 잘 자라지 않을 때, 마늘 반통 정도를 으깨어 두 컵 분량의 물에 희석시킨 후 화분에 뿌려주면 식물이 놀랄 만큼 잘 자라난다.

N. 손에 묻은 기름때를 없애려면.
비누로 손을 씻은 후 설탕을 손에 묻혀서 몇 번 비비면 말끔하게 기름때가 빠진다.

O. 튀김요리를 할 때
기름이 끓기 전에 굵은 소금을 넣고 요리하면 기름이 밖에 튀는 일이 없다.

P. 생선 비린내가 밴 프라이팬
간장 한 방울을 떨어뜨려 불에 달구면 비린내가 없어진다.

Q. 김밥을 썰 때
칼에 밥알이 달라붙어서 잘 썰어지지 않을 때는 칼을 불에 달궈서 김밥을 썰면 문제없이 썰 수 있다.

R. 생 달걀을 흘렸을 때는
요리를 하다 계란을 깨뜨리거나 흘렸을 때는 계란 위에 소금을 뿌린 후 10분쯤 놔뒀다가 닦아내면 말끔하게 닦을 수 있다.

S. 하수구가 막혔을 때
거친 소금을 한주먹 넣고 뜨거운 물을 부으면 뚫린다.

15. 민원 서비스 안내

민원 서비스 (Community Services)

전기 / 수도 www.ladwp.com	
LADWP	(800)342-5397
에디슨컴퍼니 전기회사(한국어서비스)	(800)528-3061
	www.sce.com
계량기에 관한 문제	(323)913-4744
	(213)485-3491

개 스	
남가주(한국어 서비스)	(800)427-0471

전 화	
AT&T(한국어 서비스)	(800)300-6657
AT&T DSL(인터넷 서비스)	(877)722-3755
Verizon(한국어 서비스)	(800)483-7772
Verizon 전화신규가설신청가정용	(800)483-4000
상업용	(800)483-5000
고장신고	611
Toll Free 무료전화안내	(800)485-5884

쓰레기처리및 청소	
LA시 위생국	(213)351-8200
County 위생국	(213)744-3261
긴급 24 시간	(213)485-2121
하수시설고장	(213)485-5884

교통서비스	
남가주 고속 운송국(RTD)	(800)266-6883
불구자 승객서비스	(800)621-7828
고속도로 교통정보	(800)427-7623

주택관계 안내 및 법률상담	
주정부 고용및 주택국	(213)620-2610
LA시 주택국	(213)472-3231
LA카운티 주택보조안내	(213)640-3881
LA주거비 안정국	(213)473-3231

세금관계	
연방세금문의	(800)829-1040
	(800)424-3676
주 세금문의	(800)852-5711
세금조사(L.A. County)	(213)974-3211
세금정보(County)	(213)974-2111
세금정보(State)	(800)852-5711
세금정보(Federal)	(800)829-1040

제증명 발행문의

출생및 사망증명	
Registrar Records Hall of Records, Room No. 10 313 N. Figueroa St. LA, CA 90012	
출생(수수료 : $17)	(213)240-7812
사망(수수료 : $12)	(213)240-7816
결혼(수수료 : $13)	(562)462-2137

결혼면허	
Registrar Records 12400 Imperial Hwy, Norwalk, CA 90650	
(수수료 : $70)	(562)462-2137

여권발행	
United States Passport Agency 11000 Wilshire Blvd. #13100	
Los Angeles, CA 90024	(877)487-2778

건물-토지 등의 등록 및 면허	
Community Safety Inspection Request	
201 N. Figueroa St. Los Angeles CA 90012	(888)524-2845
Sewer & Driveway, Public Works Division	
201 N. Figueroa St. Los Angeles CA 90012	(213)977-6032

16. 도량형 환산표

길이 단위	센티미터	미터	인치	피트	야드	마일	자	간	정	리
1cm	1	0.01	0.3937	0.0328	0.0109	……	0.033	0.0055	0.00009	……
1m	100	1	39.37	3.2808	1.0936	0.0006	3.3	0.55	0.00917	0.00025
1인치	2.54	0.0254	1	0.0833	0.0278	……	0.0838	0.014	0.0002	……
1피트	30.48	0.3048	12	1	0.3333	1.00019	1.0058	0.1676	0.0028	……
1야드	91.438	0.91438	36	3	1	0.0006	3.0175	0.5029	0.0083	0.0002
1마일	160930	1609.3	63360	5280	1760	1	5310.8	885.12	14.752	0.4098
1자	30.303	0.30303	11.93	0.9942	0.3314	0.0002	1	0.1667	0.0028	0.000008
1간	181.818	1.81818	71.582	5.965	1.9884	0.0011	6	1	0.0167	0.0005
1정	10909	109.09	4294.9	357.91	119.304	0.0678	350	60	1	0.0278
1리	39272.7	392.727	154619	12885	4295	2.4403	12960	2160	36	1

부피

단위	홉	되	말	cm³	m³	l	in³	ft³	yd³	gal (미)
1홉	1	0.1	0.01	180.39	0.00018	0.18039	11.0041	0.0066	0.00023	0.04765
1되	10	1	0.1	1803.9	0.0018	1.8039	110.041	0.0637	0.00234	0.47656
1말	100	10	1	18039	0.01803	18.039	1100.41	0.63707	0.02359	4.76567
1cm³	0.00554	0.000554	0.0000554	1	0.000001	0.001	0.06102	0.00003	0.000001	0.00026
1m³	5543.52	554.352	55.4352	1000000	1	1000	61027	35.3165	1.3082	264.186
1l	5.54352	0.554352	0.0554352	1000	0.001	1	61.027	0.03531	0.0013	0.26418
1입방인치	0.09083	0.009083	0.0009083	16.387	0.000016	0.01638	1	0.00057	0.00002	0.00432
1입방피트	156.966	15.6966	1.56966	28316.8	0.02831	28.3169	1728	1	0.3703	7.48051
1입방야드	4238.09	423.809	42.3809	764511	0.76451	764.511	46656	27	1	201.974
1gal(미)	20.9833	2.09833	0.209833	3785.43	0.00378	3.78543	231	0.16368	0.00495	1

단위	평방자	평	단보	정보	평방미터	아르	평방피트	평방야드	에이커
1평방자	1	0.02778	0.00009	0.000009	0.09182	0.00091	0.9841	0.10982	......
1평	36	1	0.00333	0.00033	3.3058	0.03305	35.583	3.9537	0.00081
1단보	10800	300	1	0.1	991.74	9.9174	10674.9	1186.1	0.24506
1정보	108000	3000	10	1	9917.4	99.174	106749	11861	2.4506
1m²	10.89	0.3025	0.001008	0.0001	1	0.01	10.7649	1.1958	0.00024
1a	1089	30.25	0.10083	0.01008	100	1	1076.49	119.58	0.02471
1ft²	1.0117	0.0281	0.00009	0.000009	0.092903	0.000929	1	0.1111	0.000022
1yd²	9.1055	0.25293	0.00084	0.00008	0.83613	0.00836	9	1	0.000207
1acre	44071.2	1224.2	4.0806	0.40806	4046.8	40.468	43560	4840	1

무게

단위	그램	킬로그램	톤	그레인	온스	파운드	돈	근	관
1g	1	0.001	0.000001	15.432	0.03527	0.0022	0.26666	0.00166	0.000266
1kg	1000	1	0.001	15432	35.273	2.20459	266.666	1.6666	0.26666
1t	1000000	1000	1	……	35273	2204.59	266666	1666.6	266.666
1그레인	0.06479	0.00006	……	1	0.00228	0.000014	0.01728	0.00108	0.000017
1온스	28.3495	0.02835	0.000028	437.4	1	0.0625	7.56	0.0473	0.00756
1파운드	453.592	0.45359	0.00045	7000	16	1	120.96	0.756	0.12096
1돈	3.75	0.00375	0.000004	57.872	0.1323	0.00827	1	0.00625	0.001
1근	600	0.6	0.0006	9259.556	21.1647	1.32279	160	1	0.16
1관	3750	3.75	0.00375	57872	132.28	8.2672	1000	6.25	1

온도

화씨 (OF) = (섭씨 X 1.8) + 32
섭씨 (OC) = (화씨 - 32) x 0.55

섭 씨	화 씨
-5	23
0	32
5	41
10	50
15	59
20	68
25	77
30	86
35	95
40	104
45	113

17. 역대 미국의 대통령
(Presidents of the United States of America)

	President	Term:	Time in office:	Political Party	Native State
1	George Washington	July 1, 1789 - March 4, 1797	6 years, 4 months, 6d.	No Party Designation	Virginia

	President	Term:	Time in office:	Political Party	Native State
2	John Adams	March 4, 1797 -March 4, 1801	4 years	Federalist	Massachusetts
3	Thomas Jefferson	March 4, 1801 -March 4, 1809	8 years	Democratic -Republican	Virginia
4	James Madison	March 4, 1809 -March 4, 1817	8 years	Democratic -Republican	Virginia
5	James Monroe	March 4, 1817 -March 4, 1825	8 years	Democratic -Republican	Virginia
6	John Quincy Adams	March 4, 1825 -March 4, 1829	4 years	Democratic -Republican	Massachusetts
7	Andrew Jackson	March 4, 1829 -March 4, 1837	8 years	Democratic	South Carolina
8	Martin Van Buren	March 4, 1837 -March 4, 1841	8 years	Democratic	New York
9	William Henry Harrison	March 4, 1841 - April 4, 1841	30 days	Whig	Virginia
10	John Tyler	April 4, 1841 - March 4,1845	3 years, 11 months	Whig	Virginia
11	James Knox Polk	March 4, 1845 -March 4,1849	4 years	Democratic	North Carolina

	President	Term:	Time in office:	Political Party	Native State
12	Zachary Taylor	March 4, 1849 - July 9, 1850	1 year, 4 months, 4d.	Whig	Virginia
13	Millard Fillmore	July 9, 1850 - March 4, 1853	2 years, 7 months, 26d.	Whig	New York
14	Franklin Pierce	March 4, 1853 -March 4, 1857	4 years	Democratic	New Hampshire
15	James Buchanan	March 4, 1857 -March 4, 1861	4 years	Democratic	Pennsylvania
16	Abraham Lincoln	March 4, 1861 -April 15, 1865	4 years, 1 month, 11 d.	Republican	Kentucky
17	Andrew Johnson	April 15, 1865 -March 4, 1869	3 years, 10 months, 20d.	Union	North Carolina
18	Ulysses S. Grant	March 4, 1869 -March 4, 1877	8 years	Republican	Ohio
19	Rutherford B. Hayes	March 4, 1877 -March 4, 1881	4 years	Republican	Ohio

	President	Term:	Time in office:	Political Party	Native State
20	James Garfield	March 4, 1881 – September 19, 1881	6 months, 15 d.	Republican	Ohio
21	Chester A. Arthur	September 19, 1881 – March 4, 1885	3 years, 5 months, 16 d.	Republican	Vermont
22	Grover Cleveland	March 4, 1885 –March 4, 1889	4 years	Democratic	New Jersey
23	Benjamin Harrison	March 4, 1889 –March 4, 1893	4 years	Republican	Ohio
24	Grover Cleveland (2nd time)	March 4, 1893 –March 4, 1897	4 years	Democratic	New Jersey
25	William McKinley	March 4, 1897 – September 14, 1901	4 years, 6 months, 10 d.	Republican	Ohio
26	Theodore Roosevelt	September 14, 1901 – March 4, 1909	7 years, 5 months, 21 d.	Republican	New York
27	William H. Taft	March 4, 1909 –March 4, 1913	4 years	Republican	Ohio

	President	Term:	Time in office:	Political Party	Native State
28	Woodrow Wilson	March 4, 1913 –March 4, 1921	8 years	Democratic	Virginia
29	Warren Harding	March 4, 1921 – August 2, 1923	2 years, 4 months, 27 d.	Republican	Ohio
30	Calvin Coolidge	August 2, 1923 –March 4, 1929	5 years, 7 months, 2 d.	Republican	Vermont
31	Herbert Hoover	March 4, 1929 –March 4, 1933	4 years	Republican	Iowa
32	Franklin D. Roosevelt	March 4, 1933 –April 12, 1945	12 Years, 1 months, 8d.	Democratic	New York
33	Harry S. Truman	April 12, 1945 – January 20, 1953	7 Years, 9 months, 8 d.	Democratic	Missouri
34	Dwight Eisenhower	January 20, 1953 – January 20, 1961	8 years	Republican	Texas

	President	Term:	Time in office:	Political Party	Native State
35	John F. Kennedy	January 20, 1961 – November 22, 1963	2 Years, 10 months, 2 d.	Democratic	Massachusetts
36	Lyndon Johnson	November 22, 1963 – January 20, 1969	5 Years, 1 month, 29 d.	Democratic	Texas
37	Richard Nixon	January 20, 1969 – August 9, 1974	5 Years, 6 months, 20 d.	Republican	California
38	Gerald Ford	August 9, 1974 – January 20, 1977	2 Years, 5 months, 11 d.	Republican	Nebraska
39	Jimmy Carter	January 20, 1977 – January 20, 1981	4 years	Democratic	Georgia
40	Ronald Reagan	January 20, 1981 – January 20, 1989	8 years	Republican	California
41	George H.W. Bush	January 20, 1989 – January 20, 1993	4 years	Republican	Massachusetts

	President	Term:	Time in office:	Political Party	Native State
42	Bill Clinton	January 20, 1993 - January 20, 2001	8 years	Democratic	Arkansas
43	George W. Bush	January 20, 2001 - January 20, 2009	8 years	Republican	Connecticut
44	Barack Obama	January 20, 2009 -	Incumbent	Democratic	Hawaii

18. 50개주 주도와 애칭

주명	주도	애칭	속칭
앨라배마	몽고메리	노랑 촉새	Cotton State
알래스카	주노	마지막 국경	Seward's Folly
애리조나	피닉스	그랜드 캐넌	Aztec State
아간소	리틀 록	대자연	Bear State
가주	새크라멘토	황금의 주	Eureka State
콜로라도	덴버	독립100주년	Colorful Colorado

주명	주도	애칭	속칭
코네티컷	하트포드	제정 헌법	Freestone State
델라웨어	도버	첫번째	Diamond State
플로리다	탤러해시	햇빛	Peninsular State
조지아	애틀랜타	복숭아	Cracker State, Goober State
하와이	호놀룰루	알로하	Rainbow State
아이다호	보이지	보석	Gem, Little Ida
일리노이	스프링필드	대평원	Land of Lincoln
인디애나	인디애나폴리스	후저	Hospitality State
아이오와	드모인	호크아이(매눈)	Land of the Rolling Prairie
캔자스	토피카	해바라기	Wheat State
켄터키	프랭크포트	블루그래스	Tobacco State
루이지애나	배튼 루지	펠리칸	Bayou State
메인	오거스타	소나무	Vacationland
메릴랜드	애나폴리스	전통	Oyster State

주명	주도	애칭	속칭
메사추세츠	보스톤	해안	Baked Bean State
미시간	랜싱	5대호	Wolverine State
미네소타	세인트 폴	북극성	Gopher State
미시시피	잭슨	목련	Bayou State
미주리	제퍼슨 시티	증거 희망	Bullion State
몬태나	헬레나	보물	Big Sky Country
네브래스카	링컨	옥수수 탈곡자	Beef State
네바다	카슨 시티	은	Sagebrush State
뉴햄프셔	콩코드	화강암	White Mountain State
뉴저지	트랜튼	정원	The Crossroads of the Revolution
뉴멕시코	산타페	매혹의 땅	Sunshine, New Andalusia
뉴욕	올바니	제국	The Empire State
노스 캐롤라이나	랄리	송진 뒷축	Old North State

356

주명	주도	애칭	속칭
노스 다코타	비스마르크	평화의 정원	Rough Rider State
오하이오	컬럼버스	벅아이(솔방울)	Birthplace of Aviation
오클라호마	오클라호마 시티	선점 이주자	Native America
오리건	세일럼	수달	Pacific Wonderland
펜실베이니아	해리스버그	초석	Quaker State
로드 아일랜드	프로비던스	대양	Little Rhody
사우스 캐롤라이나	컬럼비아	팔메토 야자수	Iodine Products State
사우스 대코타	피에르	러시모어산맥	Coyote State
테네시	내시빌	자원봉사자	Big Bend State
텍사스	오스틴	외로운 별	Friendship State
유타	솔트레이크 시티	벌집	Mormon State

주명	주도	애칭	속칭
버몬트	몽페리에	녹색 산맥	Green Mountain State
버지니아	리치몬드	자치령	Mother of Presidents
워싱턴	올림피아	상록수	Evergreen State
웨스트 버지니아	찰스톤	산맥	Panhandle State
위스컨신	매디슨	오소리	America's Dairyland
와이오밍	샤이엔	카우보이	Equality State

공저인 소개

차 종 환 (Cha, Jong Whan)

학력
- 서울대학교 사범대학 생물학과 1954-58
- 서울대학교 대학원(석사과정) 1958-60
- 동국대학교 대학원(박사과정) 1962-66
- 이학박사, 농학박사, 교육학박사 학위 수령 (1966, 1976, 1986)
- UCLA 대학원 Post Doctoral 과정 3년 이수 1975-77

경력
- 서울대 사대부속 중고교 교사 1959-67
- 사대, 고대, 단대, 건대, 강원대, 이대강사 1965-70
- 동국대 농림대 및 사대교수 1965-76
- BYU (H,C) 초빙교수 및 학생 1970
- UCLA 객원교수 1971-74
- 해직교수 (동국대) 1976
- 한미교육 연구원장 1976-
- UCLA연구교수 1977-92
- 남가주 서울사대 동창회장 1979-80
- 남가주 호남향우회 초대, 2대 회장 1980-82
- 남가주 서울대 대학원 동창 회장 1980-83
- 한미 농생물 협회장 1983-99

- 남가주 서울대 총동창 회장 1985-86
- 재미동포 권익향상 위원회 공동대표 2004-
- 해직교수에서 30년만에 명예회복 2006.6.21
- 한미 인권 연구소 전국 소장 2007-2009
- 민주평통 L. A. 지역협의회장 2007, 7,1-2009,6,30

수상 및 명예
- Who's Who in California 16판(86)부터 계속 수록
- 국무총리표창장 (대한민국) 1995
- 대통령표창장 (대한민국) 2001
- 에세이 문학완료 추천 문단 등단 2003가을
- 대통령훈장 (국민훈장목련장) 2005,12
- 대통령공로상(2009,6)
- 감사패, 공로패, 위촉패, 추대장 등 130종

저서(공저, 편저, 감수포함)
[한글저서]
- 고입생물 (조문각, 1964)
- 토양과 식물 (수학사, 1968)
- 식물생태학 (문운당,1969)
- 농림기상학 (선진문화사, 1973)
- 토양보존과 관리 (원예사, 1974)
- 농생물통계학 (선진문화사, 1974)
- 최신식물생리학 (선진문화사, 1974)
- 한국의 기후와 식생(植生) (서문당, 1975)
- 환경과 식물 (전파과학사, 1975)

- 방사선과 능업 (전파과학사, 1975)
- 최신식물생태학 (일신사, 1975)
- 식물생리생태학 (일신사, 1975)
- 미국 시민권을 얻으려면 (선진문화사 1978)
- 백두산, 장백산, 그리고 금강산 (선진문화사, 1992)
- 꼴찌와 일등은 부모가 만든다 (풀잎문학, 1996)
- 미국을 알고 미국에 가자 (풀잎문학, 1996)
- 이것이 미국 교육 이다 (나산출판사, 1997)
- 가정은 지상의 천국(기독교문화사, 1997)
- 백두산의 식물생태 (예문당, 1998)
- 묘향산 식물생태 (예문당, 2000)
- 비무장 지대의 식물생태 (예문당, 2000)
- 금강산 식물생태 (예문당, 2000)
- 구월산, 장수산 식물생태 (예문당, 20004)
- 대마도는 한국땅 (동양서적, 2006)
- 겨레의섬 독도 (해조음, 20006)
- 한국령 독도 (해조음, 2006)
- 한미관계 170년사 (동양서적, 2006)
- 동서양 생활문화 (동양서적, 2007)
- 북한 탐방기 (예가, 민주평통, 2008)
- 남북한의 다름과 이해(LA 민주평통, 20009)
- 이것이 북한교육이다 (나산출판사, 2009)
- 글로벌 영어약자 사전 (한미교육연궁뭔, 2009)
- 한국 외래어 사전 (동양서적, 2009)
- 참정권시대 복수국적 시대 (동양서적, 2010)

[번역서]
- 침묵의 봄 (1) (세종출판사, 1975)
- 침묵의 봄 (2) (세종출판사, 1975)

[영문전서]
- Radioecology and Ecophysiology of Desert Plant at Nevada Test Site (U.S.A.E.C. 1972)
- Iron Deficiency in Plants (S.S & P.A. 1976)
- Phytotoxicity of Heavy Metals in Plants (S.S. & P.A. 1976)
- Trace Element Excesses in Plant (J.R.N. 1980)
- Nevada Desert Ecology (B.Y.U. 1980)
- Soil drain (Willians & Wilkins, 1986)
- Interaction of Limi ting Factors in Crop Production (Macel Derkker, 1990)
- 이외에 240여 권

[연구논문]
A 자연과학 분야 (생물)
- 한국내 학술지 60편
- 국제학술지 120편
- 전체 180편 (논문 제목과 발표논문집 및 출판연도는 필자의 저서 백두산 장백산 그리고 금강산 (선진문화사, 1972년), 백두산 식물생태 (예문단, 1998년) 및 금강산 식물 생태 (예문당, 2000년) 부록에 수록되어 있음

B 사회과학 분야
- 남북 교류 활성화 방향 (한반도 통일 연구회, 1996)
- 이외 25편

이 정 현 (Chung Hyun Bruce Lee)

학력
- 1965　Korea University, BA in English
- 1972　Brigham Young University, BA in ESL
- 1974　UCLA, MA in ESL
- 1981　University of West Los Angeles, School of Law, Completion of Two Year Education

경력
- 1974 - 1976 ESL, Korean, English Language Instructor Roeback Department Store
- 1974 - Present California Real Estate broker
- 1976 - Present ESL Teacher at Belmont Community Adult School, Los Angeles Unified School District

Membership and Service

- 1979: Vice President of Korea University Alumni Association of Southern California
- 1987: Vice President of Korean Chamber of Commerce of Los Angeles
- 1989-90: Founding President of Korean Real Estate Brokers Association of Southern California
- 1978-Present: Bishop of the Church of Jesus Christ of Latter-Day Saints

수상(Award)
- 1992: The Most Successful Enterprenuer of the Year Award by KTLA Channel 5 TV

박 상 준 (Jay Sang Joon Park)

현직
- 보험회사 및 International Marketing 회사경영
- Since 1982 월셔 Jay Park 종합보험 대표
- Since 1995 Giant 종합보험 대표
- Since 2010 Giant Expo Global. Inc 대표

학력
- 1974년 인천고등학교 졸업(74회)
- 1975년 재 파라구아이국 돈보스코재단El Sagrado Corazon De Jesus(Salesianito)고등학교 졸업
- 1975년 재 파라구아이국 Nuestra Senora De Asuncion대학입학
- 1976년~1980년 Immaculate Heart College B.A. (학사) 서반아문학전공
- 1979년 Cal State LA Teacher Preperation Course 수료

경력
- 2007년 민족화해협력 서부 한인협의회 대표(운영위원장)
- 2006년 현 우정의종 보존위원회 회장
- 2005년 민주평통 LA지역협의회 (12기) 총무간사역임

- 2003년   민주평통 LA지역협의회 11,12,13,14기 자문위원
- 2001/2007년   4L3 지역 국제 라이온즈 Club 지역부총재역임(2회)
- 2002년   한인라이온즈협의회 회장역임
- 1999년   미주한인보험 재정 전문인협회 이사장 역임
- 2000년   미주한인보험 재정 전문인협회 14대 회장역임
- 2010년   미주한인보험 재정 전문인협회 이사(현)
- 2009-2012년   Fullerton City 교통안전 시설 커미셔너
- 2009-2011년   민족화해협력 상임대표 및 상임위원장 (President)
- 2009년   노무현대통령 기념사업회 회장
- 2007년   정동영 대통령후보 미주위원회 공동대표
- 2009년   대한민국 15대 김대중대통령 추모위원회 집행위원장
- 2009년   민주개혁 서부연대(WCDR)대표
- 2010년   Fico Union 주민자치의회 의원
- 2010년   세계한인민주회의 LA지역 공동대표

포상

- 2007년   대한민국 대통령 표창장
- 1998년   국제라이온즈 Club 표창(Melvin Jone Award 수상)
- 1999년   미주 안중근 기념사업회 감사패
- 2009년   개척자상 수상

미국을 알면 영주권, 시민권이 보인다

값 17,000원

| 판권 |
| 본사 |

인쇄일 2011년 3월 20일
발행일 2011년 3월 25일

공저인 / 차종환 이정현 박상준
발행인 / 안영동
발행처 / 동양서적
　　　　주소: 경기도 용인시 기흥구 청덕동 554-5
　　　　전화: (031) 282-4766~7
　　　　팩스: (031) 282-4768
　　　　등록: 1976년 9월 6일
　　　　등록번호: 제6-11호
홈페이지: www.orientbooks.co.kr

ISBN 97889-7262-177-5　　13710